Zeitschrift für Dialektische Theologie

Heft 64 Jahrgang 32 Nummer 2/2016

„Immer neu mit dem Anfang anfangen."
Mit der Reformation über die Reformation hinaus

EVANGELISCHE VERLAGSANSTALT
Leipzig

Zeitschrift für Dialektische Theologie
Journal of Dialectical Theology

ISSN 0169-7536

Gründer

Gerrit Neven (Kampen)

Herausgeber

Georg Plasger (Siegen) in Verbindung mit Peter Opitz (Zürich) und Günther Thomas (Bochum)

Erweiterter Herausgeberkreis:

Gerard den Hertog (Apeldoorn), Bruce McCormack (Princeton), Cornelis van der Kooi (Amsterdam), Niklaus Peter (Zürich), Rinse Reeling Brouwer (Amsterdam) und Peter Zocher (Basel)

Redaktion und Layout

Sarah Huland-Betz / Kerstin Scheler (Siegen)

Redaktionsanschrift

Universität Siegen

Prof. Dr. Georg Plasger

D - 57068 Siegen

zdth@uni-siegen.de

Abonnementskosten:

Preise incl. MWSt.: Einzelheft: € 18,80, Einzelheft zur Fortsetzung € 17,80, für Mitglieder der Karl Barth-Gesellschaft e.V. 30 % Rabatt, für Studierende 40 % Rabatt, jeweils zuzügl. Versandkosten (z.Zt. je Heft in D 1 €; innerhalb Europas 3 € + MwSt.). Die Fortsetzung läuft immer unbefristet, ist aber jederzeit kündbar.

Vertrieb: Evangelische Verlagsanstalt GmbH . Blumenstraße 76 . 04155 Leipzig
Bestellservice: Leipziger Kommissions- und Großbuchhandelsgesellschaft (LKG)
Frau Christine Falk, An der Südspitze 1–12, 04579 Espenhain
Tel. +49 (0)34206–65129, Fax +49 (0)34206–651736 . E-Mail: cfalk@lkg-service.de

Cover: Kai-Michael Gustmann, Leipzig
Satz: Sarah Huland-Betz, Siegen
Drucken und Binden: Hubert und Co., Göttingen
ISBN 978-3-374-04316-3
www.eva-leipzig.de

Liebe Leserin, lieber Leser,

diese Ausgabe enthält zunächst die meisten der Vorträge, die auf der 46. Internationalen Karl Barth Tagung auf dem Leuenberg in der Schweiz gehalten wurden. Die Tagung insgesamt und eben auch die Vorträge sind bestimmt von der notwendigen Reflexion auf die Reformation: Einerseits steht die (wohl nicht nur) evangelische Kirche in der Tradition der Reformation und ist daher schon genötigt, sich dieses Erbes ihrer Väter (und wenigen Mütter) zu erinnern und vergewissern. Dazu gehört natürlich die historische Verortung und die Wahrnehmung der zeitlichen und in nicht wenigen Punkten auch sachlichen Differenz. Andererseits wird eine vor allem historisch ausgerichtete Annäherung den Herausforderungen der Reformatoren nicht gerecht: Sie werden gerade darin ernst genommen, indem über sie hinaus gefragt wird in die Gegenwart und Zukunft der Kirche und der Theologie hinein. Alle Beiträge stellen sich dieser Herausforderung – die Beiträge können darum in guter Weise auch als Impuls für das Reformationsjahr 2017 dienen.

Im zweiten Teil dokumentieren wir zunächst einen Text, den Gerard den Hertog zur Eröffnung des akademischen Jahres 2015 an der Theologischen Universität Apeldoorn gehalten hat: Dietrich Bonhoeffers Reaktion auf Bultmanns Entmythologisierungsprogramm – ein spannender Beitrag auch zum Wissenschaftsverständnis und zur theologischen Hermeneutik Bonhoeffers. Der Beitrag von mir ist entstanden im Rahmen eines Studientages in Apeldoorn aus Anlass des Erscheinens des ersten Bandes von Susanne Hennecke zur niederländischen Rezeption Karl Barths; das Buch ist auch von Eginhard Peter Meijering in diesem Heft rezensiert worden. Matthias Freudenberg und Hans Georg Ulrichs stellen den beeindruckenden Briefwechsel zwischen Wilhelm Niesel und Karl Barth vor, dessen Edition im Dezember 2015 auf einer Veranstaltung des Reformierten Bundes präsentiert wurde – Wilhelm Niesel war langjähriger Moderator des Reformierten Bundes.

Dann noch ein Hinweis in eigener Sache: Von Anfang an war geplant, dass die Neuausrichtung der Zeitschrift für Dialektische Theologie auch ein blind peer-review-System enthalten sollte: Es können Beiträge eingereicht werden, die ohne Kenntnis des Verfassers eine (neutrale) Überprüfung des eingereichten Artikels ermöglicht. Das ist mittlerweile geschehen. Unter der URL: www.ev-theol.rub.de/bibliothek/ojs/index.php/ZDTh/ können Sie sich anmelden und Aufsätze hochladen. Wir freuen uns, wenn Sie diese Information breit streuen würden, denn wir hoffen auf gute Beiträge!

Im Namen des deutsch-schweizerischen Herausgeberteams

Georg Plasger

Inhalt

III. Rezensionen

Peter Opitz

„Wer darf sich ernstlich auf die Reformation berufen?"

Die gefeierte Reformation und Karl Barth

Einleitung

Wer darf sich ernstlich auf die Reformation berufen? Nicht alle, die in den vergangenen Jahrhunderten Reformationsfeierlichkeiten begangen und inszeniert haben, haben sich dieser Frage mit der gleichen selbstkritischen Ernsthaftigkeit auszusetzen gewagt. Dass sie in jeder Zeit neu gestellt werden muss und damit nicht unter Absehung von der jeweils eigenen Situation beantwortet werden kann, versteht sich von selbst. Ebenso aber gilt, dass die Frage nach der Kontinuität mit der Reformation und ihrem Anliegen, die mit jeder erinnernden Berufung auf sie behauptet wird, stets ihr eigenes Recht und ihre eigene Notwendigkeit besitzt. Die Erinnerung an eine ganz besondere Zeit des Reformationsgedenkens, den Herbst 1933 in Deutschland, und an eine besondere kritisch-mahnende Stimme in dieser Zeit, diejenige Karl Barths, kann und soll keiner späteren Generation, die in ganz anderer Weise mit Phänomenen der feierlichen Verzwecklichung der Reformation und Luthers konfrontiert ist, die eigene Antwort abnehmen. Sie kann lediglich dazu auffordern, in allen pragmatisch und politisch motivierten kulturellen, touristischen und kirchlichen Aktivitäten auch der „theologischen" Frage ernsthaft ins Gesicht zu sehen.

Der Anlass: Die „Lutherfeier" 1933

Im Zentrum sollen zwei Texte stehen, die beide im Oktober 1933 verfasst wurden: *Luther* und *Reformation als Entscheidung*.[1] Barths kurzer Artikel mit dem Titel *Luther* steht im Kontext der vielfachen Berufung auf Martin Luther im deutsch-nationalen Klima der 1930er Jahre, natürlich besonders durch die „deutschen Christen" und ihre kirchlichen Sympathisanten. Der 450ste Jahrestag von Luthers Geburt vom 10. November 1933 war eine willkommene Gelegenheit, an die Reformation mit dem Zweck der Förderung des deutschen Nationalbewusstseins zu erinnern. Umfangreiche Vorbereitungen für einen „Deutschen Luthertag" waren im Gang, und eine entsprechende Publizistik fehlte ebenso wenig. Anstatt wunschgemäß die „deutsche Sendung" Luthers hervor zu streichen, betonte Barths in seinem Artikel, den er am 15. Oktober 1933 abschloss, die Eigenart des Wittenberger Reformators, „in sich selbst keinen Halt"[2] gefunden zu haben, die ihn gerade zum Reformator werden ließ und zugleich als Gegenstand der Verehrung untauglich macht. Den Vortrag, den Barth zum Thema „Was ist Reformation?" halten sollte, fand zwei Wochen später, am 30. Oktober 1933 in der Berliner Singakademie statt. Den äußeren Anlass für das Thema bildeten auch hier die für den November 1933 im NS-Staat geplanten Lutherfeierlichkeiten[3] auf dem Hintergrund der ihrem Höhepunkt zustrebenden deutsch-christlichen Bewegung innerhalb der evangelischen Kirchen, die sich auf Luther berief und auf die Errichtung einer Reichskirche drängte. Es war bereits eine Veranstaltung der kirchlichen Opposition, die mit einem Verbot rechnen musste, auf welcher Barth zu sprechen eingeladen war.[4] Der Vortrag war denn auch weniger eine akademische Abhandlung als eine „theologische", kirchlich-politische Rede im Geist von „Theologische Existenz heute": Eine theologische Interpretation der Reformation als impliziten und zugleich unüberhörbaren Aufruf, mit den Deutschen Christen in keiner Weise Kompromisse zu schließen, sondern *in* der Kirche *Widerstand* zu leisten, verbunden mit der Behauptung, allein diese Haltung sei mit der Reformation vereinbar. Der Aufruf wurde

---

1   Wir können dabei auf die vorzüglich kommentierte Edition der beiden Texte in Band 49 der Karl Barth-Gesamtausgabe (abgekürzt: GA 49) zurückgreifen: GA 49, 478-491 bzw. 516-550. Hier soll eine theologische Profilierung von Barths Umgang mit der Reformation im Zentrum stehen.

2   GA 49, 482.

3   GA 49, 516.

4   GA 49, 518.

verstanden und er war erwartet worden, wie der minutenlange Applaus der Zuhörer dokumentiert, als das entscheidende Wort gegen Ende des Vortrags endlich fiel: *Widerstand!*[5] Der Titel, den Barth dem Vortrag gab, war zugleich Barths Antwort in Kürzestform auf die Frage, was „heute" ein *ernsthaftes* Sich-Berufen auf die Reformation bedeuten musste: *Entscheidung!* Beide Texte erschienen noch 1933 in der eben gegründeten Reihe „Theologische Existenz heute" im Druck.[6]

Barths Typologie der Reformationsgedenken

Allerdings: Wie stets bei Barth lagen auch in diesen kurzen Voten zum Reformationsgedenken aktuelle kirchenpolitische Stellungnahme und grundlegende theologiegeschichtliche und theologische Besinnung ineinander. Sowohl in *Luther* wie in *Reformation als Entscheidung* kommt Barth zunächst auf traditionelle und zugleich aktuelle Weisen der Berufung auf die Reformation und auf Luther zu sprechen. Oft schon wurde Reformation als kulturelles, politisches, oder nationales Ereignis gefeiert, und Luther als heroische Persönlichkeit oder als geschichtliche Schlüsselgestalt, in welcher sich die „Kräfte der Innerlichkeit" und der lebendigen Religion Bahn brachen.[7] In

---

5 GA 49, 519. Barths Besuch in Berlin war denn auch mit Gesprächen mit Pfarrern der kirchlichen Opposition verbunden, GA 49, 520.

6 Theologische Existenz heute. Schriftenreihe, hg. von Karl Barth und Eduard Thurneysen. Reprint der Hefte 1-77, erschienen in den Jahren 1933-1941, München 1980. Heft 3: *Reformation als Entscheidung*, 5-24; Heft 4: *Lutherfeier 1933*, 8-12.

7 GA 49, 525-527. Aus der umfangreichen Literatur zum Thema Lutherbilder und Lutherfeiern seien hier in chronologischer Ordnung genannt: Hermann Hoffmeister, *Luther und Bismarck als Grundpfeiler unserer Nationalgröße, Parallele zur der Vaterlandsliebe und Pflege des Deutschtums*, Berlin 1883; Ernst Walter Zeeden, *Martin Luther und die Reformation im Urteil des deutschen Luthertums. Studien zum Selbstverständnis des lutherischen Protestantismus von Luthers Tode bis zum Beginn der Goethezeit*, 2 Bde., Freiburg 1950; Lutz Winckler, *Martin Luther als Bürger und Patriot. Das Reformationsjubiläum von 1817 und der politische Protestantismus des Wartburgfestes*, Lübeck/Hamburg 1969; Max L. Baeumer, Lutherfeiern und ihre politische Manipulation, in: Reinhold Grimm; Jost Hermandt (Hg.), *Deutsche Feiern*, Wiesbaden 1977, 46–61; Marc Lienhard, Held oder Ungeheuer? Luthers Gestalt und Tat im Lichte der zeitgenössischen Flugschriftenliteratur, in: *Lutherjahrbuch 45*, 1978, 56–79; Christiane D. Andersson, Religiöse Bilder Cranachs im Dienste der Reformation, in: Lewis L. Spitz (Hg.), *Humanismus und Reformation als kulturelle Kräfte in der deutschen Geschichte. Ein Tagungsbericht*, Berlin/New York 1981, 43–79; Volker Mehnert, *Protestantismus und radikale Spätaufklärung. Die Beurteilung Luthers und der Re-

Luther liefert Barth gar eine knappe Typologie der letzten vier Jahrhunderte „Reformationsgedenken": „Es gab eine barocke Zeit, die feierte ihn als eine Art geistlichen Herkules. Es gab eine spätere Zeit, die feierte ihn als kühnen Träger des reinen Vernunftlichtes. Es gab eine andere Zeit – und sie ist noch nicht fern, die feierte ihn als ‚religiöse Persönlichkeit' ersten Ranges. Heute dürfte aus nahe liegenden Gründen vor allem Luther ‚der große Deutsche' an der Reihe sein."[8]

Die Formen des kulturellen, öffentlichen Gedenkens der Reformation und besonders der Gestalt Martin Luthers standen durchaus in Korrelation zu den Bildern und Einschätzungen, wie sie die jeweils zeitgenössische Kirche und Theologie zeichnete und vertrat. Ein kleiner, als exemplarisch zu verstehender Streifzug durch verschiedene Deutungen der Reformation soll

---

formation durch aufgeklärte deutsche Schriftsteller zur Zeit der französischen Revolution, München 1982; Martin Scharfe, *Doktor Luther: Heiliger oder Held? Zur Kulturgeschichte der Luther-'Verehrung'. Eine Nachlese zum Luther-Jahr 1983*, in: Zeitschrift für Volkskunde 80, 1984, 40–58; Gerd H. Zuchold, Luther = Herkules. Der antike Heros als Siegessymbol für Humanismus und Reformation, in: *Idea. Jahrbuch der Hamburger Kunsthalle 3*, 1984, 49–64; Joachim Kruse, Luther-Illustrationen im 16. und 17. Jahrhundert, in: Herbert G. Göpfert; Peter Vodosek; Erdmann Weyraum; Reinhard Wittmann (Hg.), *Beiträge zur Geschichte des Buchwesens im konfessionellen Zeitalter* (= Wolfenbütteler Schriften zur Geschichte des Buchwesens, Bd. 11), Wiesbaden 1985, 57-131; Johannes Burkhardt, Reformations- und Lutherfeiern. Die Verbürgerlichung der reformatorischen Jubiläumskultur, in: Dieter Düding; Peter Friedemann; Paul Münch (Hg.), Öffentliche Festkultur. Politische Feste in Deutschland von der Aufklärung bis zum Ersten Weltkrieg, Hamburg 1988, 212–236; Gangolf Hübinger, *Kulturprotestantismus und Politik. Zum Verhältnis von Liberalismus und Protestantismus im wilhelminischen Deutschland*, Tübingen 1994; Hardy Eidam, Gerhard Seib (Hg.), *„Er fühlt der Zeiten ungeheuren Bruch und fest umklammert er sein Bibelbuch …". Zum Lutherkult im 19. Jahrhundert*, Berlin 1996; Gerald Chaix, Die Reformation, in: Etienne Francois; Hagen Schulze, *Deutsche Erinnerungsorte II*, München 2001, 9-27; Henrike Holsing, *Luther – Gottesmann und Nationalheld. Sein Image in der deutschen Historienmalerei des 19. Jahrhunderts*, Dissertation an der Universität Köln, 2004; Stefan Laube, Inszenierte Jubelgeschichten um das Lutherhaus in Wittenberg, in: Winfried Müller (Hg.), *Das historische Jubiläum. Genese, Ordnungsleistung und Inszenierungsgeschichte eines institutionellen Mechanismus*, Münster 2004, 101-116; Wolfgang Flügel, Zeitkonstrukte im Reformationsjubiläum, in: Winfried Müller (Hg.), *Das historische Jubiläum. Genese, Ordnungsleistung und Inszenierungsgeschichte eines institutionellen Mechanismus*, Münster 2004, 77-99; Hartmut Lehmann, *Luthergedächtnis 1817 bis 2017*, Göttingen 2012; Georg Schmidt, Luther und die Freiheit seiner ‚lieben Deutschen', in: Heinz Schilling (Hg.), *Der Reformator Martin Luther 2017. Eine wissenschaftliche und gedenkpolitische Bestandsaufnahme*, Berlin 2014, 173-194.

8   GA 49, 486.

Barths Typologie ein wenig illustrieren und als Hintergrund für die anschließende Konturierung seines Votums dienen.

„Barockes" Reformationsgedenken

Das Verständnis Luthers als geistlicher „Herkules" ist alt. Bereits 1518 stellte ein (wohl) von Hans Holbein dem Jüngeren gestaltetes Flugblatt Luther als „Hercules Germanicus" dar. Als „Herkules", der den Augusstall ausmistet, wurde er dann bald auch schriftlich bezeichnet.[9] Dass Luther als „germanischer" Herkules angesehen wurde, hat nicht nur mit seiner Herkunft und seiner politischen und mentalen Verwurzelung zu tun, sondern auch mit der besonderen Konstellation im Reich, welche ein wesentlicher Faktor des Erfolgs der Reformation war: Während sich andere Nationen und Gebiete wie Frankreich, England oder auch schon die Eidgenossenschaft im Jahrhundert vor der Reformation eine gewisse Distanz zu den politisch-religiösen Ansprüchen des römischen Kirche zu schaffen versuchten, waren die Verhältnisse im zersplitterten deutschen Reich anders, weshalb wohl gerade hier die antirömische Bewegung auf besonders fruchtbaren Boden fiel und die religiöse Befreiung auch als politische – und wirtschaftliche – Befreiung der „Deutschen" von Rom verstanden wurde. Nach dem „Nein" aus Rom hatte sich Luther ja bewusst *An den christlichen Adel deutscher Nation* (1520) gewandt und diesen mit großem Erfolg für seine „religiöse" Reformation mobilisieren können. Dass umgekehrt auch der deutsche Adel Luther zur Stärkung seiner Macht und Unabhängigkeit gegen Papst und Kaiser gebraucht und die Reformation insgesamt als Anlass zum Ausbau der Kompetenzen, Rechte und Steuerbefugnisse benutzt hat, war die realpolitische Kehrseite der Reformation. Luthers Zwei-Regimenten-Lehre kam beiden Interessen zugute und seine endgültige Stellungnahme im Bauernkrieg konnte zu der politischen Festigung der deutschen Fürsten dienen.

Zusammen mit der Verbreitung von Luthers Schriften und der Verwendung seines Namens für die neue ketzerische Sekte erfolgte seine Verwand-

---

9   So schon Zwingli, der allerdings Luthers Herkulesaufgabe als lediglich partiell erfüllt beurteilt: *Huldreich Zwingli sämtliche Werke* (Corpus Reformatorum 88-108), hg. von Emil Egli u.a., Berlin; Leipzig; Zürich 1905-2013, Bd. 5, 723f. (abgekürzt: Z).
  Bereits am 1. November 1527 hatte Luther selber zusammen mit Freunden im Lutherhaus den Jahrestag des Beginns der Reformation gefeiert, Luther, Brief an Amsdorf vom 1. Nov 1527, WA Br. 4; 275,25-27.

lung in ein religiös-politisches Symbol. Jüngere Forschungsarbeiten haben die Bedeutung bildlicher Darstellungen und damit die Bedeutung bestimmter „Bilder" für die Ausbreitung der Reformation herausgearbeitet.[10] Die politischen Folgen der Reformation trugen zur Förderung eines deutschen Volksbewusstseins bei, das sich als „lutherisches" Bewusstsein verstand, auch wenn die Reformation sich nie in allen deutschen Gebieten hat durchsetzen können. Die (zusammen)wachsende deutsche Nation brauchte und schuf in den folgenden Jahrhunderten Luther-Denkmäler, an denen sich ihre Jünglinge ausrichten und in Krisenzeiten aufrichten konnten. Nach dem Ende des Konfessionellen Zeitalters trat dabei die konfessionelle Komponente zugunsten eines Volksgedankens in den Hintergrund. Luther hat als eine Art „Realität gewordener Mythos" die deutsche Identität geprägt, und die deutsch-protestantische erst recht. Die zahllosen Martin-Luther-Straßen, Martin-Luther-Häuser, Martin-Luther-Kirchen und die nahezu obligatorischen Martin-Luther-Zitate zu Beginn oder am Ende deutscher Predigten zeugen eindrücklich von dieser Wirkungsgeschichte, zu der die Konzentration des (europäisch verstandenen) Reformationsjubiläums der EKD auf 2017 und auf Wittenberg ebenso gehört, wie die Verbindung des christologisch-offenbarungstheologischen Zitat von Joh 1,1 mit dem Lutherporträt, das den Wittenberger Mönch geradezu zu einem Religionsstifter verklärt. Zur Rolle, die Martin Luther im Wirkungsbereich der Wittenberger Reformation schon bald und dauerhaft zukam, gibt es jedenfalls im Raum des Christentums kaum eine Parallele – historisch ein wichtiger Faktor der innerprotestantischen Spaltung.[11] Wer in die Schlosskirche Wittenberg zu seinem Grab pilgert, sieht dort das Altarbild, das Luther im Kreis der Apostel mit Jesus am Abendmahltisch sitzend darstellt. Die Differenz zwischen dem „Jünger erster Hand" und dem „Jünger zweiter Hand" scheint so ziemlich undialektisch

---

10 Vgl. Martin Warnke, *Cranachs Luther. Entwürfe für ein Image*, Frankfurt a. M. 1984; Steven Ozment, *The Serpent and the Lamb: Cranach, Luther, and the Making of the Reformation*, New Haven 2011; Elke Anna Werner, *Lucas Cranach der Jüngere und die Reformation der Bilder*, München 2015.

11 So kürzlich Thomas Kaufmann: „Die Auratisierung, Heroisierung, auch Sanktifikation, die Luther frühzeitig, bereits seit 1518, zuwuchs [...] und die sich nach seinem Tod steigerte, hat entscheidend dazu beigetragen, dass seiner Person eine unvergleichliche Autorität zuteilwurde. In den anderen christlichen Konfessionen gibt es zur Stellung, die Luther im deutschen Luthertum zukam, keine Analogie." Thomas Kaufmann, *Luthers Juden*, Stuttgart 2014, 176.

aufgehoben.[12] Dass es dazu kein reformiertes Gegenstück gibt, verdankt sich nicht nur der geschichtlichen Kontingenz, sondern durchaus auch bewusst getroffenen Entscheidungen – die bekanntlich zu einer völligen Absage an reformierter Heldenverehrung auch nicht wirklich geführt haben.

Die aufklärungstheologische Berufung auf die Reformation

Mit der Berufung auf Luther als kühnem „Träger des Vernunftlichtes" stehen wir nicht nur im 18. Jahrhundert, sondern in einer aufklärungstheologischen bzw. -philosophischen Interpretationstradition, deren Aktualität und Bedeutung weit über Barths Zeiten hinaus bis in die Gegenwart andauert. Gerade dort, wo der Reformation ein „säkularer", politik- oder kulturgeschichtlicher Sinn abgewonnen werden muss, gibt es zu ihr wenig Alternativen. Als durchaus nuancenreicher Deutungsstrang der Reformation lässt er sich mit Kants prägnanten Worten auf den Punkt bringen: Die Reformation als Vorreiterin oder Katalysatorin des Prozesses des Ausgangs der Menschheit aus ihrer – mehr oder weniger selbstverschuldeten – Unmündigkeit; aus Aberglaube, Autoritätsgläubigkeit und Heteronomie.

Stellvertretend für eine lange Reihe von Autoren, die sich hier einreihen ließen, sei ein Klassiker genannt, mit dem sich Barth selber intensiv auseinandergesetzt hat: Gottfried Ephraim Lessing.[13] Natürlich bekennt sich Lessing als lutherischer Pfarrersohn dazu, dem protestantischen Christentum zuzugehören. Dies ist nach ihm als geschichtlich-kulturelle und von daher auch religiöse Tatsache zu respektieren wie jede andere Verwurzelung in einer Religion. Aber nur als solche. Seine Einschätzung über Wahrheit und Wert des Christentums wie aller Religionen nimmt Lessing von einer höheren, die Weltgeschichte wie die Wege des Geistes Gottes mit der Menschheit souverän überblickenden Warte aus vor: Die Religionsgeschichte ist die Geschichte der göttlichen Erziehung des Menschengeschlechts,[14] und jede Form von religiösem Glauben ist als Etappe und Stufe in diesem Prozess zu

---

12 Vgl. Soren Kierkegaard, *Philosophische Brocken. De omnibus dubitandum est* (Gesammelte Werke, 10. Abt.), hg. von Emanuel Hirsch u.a., Gütersloh² 1985, 1-107.

13 Vgl. Karl Barth, *Die protestantische Theologie im 19. Jahrhundert* Zürich-Zollikon 1947, Zürich⁴ 1981, 208-236.

14 Vgl. Gotthold Ephraim Lessing, Die Erziehung des Menschengeschlechts, in: *Gotthold Ephraim Lessing Werke 1778-1781* [Gotthold Ephraim Lessing Werke und Briefe in zwölf Bänden, Bd. 10], hg. von Arno Schilson und Axel Schmitt, Frankfurt / M 2001, 73-100.

würdigen, aber damit eben auch zu relativieren. Dies gilt schon vom Christusglauben der biblischen Autoren, und von den Reformatoren erst recht. Wenn Luther somit auf das biblische Zeugnis vom gekreuzigten Christus als dem exklusiven Ort hinweist, an dem der Mensch Wahrheit über Gott und über sich selber erfahren kann, ist dies zu respektieren – als eine nicht mehr dem frühkindlichen Stadium, aber doch dem unreifen Jugendalter der Menschheit zugehörige Form der Religion, die eine dem Aufklärungszeitalter gegenüber frühere und durch dieses überholte Stufe repräsentiert.[15] Nun geht es darum, das von der Reformation mitbeförderte Werk der Befreiung weiterzuführen und die Zeit, in der Religion noch auf ein Buch angewiesen war, hinter sich zu lassen. Das Entscheidende der Reformation war die Befreiung der Vernunft von der Herrschaft des Papsttums. In der Gegenwart auf die Reformation berufen dürfen sich diejenigen, die sich die Befreiung der Vernunft vom papierenen Papst, von der Bibel, auf die Fahnen geschrieben haben. Die polemische Auseinandersetzung mit dem Lutheraner Goeze verleiht Lessings Reformationsverständnis ein deutliches Profil.[16]

In der gleichen Stoßrichtung, nun aber betont christentumsapologetisch motiviert, argumentierte Lessings Zeitgenosse Johann Joachim Spalding in seiner eine ganze Pfarrergeneration prägenden Predigtlehre Über die *Nutzbarkeit des Predigtamtes* von 1772. Im Jahre 1764 von Friedrich II. als Propst an die St. Nicolai-Kirche in Berlin berufen und in seiner überaus einflussreichen Position als Konsistorialrat kann Spalding wohl mit Recht als Patriarch der Neologie bezeichnet werden, an den später Schleiermacher anknüpfen konnte. Spaldings Verteidigung des Christentums gegen die vielfache Kritik seiner Zeit erfolgte unter betonter Aufnahme grundlegender Gedanken und

---

Dazu: Johannes von Lüpke, *Wege der Weisheit. Studien zu Lessings Theologiekritik*, Göttingen 1989.

15 Vgl. Karl Barth, *Die protestantische Theologie im 19. Jahrhundert* (Anm. 13), 232-235; *KD I/1*, 151.

16 „Luther, du! – Großer, verkannter Mann! Und von niemanden mehr verkannt, als von den kurzsichtigen Starrköpfen, die, deine Pantoffeln in der Hand, den von dir gebahnten Weg, schreiend aber gleichgültig daherschlendern! – Du hast uns von dem Joche der Tradition erlöset: wer erlöset uns von dem unerträglichen Joche des Buchstabens! Wer bring uns endlich ein Christentum, wie du es itzt lehren würdest; wie es Christus selbst lehren würde!" Gotthold Ephraim Lessing, Eine Parabel, in: *Gotthold Ephraim Lessing Werke 1778-1780* [Gotthold Ephraim Lessing Werke und Briefe in zwölf Bänden, Bd. 9], hg. von Klaus Bohnen und Arno Schilson, Frankfurt/M 1993, 50. Vgl. dazu Walther von Loewenich, *Luther und Lessing*, Tübingen 1960, der Barths Lessinginterpretation – auch gegen die alternative Lesart Helmut Thielickes bestätigt.

Anliegen der Aufklärungsphilosophen. Zentral war dabei die Befreiung von unverständlichen Dogmen wie der Trinitäts-, Zweinaturen- oder Satisfaktionslehre. All dies gehörte für ihn zu den vergangenen oder unweigerlich vergehenden finstereren Zeiten. Grundlegend für ihn war der zeitgenössisch übliche Fortschritts- und Perfektibilitätsgedanke, den er konsequent auch auf das christlich-religiöse Gebiet anzuwenden versuchte. Entsprechend fiel die Würdigung der Reformation aus: Die „Hauptverbesserung, die glückselige Revolution, welche sie stiftete", bestand darin, dass die Reformatoren „mit Muth und Kraft die ersten Schritte gewagt, sich aus der langen unnatürlichen Verstandessklaverey in Ansehung der Religion heraus zu reißen, das Recht der Christen zur eigenen freyen Erforschung der Wahrheit in der heiligen Schrift zu behaupten und uns damit ein großes Vorbild zur pflichtgemäßen Nachahmung zu hinterlassen."[17] Dass eine vornehmlich politik- und kulturgeschichtlich interessierte Interpretation der Reformation des 19. Jahrhunderts hier dankbar anknüpfen konnte, liegt auf der Hand. Als Beispiel soll ein Buch aus dem Umkreis des deutschen Reformationsjubiläums von 1817 dienen. Die Pariser Akademie der Wissenschaften hatte 1802 eine Preisfrage ausgeschrieben, die den „Einfluss der Reformation Luthers auf die politische Lage der verschiedenen Staaten und auf die Fortschritte der Wissenschaften" bearbeitet haben wollte. Der Franzose Charles de Villers, Katholik, aber an der Universität Göttingen lehrend, erhielt den Preis für seine zunächst auf Französisch verfasste Schrift. 1805 wurde sie erstmals auf Deutsch übersetzt und aus Anlass der Reformationsfeier von 1817 – in der Zeit des ersten Wartburgfestes[18] vier Jahre nach der Völkerschlacht bei Leipzig– feierlich neu herausgegeben. Es war eine Feier, die man mit großem Aufwand inszenierte. Im Vorwort heißt es: „Das bevorstehende dritte Sekular-jubelfest der evangelischen christlichen Kirche erinnert die denkende Menschheit an ein höchst wichtiges Ereignis, welches sich […] in der allgemeinen Weltgeschichte, so wie in der besonderen Geschichte Deutschlands, stets auszeichnen wird."[19]

Das 377seitige Buch trug den Titel: *Versuch über den Geist und Einfluss der Reformation Luthers*. Die dort behandelten Themen lauten: Die Wirkung

---

17 Johann Joachim Spalding, *Über die Nutzbarkeit des Predigtamtes und deren Beförderung*, hg. von Tobias Jersak, Tübingen 2002, 218.

18 Vgl. *Martin Luther als Bürger und Patriot*. (Anm. 7).

19 *Versuch über den Geist und Einfluss der Reformation Luthers*. Eine gekrönte Preisschrift von Karl de Villers. Mit Vorreden und erläuternden Anmerkungen von Dr. Fetzer, Reutlingen 1818, IVf. (Vorwort).

der Reformation und besonders Luthers auf die „politische Lage in Europa",
auf den „Fortschritt der Aufklärung", auf die „Sittlichkeit der europäischen
Nationen", „auf ihren Glauben und ihre religiöse Geistesstimmung", auf Kultur und Fortschritt der Wissenschaften." Insgesamt war die Reformation, so
De Villers, diejenige Bewegung, die „am mächtigsten zu dem Fortschritt der
Menschenbildung und der Aufklärung" nicht nur in Europa, sondern weltweit beigetragen hat.[20] Wie zur Reformationszeit üblich, ist dem Buch ein
Bibelvers als Motto vorangestellt: „Ihr werdet die Wahrheit erkennen, und
die Wahrheit wird euch frei machen (Worte Christi, Joh 8,32)".[21]

Die kulturprotestantisch-religionsgeschichtliche Berufung auf die Reformation

Schon die Neologie der zweiten Hälfte des 18. Jahrhunderts war aber nicht
einfach dem „Vernunftlicht" verpflichtet. Ein wichtiges Anliegen Spaldings
und ein Grund seiner Kritik an der seines Erachtens zu starken Bedeutung,
welche „dogmatisch" festgehaltene Glaubensinhalte in der traditionellen
Theologie und Kirche besaßen, war das, was man heute die „Anschlussfä-
higkeit" von Theologie und Christentum an den Geist und die Philosophie
der Zeit nennt, und dies mit dem konkreten Zweck der Förderung der prak-
tischen „Religion". Es ging ihm – bei deutlicher Abgrenzung gegen den Pi-
etismus – um das christlich-fromme Gemüt, das er durchaus – um nicht zu
sagen gerade – als mit der Aufklärung kompatibel ansah.[22] Aber bereits Lessing sah im „Gefühl", in der subjektiven „Erfahrung", im „Herzen" des Einzelnen letztlich den sachgemäßen, legitimen Ort des Christentums, ist doch

---

20 *Versuch über den Geist und Einfluss der Reformation Luthers* (Anm. 19), 345f.

21 Der deutschen Übersetzung des Werkes von 1818 ist eine Biographie Luthers angehängt,
das diesen folgendermaßen präsentiert: „Luther war ein Mann von großer Gelehrsamkeit,
unermüdlichem Fleiße, bieder, deutsch, standhaft, und von seltener Geistesgegenwart und
Unerschrockenheit. [...] Im gelehrten Kampfe stand er unbesiegbar. [...] So ernst und
streng er in Schriften auftrat, so lieblich und geschmeidig war er im Umgang; versöhn-
lich, wohltätig und den Frieden liebend. [...] ein unbedeutender Mönch war es ... durch
welchen so viel großes und Erhabenes bewerkstelligt worden ist, dessen Andenken sich
auch so lange erhalten wird, als die Folgen des großen Unternehmens dauern werden, zu
welchen die göttliche Vorsehung Luther ausersehen hatte". *Versuch über den Geist und
Einfluss der Reformation Luthers* (Anm. 19), 353.

22 Von Barth richtig erkannt, vgl. ders., *Die protestantische Theologie im 19. Jahrhundert*
(Anm. 13), 145.

nur dort der „Beweis des Geistes und der Kraft" zu haben.[23] Was sich hier anbahnte und in der Spätaufklärung zu einer ersten Blüte kam, wurde im 19. Jahrhundert in theologisch vertiefter Reflexion – eingebettet in den christlich-theologisch interpretierten Kulturfortschrittsgedanke weitergeführt. Es war eine Zeit, die Luther als „religiöse Persönlichkeit ersten Rangs"[24] oder als „Virtuosen der Religion"[25] feierte. Für Barth war sie „noch nicht fern", dominierten ihre Wirkungen doch den Umgang mit der Reformation in der deutschsprachigen protestantischen Theologie und Kirche bis in seine eigene Gegenwart der 1930er Jahre hinein, ungeachtet des Aufbruchs und Protestes der „Dialektischen Theologie" seit 1922.

Eine ganze Reihe von Theologen, mit denen sich Barth im 1932 erstmals erschienenen ersten Teilband der Kirchlichen Dogmatik (KD I/1) kritisch auseinandersetzt, könnten hier als Illustration dienen. Wir werfen an dieser Stelle einen Blick auf die Interpretation der Reformation durch den 1923 verstorbenen und damit in seinem Wirken unmittelbar an den Aufbruch der „Dialektischen Theologie" heranreichenden Ernst Troeltsch.[26] Er steht als prominenter und geistreicher Vertreter am Ende eines „langen" Jahrhunderts „liberaler" theologischer Tradition und Interpretation der Reformation und vereinigt die hier als „aufklärungstheologisch" bezeichnete mit der „religionsgeschichtlichen" Interpretationslinie.[27] Zugleich hat sich Troeltsch im Rahmen seiner Sozial- und Geistesgeschichte des Christentums vertieft mit

---

23 Vgl. *Die protestantische Theologie im 19. Jahrhundert* (Anm. 13), 226.

24 Vgl. dazu den an Albrecht Ritschl anknüpfenden theologischen Lehrer Barths Wilhelm Herrmann (1846-1922) und dessen erstmals 1886 erschienenes Buch *Der Verkehr des Christen mit Gott. Im Anschluss an Luther dargestellt.* Dazu: Andreas Stegmann, Die Geschichte der Erforschung von Martin Luthers Ethik, in: Albrecht Beutel (Hg.), *Lutherjahrbuch* 79. Jahrgang 2012, 211-304, bes. 229; Uwe Stenglein-Hektor, *Religion im Bürgerleben. Eine frömmigkeitsgeschichtliche Studie zur Rationalitätskrise liberaler Theologie um 1900 am Beispiel Wilhelm Herrmann*, Münster 1997.

25 GA 49, 582.

26 Vgl. Karl Barth, *Der Römerbrief* (Zweite Fassung) 1922 [GA 47], Zürich 2010, XIV.267f.282. Generell soll in diesem Überblicksartikel die Interpretation ausgewählter Quellenzitate gegenüber der Sekundärliteratur den Vorrang haben. Zum Verhältnis zwischen Barth und Troeltsch wie hingewiesen auf: Wilhelm Groll, *Ernst Troeltsch und Karl Barth. Kontinuität im Widerspruch*, München 1986; Hartmut Ruddies, Karl Barth und Ernst Troeltsch. Ein Literaturbericht, in: *Verkündigung und Forschung* 34 (1989), 2-20; Ders., *Karl Barth und die liberale Theologie. Fallstudien zu einem theologischen Epochenwechsel*, Göttingen 1994.

27 Vgl. Barths Bezugnahmen auf Troeltsch als letzten „typischen" Vertreter der von Lessing über Schleiermacher, Harnack und Lagarde führenden Linie bzw. „am Ende des Weges" stehender Vertreter des „Neuprotestantismus" in KD I/1, 151f. und in KD IV/1, 413-427.

der Reformation befasst und bis heute überaus anregende Studien zu ihrer
Wirkung und Bedeutung vorgelegt.[28] Troeltsch war zu sehr Historiker des
späten 19. Jahrhunderts, um sich die Sache so leicht machen zu können, wie
man sich dies noch im 18. Jahrhundert erlaubte. Deutlich erkennt er etwa
das Gottesverhältnis als das zentrale Problem Luthers an, und erkennt damit
die Reformation als primär „religiöses" Ereignis an. Zudem nimmt er die
nicht einfach eliminierbaren mittelalterlichen Züge bei Luther wahr und ist
generell zunehmend zurückhaltend, die Reformation ungebrochen als Wendepunkt zur Neuzeit zu deklarieren.

Dessen ungeachtet prägt das Kulturprozess-Schema, nun – durch Schleiermachers religiöse Romantik und durch Schellings Interpretation des
Christentums christlich-religiös und geschichtsphilosophisch zugleich vertieft, auch sein Bild der Reformation – wie überhaupt des Christentums.[29]
Ein kurzer Blick in seine in Nachschrift erhaltenen Heidelberger Vorlesungen zur Glaubenslehre von 1911/1912 und einige entsprechende Aufsätze
sollen dies dokumentieren: Nachdem der katholische Begriff der Kirche diese zu einer Anstalt verfestigt hatte, reduzierte der protestantische Begriff der
Kirche „das objektive Element auf das Wort Gottes oder auf die von Christus
gebrachte [...] göttliche Sündenvergebung, von welchem Kern der Glaube
gewiss ist". Allerdings bildeten sich auch im Protestantismus wieder Amtskirchen, so dass der Heilige Geist immer noch „an die objektiven Mittel
des Kircheninstruments" gebunden blieb. Luthers Bedeutung besteht nach
Troeltsch auf diesem Hintergrund darin, dass er der katholischen Naturwunderreligion die „geistige Glaubensreligion" oder, was dasselbe ist, eine
„Geistesreligion" entgegengestellt und damit eine „Reduktion der Religion
auf Gedanken" bewirkt hat.[30] Diese Entdeckung Luthers war allerdings insofern „getrübt", als er „stets streng an die biblische Norm gebunden blieb und

---

28 Vgl. Hartmut Ruddies, Gelehrtenrepublik und Historismusverständnis. Über die Formierung der Geschichtsphilosophie Ernst Troeltschs im Ersten Weltkrieg, in: *Ernst Troeltschs
    „Historismus"*, hg. von Friedrich Wilhelm Graf, Gütersloh 2000, 135-163.

29 Allerdings ist bei ihm – für den späten Liberalismus nicht untypisch – 1913 das Triumphgefühl der frühen Aufklärungszeit der Sorge um das „Zukunftsschicksal des Christentums" und um die „ethischen Grundlagen unserer Kultur" bei dessen allfällig zukünftiger
    Marginalisierung gewichen; vgl. Ernst Troeltsch, Das neunzehnte Jahrhundert, in: Ders.,
    Aufsätze zur Geistesgeschichte und Religionssoziologie (Gesammelte Schriften Bd. IV), Tübingen 1925, 648f.

30 Ernst Troeltsch, Luther, der Protestantismus und die moderne Welt, in: Ders., *Aufsätze zur
    Geistesgeschichte und Religionssoziologie* (Gesammelte Schriften Bd. IV), Tübingen 1925,
    217-224.

nie in ein ... freies und spontanes religiöses Denken überging".[31] Trotzdem sind „die Reformatoren als eine neue Stufe christlicher Offenbarung zu betrachten", und „als Fortentwicklung der Offenbarung Gottes zu bezeichnen". Die Reformation ist eine wichtige Etappe in der Herausbildung des Heiligen Geistes aus den institutionell verfassten Kirchen in die „moderne Welt" hinein.

Die Geschichte des Christentums ist die Geschichte der „fortschreitenden Offenbarung" Gottes. Sie ist dies als ein Freiheits- und Kulturprozess, der durch die Religiosität Jesu angestoßen wurde, und in dem die institutionell verfassten und eine bestimmte „Lehre" vertretenden christlichen Kirchen jeweils bestimmte Stadien der Vergangenheit repräsentieren.[32]

Troeltschs Verbindung von christlicher Pneumatologie und Kulturprozesstheorie am Ende eines langen 19. Jahrhunderts steht zwar in anderen Diskursen als die Aufklärungstheologie des 18. Jahrhunderts und stellt sich deutlich gebrochener dar als diese. Dennoch ist Troeltschs Standpunkt von seinem Anspruch her nur um ein Geringes weniger souverän als derjenige Lessings eineinhalb Jahrhunderte zuvor, vermag Troeltsch doch „helle" religiöse Erkenntnis von noch „dunkler" zu unterscheiden, und die Bindung an die Bibel gehört für ihn letzterer zu. Fragt man Troeltsch nach den Quellen seines Wissens, lautet seine Antwort: Manches kann man wissenschaftlich nachweisen – damit ist wohl die Christentumsgeschichte gemeint, letztes Kriterium ist aber eine Glaubenshaltung, die sich, so Troeltsch „aus dem eigenen religiösen und sittlichen Gefühl erzeugt".[33] Man kommt nicht umhin zu interpretieren: Die der communis opinio gebildeter protestantisch sozialisierter Zeitgenossen seines „aufgeklärten" Milieus entspricht,[34] denn

---

31 A.a.O., 224.

32 Vorausgesetzt ist die Möglichkeit, ja Notwendigkeit, in Neuaufnahme und Wiederbearbeitung „der Hegelschen Probleme", Theologie und Philosophie zu verschmelzen: „die religionslose Philosophie und die unphilosophische Religion müssen schwinden, wenn es wieder Gesundung und geistigen Zusammenhang geben soll", Ernst Troeltsch, Luther, der Protestantismus und die moderne Welt (Anm. 30), 253.

33 Ernst Troeltsch, Die dogmatische und religionsgeschichtliche Schule, in: Ders., Zur religiösen Lage. Religionsphilosophische und Ethik (Gesammelte Schriften Bd. II), Tübingen 1913, 509.

34 „Dieser Begriff der Kirche hat sich nun aber in dem modernen Gefühl und in der neueren Dogmatik verwandelt in den des freien, rein geistigen, von Christus ausgehenden Geistes- und Lebenszusammenhang, dessen objektiver Zusammenhalt lediglich in der Fortwirkung des Geistes Christi und in der gemeinsamen Beziehung auf die Person Jesu besteht, der aber ganz verschiedene kultische und organisatorische Einzelgruppen hervorbringen

auch dieses, und gerade dieses, ist eine Wirkung des göttlichen Geistes. Dieses Wahrheitsverständnis ist es wohl, das erklärt, weshalb Troeltsch häufig deskriptiv formuliert und zugleich unübersehbar theologisch-normativ spricht. Phänomenologie der christlichen Religiosität im Geschichtsprozess ist letztlich Phänomenologie des Geistes Gottes. So kann es etwa heißen: „Die moderne Welt hat diesen Begriff des Heiligen Geistes von der Kirche abgelöst und auf den gesamten von der christlichen Lebenswelt berührten Geisteszusammenhang überhaupt übertragen."[35]

Wenn aber die *quaestio iuris* mit dem Hinweis auf die *quaestio facti* beantwortet wird, dann erübrigt sich die Frage nach den Kriterien einer „ernstlichen" Berufung auf die Reformation – und letztlich auch diejenige nach einer „ernstlichen" Berufung auf die biblische Botschaft.

Die deutsch-christliche Berufung auf die Reformation

Barths letztgenannte Weise der Berufung auf die Reformation ist natürlich die am 30. Oktober 1933, 10 Tage vor dem von den „Deutschen Christen" mit großer Propaganda angekündigten „deutschen Luthertag", aktuellste und bedrängendste.[36] Die Rede von Martin Luther dem „große(n) Deutsche(n)", dem „Volksmann" war im Herbst 1933 in Deutschland allgegenwärtig.[37] Sie nahm ihre Kraft aus dem alten „Hercules germanicus"-Mythos, aber auch aus dem Lutherbild des 19. Jahrhunderts als einem „religiösen" Genie und Führer und war auch im Bereich der akademischen deutschen Theologie vorbereitet. So konnte etwa Adolf von Harnack, der große „liberale" theologische Geist des Wilhelminischen Deutschlands und Verteidiger der Weimarer Republik in seiner berühmten Vorlesung über das *Wesen des Christentums* zur Jahrhundertwende die Frage nicht auslassen, inwiefern die Reformation, die „größte und segenreichste Bewegung" im Kulturprozess Europas, ein

---

kann. Damit steht denn auch die religiöse Deutung der Geschichte des Christentums nicht mehr unter dem Begriff der Kirche, sondern unter dem Begriff des frei aus der Überlieferung herauswirkenden Gesamtgeistes oder des Heiligen Geistes. An Stelle des Kirchenbegriffs tritt somit der Begriff der religiösen Lebenseinheit des christlichen Gemeingeistes oder auch des werdenden Reiches Gottes", Ernst Troeltsch, Marta Troeltsch, *Glaubenslehre. Nach Heidelberger Vorlesungen aus den Jahren 1911 und 1912*, München 1925, 118-121.

35 *Glaubenslehre* (Anm. 34), 118-121.

36 Vgl. die Anmerkungen zum „Vorwort" in GA 49, 553-557.

37 Vgl. die Hinweise in den Anmerkungen zu den beiden Texten in GA 49, 478-491 bzw. 516-550; hier: GA 49, 484.486.

„Werk deutschen Geistes gewesen ist". Zwar ist das entscheidende religiöse
Erlebnis Luthers nach ihm nicht mit nationalen Kategorien zu fassen. Aber
„die Folgen, die er ihm gegeben hat, sowohl die positiven als auch die negativen", zeigen „den deutschen Mann und die deutsche Geschichte". Während das morgenländische Christentum mit Recht als das griechische, das
mittelalterlich-abendländische als das römische bezeichnet wird, wird das
reformatorische als das germanische bezeichnet. Und weil ja die Reformation die höchste Stufe im Kulturprozess einleitet – keineswegs darstellt, denn
auch die Grenzen und Kehrseiten der Ereignisse des 16. Jahrhunderts sind
für Harnack offensichtlich– „bezeichnen" die Deutschen „durch die Reformation eine Stufe in der *allgemeinen* Kirchengeschichte". Von „den Slaven
lässt sich ähnliches nicht behaupten", und Calvin war schließlich „Luthers
Schüler" und hat „nicht unter den Romanen, sondern unter den Engländern,
Schotten und Niederländern am nachhaltigsten gewirkt."[38] Es war diese Linie, an die 1933 beispielsweise der Erlanger Kirchenhistoriker Hans Preuss
anknüpfen konnte,[39] wenn er – was allerdings als qualitativ neuer Schritt zu
bezeichnen ist– in seiner Schrift über „Luther und Hitler" die Analogien
zwischen zwei konkreten deutschen geschichtlichen Befreier- und Führer-
gestalten in einer für viele überzeugenden Weise zog: Beide, Luther und
Hitler, sind „deutsche Führer", sie wissen sich „zur Errettung ihres Volkes
berufen". Glaubwürdigkeit verleiht ihnen auch die Tatsache, dass beide „das
ganze Elend ihrer Zeit" durchgemacht haben: „Luther den Jammer der Heil-
sungewissheit des ausgehenden Mittelalters, bis zur Verschärfung im Klos-
terbann, Hitler den Weltkrieg mit seinem unseligen Ausgang, gaserblindet,
und das Grausen des Marxismus, also nationale und soziale Verderbnis in
der Potenz."[40] Während Luther auf der Wartburg „sein größtes deutsches
Werk" vollbracht hat, die Bibelübersetzung, hat Hitler im Gefängnis in
Landsberg „sein wichtigstes Buch, ,Mein Kampf' geschrieben." Im Gegensatz zum westlerischen Schwärmertum waren beide deutsche „Kämpferna-
turen", und beide fühlten sich „vor ihrem Volke tief mit Gott verbunden."[41]
Einen Tag nach Barths Berliner Vortrag am 31. Oktober 1933 hielt Preuss,

---

38 Adolf von Harnack, *Das Wesen des Christentums*. Mit einem Geleitwort von Wolfgang
   Trillhaas, Gütersloh 1977, 157.165.
39 Die Verbindung zwischen Lessings Weiterführung der Reformation als Befreiung vom
   „papierenen Papst" zum „deutschen Geist" wurde auch unmittelbar vor 1933 gezogen, vgl.
   Albert Malte Wagner, *Lessing. Das Erwachen des deutschen Geistes*, Leipzig/Berlin 1931.
40 Nach Hartmut Lehmann, *Luthergedächtnis 1817 bis 2017*, Göttingen 2012, 152f.
41 *Luthergedächtnis 1817 bis 2017* (Anm. 40), 154f.

der über Luthers Schriftprinzip promoviert hatte, den Hauptvortrag bei der
Festversammlung des Martin-Luther-Bundes in Coburg in diesem Sinn, in
Anwesenheit von Gauleiter und Kultusminister Hans Schemm und Landesbischof Hans Meiser. Dass er damit einer im protestantischen, insbesondere
lutherischen Deutschland weit verbreiteten Meinung Ausdruck gab, macht
jeder Blick in die zeitgenössischen Kirchenblätter und Zeitungen deutlich.[42]
Kritische theologische Stimmen aus dem lutherisch-konfessionellen Lager fehlten nicht völlig, fanden aber kirchlich kaum Beachtung.[43] „Mit Luther und Hitler für Glauben und Volkstum" war die öffentliche Losung der
evangelisch-lutherischen Landessynode von Sachsen unter Landesbischof
Friedrich Coch, in die für den „Deutschen Luthertag" vom 10. November
1933 hergestellte Ansteckplakette eingraviert. Coch hatte dazu in der Okto-
bernummer von „Christuskreuz und Hakenkreuz" einen Leitartikel verfasst.

Barths Votum

Was heißt nun aber nach Barth, sich ernstlich auf die Reformation zu berufen? Der von ihm selbst formulierte Titel seines Berliner Vortrags macht zunächst negativ deutlich: Sich ernsthaft auf die Reformation berufen, bedeutet
etwas anderes, als sie als wirkmächtiges politisches, kulturelles oder religiöses Ereignis in der Geschichte zu deuten und sie damit als Vorgeschichte
für die Gegenwart und die eigenen darin verfolgten Zwecke in Anspruch
zu nehmen. Und sich ernstlich auf Martin Luther berufen, bedeutet etwas
anderes, als ihn als den großen Deutschen oder als religiöse Persönlichkeit
zu feiern.[44] Eine ernsthafte Berufung auf die Reformation kann nicht unter
Absehung dessen geschehen, worum es ihr, ihren eigenen Aussagen gemäß
ging. Und so kann es auch kein legitimes „lutherisches" Luthergedenken
geben, sondern höchstens eine im gefüllten Sinn des Wortes *evangelische*
Erinnerung an die Reformation und so auch an Luthers Wort und Tat. Vor
allem in der Kirche kann man Luther „schwerlich anders feiern … als indem
man ihn hört. Oder vielmehr: indem man das hört, was er selber gehört und

---

42 Vgl. die *Allgemeinen Evangelisch-Lutherischen Kirchenzeitung* (AELKZ, Leipzig) des Jahres 1933; dazu: Ferdinand van Ingen; Gerd Labroisse (Hg.), *Luther-Bilder im 20. Jahrhundert*. Symposion an der Freie Universität Amsterdam [12.-14. Oktober 1983], Amsterdam
1984.
43 Vgl. etwa Herrmann Sasse, *Was heißt lutherisch?* München 1934.
44 GA 49, 486.

darum zu sagen hat." Damit ist aber auch im Blick auf Luther der „Begriff des ‚großen Mannes' aufs Gründlichste aufzuheben."[45] Sich auf die Reformatoren berufen muss nach Barth somit zunächst einmal umgekehrt heißen, uns „durch die Richtung, die *sie* hatten, fragen zu lassen, wie es denn mit der Richtung steht, die *wir* haben."[46] Denn die Reformatoren kamen nach Barth, nicht anders als die biblischen Zeugen, „von einer ganz bestimmten, mit keiner anderen zu verwechselnden Entscheidung her".[47] Eine Berufung auf die Reformation, auch auf den deutschen Reformator Martin Luther, ist nur dann legitim und „ernstlich", wenn sie sich letztlich gar nicht auf die Reformation oder auf Reformatoren richtet, sondern sich gleichsam *neben sie* und *mit ihnen unter dieselbe Sache* stellt: Wenn sie mit einem Akt der Anerkennung derselben göttlichen Entscheidung verbunden ist, um die es den Reformatoren ging. Es ist allerdings ein Akt, der unumgänglich in eine menschliche Entscheidung in der Gegenwart mündet.[48]

Damit sind wir bei den für Barth zentralen Begriffen: In der Reformation ging es um eine *Entscheidung*, und eine legitime Berufung auf sie ist nicht ohne eigene Entscheidung zu haben, eine Entscheidung, in der Denken und Reden einen bestimmten Ort und eine bestimmte Richtung erhalten. Der Entscheidungsbegriff leistet zunächst dies, dass er die sich auf die Reformation berufenden Menschen vor den von sich aus handelnd-redenden Gott stellt. Unzweifelhaft war für die Reformatoren das einmalige, gültige Christusgeschehen zwischen Krippe und Kreuz als Tat und Anrede Gottes Grund und Ausgangspunkt ihres Denkens und Handelns. Es war der Grund ihrer Heilsgewissheit und zugleich die Basis ihrer Kritik am römischen Messopferverständnis und am papstkirchlichen Anspruch auf Vergegenwärtigung Gottes ebenso wie an der religiösen Werkgerechtigkeit. So argumentierte Luther gegen den „Missbrauch der Messe" immer wieder von dem kontingenten Christusgeschehen her: „Hier siehst du klar, wie kein Werk der Genugtuung noch das Opfer, der Versöhnung nützt. Es versöhnt allein der Glaube an den dahingegebenen Leib und das vergossene Blut. Es versöhnt

---

45 GA 49, 487.

46 GA 49, 548.

47 GA 49, 534.

48 Mit dem Begriff der (menschlichen) „Entscheidung" zielt Barth auf das „Ethos der Anerkennung" (vgl. dazu: Bent Flemming Nielsen, *Die Rationalität der Offenbarungstheologie. Die Struktur des Theologieverständnisses von Karl Barth*, Aarhus 1988): Gott „erkennen" kann nur heißen: Gott „anerkennen" im Sinne eines ein „Vor Gott-Weichens", und gerade dies ist gleichsam der Ur-Akt christlicher „Selbstbestimmung".

aber nicht der Glaube selbst, sondern er ergreift und verlangt die Versöhnung, welche Christus für uns erworben hat."[49] Entsprechend formuliert für
ihn der zweite Artikel des Apostolikums „das ganze „Evangelium", zusammengefasst als anredende göttliche Entscheidung: „All unser Heil und unsere Seligkeit" besteht darin, dass Christus, wahrer Gottessohn, „mein [sic!]
Herr geworden ist".[50] Während der Wittenberger Reformator allerdings das
Gewicht immer wieder auf die Aneignung- und Zueignungsfrage der in
der Christusgeschichte erfolgten Heilsentscheidung Gottes legt, verteilt die
reformierte Tradition, angefangen bei Ulrich Zwingli, die Gewichte umgekehrt und stellt diese „Entscheidung" Gottes als konstitutiven Bezugs- und
Ausgangspunkt alles dessen, was in Wahrheit „christlich" genannt zu werden
verdient, ins Zentrum. Zwingli formuliert eingangs seiner siebenundsechzig
Thesen von 1523 als theologische Grundlage, auf der alles Folgende beruht,
mit den Worten: „Die Hauptsache des Evangeliums ist … die, dass unser
Herr Christus Jesus, wahrer Gottessohn, uns den Willen seines himmlischen
Vaters mitgeteilt und uns durch seine Unschuld vom Tod erlöst und mit Gott
versöhnt hat".[51] Barth hat in seiner Verwendung des Begriffs der Entscheidung zweifellos Luther im Rücken, auch wenn er stärker an die reformierte
Akzentuierung anschließt.

Der Begriff weist angesichts dessen, worum es in der Reformation ging,
auch dem Menschen seinen Ort zu, insofern es um seine Verhältnisbestim-
mung zu dem in der Reformation thematisierten christlichen Gott geht:
Dieser Ort kann nur ein Ort unterhalb bzw. innerhalb dieser „gefallenen
Entscheidung" sein. Die Reformatoren kommen deutlich genug von dort
her. Damit ist ausgeschlossen ein Ort, von dem aus eine „Betrachtung und
Vergleichung" möglich ist, wo die christliche Wahrheit von einer „höheren
Einheit zweier Möglichkeiten" in seiner Beziehung zu Moral, Vernunft, Humanität, Kultur oder Volkstum her betrachtet und verteidigt werden kann,
mit dem Ziel, dass der christliche Glaube vom Menschen dann „aus Gründen", als „eine seiner eigenen Möglichkeiten" gewählt wird.[52]

---

49 Vom Missbrauch der Messe, 1521, zitiert nach: Karin Bornkamm; Gerhard Ebeling (Hg.),
   Martin Luther. Auseinandersetzung mit der römischen Kirche, Bd. III, Frankfurt am Main
   1995, 132f (WA 8, 519,17-31).
50 Zitiert nach: Martin Luther, Der Große Katechismus, Gütersloh ²1998, 90-92, hier 90 (Die
   Bekenntnisschriften der evangelisch-lutherischen Kirche, 8. Aufl., Göttingen 1979, 651f).
51 Z II, 27,17-20, hier zitiert nach: Thomas Brunnschweiler; Samuel Lutz (Hg.), Huldrych
   Zwingli Schriften, IV Bde., Zürich 1995, Bd. II, 28.
52 GA 49, 542f.

Der Begriff der Entscheidung, mit dem Barth das Wesen der Reformation charakterisiert und dessen Verwendung er auch rechtfertigt,[53] begegnet
bei ihm gerade in den frühen 1930er Jahren häufiger[54] und weist, zusammen mit dem Begriff der Richtung, ganz grundlegend auf das hin, was man
Barths theologische „Erkenntnislehre" nennen könnte.[55] Wohl nicht zufällig
erschien Barths Anselmbuch, in welchem er die theologische „Methode" als
Vollzug einer in eine bestimmte Richtung zu vollziehenden Denkbewegung
an einem spezifischen Ort expliziert 1931.[56] Theologie ist, wie Barth im Juli
1930 in einem Vortrag mit dem Titel *Die Theologie und der heutige Mensch*
formulieren konnte, eine „kritische Selbstbesinnung", die „die Verkündigung der Kirche am Maßstab des Wortes Gottes" misst.[57] Dieser Maßstab
wiederum ist dem Menschen per definitionem unverfügbar. Theologische
Arbeit hat somit zunächst die Aufgabe, das Reden von Gott im Raum der
christlichen Kirche daraufhin zu prüfen, ob es die „Souveränität der Wahrheit" respektiert, von der christliches Reden zu sprechen beansprucht, und
mit deren Leugnung es sich letztlich selber überflüssig macht.[58] Dies wiederum geschieht dann, wenn die christliche Wahrheit als eines „in sich selbst
begründeten Kriteriums ... als schrankenlos freie Macht, als persönlicher
Herr, gedacht ist, der sich schenken, aber auch versagen kann, wo und wem
er will, dass göttliche Wahl, Prädestination, die Entscheidung fällt über das,
was in dieser Wissenschaft Wahrheit ist oder nicht ist."[59] Während Barth dort
mit dem Begriff der Wahl, Prädestination oder Entscheidung Gottes Freiheit
und Unverfügbarkeit im Sich-Schenken oder Sich-Entziehen bezeichnen will

---

53 Vgl. GA 49, 523.
54 Vgl. das Register zu GA 49, Karl Barth, Vorträge und kleinere Arbeiten 1930-1933, hg. v.
   Michael Beintker, Michael Hüttenhoff und Peter Zocher, Zürich 2013 (GA49), 671; z. B.:
   Die Not der evangelischen Kirche (GA 49, 75.80); Das erste Gebot als theologisches Axiom (GA 49, 222.233).
55 „Das Nachdenken über die Frage: was tun wir eigentlich? Kann in den anderen Wissenschaften den Charakter einer sinnvollen Sonntagsbeschäftigung haben. In der Theologie
   ist sie die Frage des Alltags. Unter allen Wissenschaften ist faktisch nur sie durch die Frage
   nach ihrem Wesen dauernd vor Sein oder Nicht-Sein gestellt, durchgreifend in ihrer Arbeit selbst bestimmt durch die Art, wie diese Frage gestellt und beantwortet wird." GA 49,
   17.
56 Vgl. Karl Barth, *Fides quaerens intellectum. Anselms Beweis der Existenz Gottes im Zusammenhang seines theologischen Programms* [GA 13], hg. von Eberhard Jüngel und Ingolf
   Dalferth, Zürich ²1986, z. B. 90f.174.
57 Karl Barth, *Die Theologie und der heutige Mensch*, GA 49, 8-43, hier 17.
58 GA 49, 17.27.
59 GA 49, 19.

und betont, dass „die Entscheidung in der Wahrheitsfrage … jedes Mal vom
Gegenstand der Erkenntnis her fallen muss",[60] erhält der Entscheidungsbegriff im Vortrag *Reformation als Entscheidung* vom Herbst 1933, ein halbes
Jahr vor der „Barmer Theologischen Erklärung", einen stärkeren konkreten
Inhalt, und damit die immer noch betonte göttliche Freiheit eine „verbindli-
che" Gestalt: Es ist die „ein für alle Mal geschehene" Christusgeschichte, das
„ephapax" (vgl. Hebr 10,10) des Wunders „der Herablassung in Jesus Christus", zu dem sich Gott entschieden hat[61] und das somit als Ausgangs- und
Bezugspunkt theologischen Denkens zu gelten hat. Barths später ausgear-
beitete christologische Konzentration und Durchdringung und gleichzeitige
Verschränkung von Erwählungs- und Versöhnungslehre deutet sich hier an.

Eine „view from nowhere" kann es in der Gottesfrage nicht geben, und
jede Form von „Erkenntnis" ist hier eine Existenzgestalt.[62] So spricht Barth
– dem Entscheidungsbegriff entsprechend – von einer *Richtung*, in die sich
theologisch sachgemäßes Denken und Argumentieren zu bewegen hat. Es
ist eine „Existenzrichtung", die dann aber auch die Richtung theologischen
Denkens und Argumentierens vorgibt.[63] Sie ist bestimmt von einem konkreten Ausgangspunkt, der ihre Richtung und Bewegung vorgibt: Von Gottes
konkreter Entscheidung, die eine entsprechende menschliche Entscheidung
verlangt und provoziert. In einer stärker an der traditionellen reformatorischen Terminologie orientierten Formulierung wendet Barth die Rechtfer-
tigungsbotschaft auf die Erkenntnislehre an, durchaus in Anknüpfung an
die Reformatoren selber: „Die reformatorische Lehre sagt: Nachdem Gott
seine Ehre und Herrlichkeit darin erwiesen hat, dass er uns in Jesus Christus
nicht weniger als sich selbst gab, muss unsere Ehrerbietung, unser Dank und
unser Gehorsam darin bestehen, von aller eigenen Gerechtigkeit hinweg zu
seiner Gerechtigkeit zu fliehen. Der Mensch, der Gott Gott sein lässt, wie er
Gott ist für uns in der Krippe zu Bethlehem und am Kreuz von Golgatha –
dieser Mensch hat einfach keine Zeit und keinen Raum, sich dennoch mit
seinen Werken, d.h. mit seiner Gesinnung und Haltung, mit seinem Ernst,
seinem Anstand, seiner Tüchtigkeit selbst rechtfertigen zu wollen. Wie sollte

---

60 GA 49, 19.
61 GA 49, 532.536.
62 Die Überzeugung von der jede Art von Erkenntnis grundlegend bestimmenden Perspek-
   tivität setzte sich erst in der zweiten Hälfte des 20. Jahrhunderts in der wissenschaftsthe-
   oretischen Diskussion durch. Vgl. aber z. B. Karl Mannheim, *Ideologie und Utopie*, Bonn
   1929, ein Buch, das nicht nur in sozialwissenschaftlichen Kreisen Beachtung erfuhr.
63 Vgl. GA 49, 535-539.

die Lehre vom Heil anders lauten können von der gefallenen Entscheidung her als dahin, dass der Mensch, indem ihm seine Sünde vergeben wird, beansprucht ist durch den Gehorsam des Glaubens […].“[64]

Dass Gott in einer von ihm selbst gewählten Weise sein Wort über den Menschen und zu ihm spricht, verwehrt es diesem, insofern er Gottes Entscheidung über ihn „vernommen hat“, unter Absehung von dieser göttlichen Entscheidung und damit von dem Ort, an den ihn diese Entscheidung stellt, von Gott zu sprechen und Gott zu denken. Er hat auch dazu „schlechterdings keine Zeit mehr“.[65] Er „existiert nun in dieser Richtung“ – die Richtung, in die auch die „reformatorische Lehre“ weist und einweist: Sie „ergeht gerade nicht von irgendeiner höheren Warte aus. Sie vergleicht nicht, sie erwägt nicht, sie diskutiert nicht. Sondern sie zeigt an, sie erklärt, sie disputiert.“[66] Sich ernstlich auf die Reformatoren berufen heißt damit: Mit ihnen – nicht von ihnen – in einer ganz bestimmten Weise und Richtung in Anspruch genommen, zu einer eigenen Entscheidung aufgerufen zu sein, die das Gefälle des inkohativen Erkennens, Bekennens und Tuns besitzt: Zeuge des Evangeliums zu werden. Damit kommt die Reformation als Befreiungsgeschehen und als gleichzeitige Inanspruchnahme und Bindung in den Blick. Es sind zwei Seiten desselben Sachverhalts wie sie jedem Beziehungsgeschehen eigentümlich sind: „Sich entscheiden heißt: sich in Freiheit seiner Freiheit entäußern. Wer sich entschieden hat, der hat sich *gebunden*.“[67]

Das gilt für die göttliche wie für die menschliche Entscheidung gleichermaßen. Die exklusive Bindung an den Gott, der als Schöpfer allem Geschöpflichen kategorial gegenüber steht und sich im Christusgeschehen so verbindlich gezeigt hat, dass er stets als der dreieinige Gott lebendiges, handelndes Subjekt bleibt und weder kirchlich noch politisch herbeigefeiert und so instrumentalisiert werden kann, ist Grund einer Freiheit von allen irdisch-menschlichen Zwängen und Ansprüchen religiöser und politischer Art, und gibt zugleich durch das Christusgeschehen dem Gebrauch dieser Freiheit eine bestimmte Orientierung und Richtung vor. Luther hat sie in seiner berühmten Schrift *Von der Freiheit eines Christenmenschen* mit den Mitteln der Dialektik entfaltet; Zwingli in seiner Schrift *Von der Freiheit der Speisen* als konkrete Freiheit von konkreten irdischen Autoritäten. Beide aber als

---

64 GA 49, 538.
65 GA 49, 534.
66 GA 49, 534.533.
67 GA 49, 533.

Freiheit zur Gottes- und Nächstenliebe.[68] Die Gebundenheit an diesen Gott
in Form des vertrauenden Sich-Ergebens wie des tätigen Gehorsams war die
Kehrseite dieser Freiheit.

Sich „ernstlich" auf die Reformation, auf Luther zu berufen bedeutet damit aber mehr, als ihn zitierend nachzusprechen oder am althergebrachten
„Bekenntnisstand", repräsentiert durch kanonische Bekenntnisdokumente
festzuhalten. Von „Bekenntnisstand" war im deutschen Protestantismus der
1930er Jahre viel die Rede, sowohl auf lutherischer wie auf reformierter Seite.
Damit meinte man das treue Festhalten an Formulierungen und Lehren, wie
sie sich im 16. Jahrhundert als Merkmale der eigenen Konfession herauskris-
tallisiert bzw. verfestigt hatten. Wenn Barth einerseits der Meinung war, dass
ein kulturprotestantisch-religionsgeschichtlicher Umgang mit der Reformation dieser nicht gerecht wird, so war er andererseits auch der Meinung, dass
ein – dann unumgänglich konfessionalistisches Festhalten an Formulierungen Luthers oder reformatorischer Bekenntnisschriften nicht die Alternative
sein konnte. „Ernstlich" auf Luther oder andere Reformatoren hören kann
nur bedeuten, sich von ihnen zum eigenen „Hören" mitnehmen zu lassen.
Wie soll das zugehen? Hier kommt ein weiterer wichtiger Aspekt von Barths
theologischem Anschluss an die Reformation im Kontext der Neuzeit und
in kritischer Spannung zu ihr ins Spiel: Natürlich gehörte zu dieser Freiheit
immer eine „Lehre" dazu: Zunächst eine Christologie und eine Soteriologie,
die die Geschichte von Gottes „kontingenter Gleichzeitigkeit" in ihrer Bedeutung zu verstehen sucht, aber dann konsequenter Weise auch eine Lehre
von der Prädestination und der Erbsünde – beides als Lehren, die die christliche Freiheit sichern sollen!

Wenn die Reformatoren von „Christus", von „Evangelium", vom „Wort
Gottes", und auch wenn sie von „Glaube" sprachen, sprachen sie, so Barth,
nicht einfach von ihren religiösen Gemütszuständen. Die in der „liberalen
Theologie" oft stark gemachte Differenz zwischen (lebendiger) „Religion"
und (totem, sekundärem) „Dogma" reißt auseinander, was grundlegend
zusammen gehört. Für den christlichen Glauben ist nach Barth die „Lehre" konstitutiv, denn im Glauben geht es um ein Erkennen und Wissen, das
sich aber nicht einfach auf vorhandene und somit verfügbare „Glaubenstat-
sachen" bezieht. Dies wussten nach ihm bereits die Reformatoren, denen es

---

68 Vgl. WA 7,(12)20-38; Z I, 131-136.

vielmehr um eine alles bestimmende „Exzentrizität"[69] zu tun war: All ihr Reden und Lehren „weist über sich selbst hinaus" auf die göttliche Entscheidung.[70]

So bezieht Barth die *Lehren* der Reformatoren zurück auf ihren „Anfang" in Gottes Entscheidung, und versucht sie von dort aus zu verstehen. Die reformatorischen Lehren von der Schrift (sola scriptura), von der Erbsünde, der Rechtfertigung und der Prädestination sind nicht einfach einzelne zu glaubende „Wahrheiten", die zusammen einen „Bekenntnisstand" ausmachen. Sie sind im präzisen Sinn „theologisch" zu interpretieren, auf die Gotteslehre hin. Es sind Anstrengungen, sich denkend zu dem Gott zu bekennen, der sich entschieden hat, sich so zu zeigen, wie er es getan hat. Bereits Barths Beschäftigung mit den Lehren der protestantischen Orthodoxie stand unter diesem Vorzeichen und damit quer zum üblichen „neuprotestantischen" Umgang mit dem 17. Jahrhundert.[71] Barths Ansatz bei der „Subjektivität" Gottes ist in seiner zweifellos bestehenden „neuzeitlichen" Prägung der Sache nach ein zentrales theologisches Anliegen der Reformatoren, das diese „religionskritisch" in ihrer Zeit zur Geltung zu bringen suchten, und nicht erst die Versöhnungslehre der Kirchlichen Dogmatik enthält einen von der biblischen Christusgeschichte her konkret gefüllten Subjektivitätsbegriff. Schon der erstmals 1932 publizierte erste Teilband der Kirchlichen Dogmatik KD I/1 lässt sich als eine ausführliche Erläuterung und diskursive theologische Rechtfertigung des „Wortes Gottes" als Entscheidung lesen.[72] Gegenüber einer Einebnung aller Unterscheidung der Zeiten in einen einzigen teleologischen Geschichtsprozess, in dem alle „religiösen" Menschen, heißen sie „Jeremia, Jesus, Paulus oder Luther", zusammen mit dem religiösen Menschen der Gegenwart auf derselben Ebene stehen und im Horizont des sich fortschreitend höherentwickelnden Selbst- und Gottesbewusstseins von

---

69 GA 49, 481. Dazu: Michael Welker, Subjektivistischer Glaube als religiöse Falle, in: *EvTh* 64 (2004), 239-248.

70 GA 49, 487.

71 Vgl. besonders: Karl Barth, *„Unterricht in der christlichen Religion" (1924-1926)*, Teil 1 (1985, GA 17), Teil 2 (1990, GA 20) Teil 3 (2003, GA 38)

72 Wenn Barth im Vortrag von 1933 diese „ganz bestimmte, mit keiner anderen zu verwechselnden Entscheidung" zum Ausgangs- und Bezugspunkt dessen erklärt, worum es in der Reformation ging, steht der theologische Diskurs im Hintergrund, den Barth schon lange führt (GA 49, 534.). Barths Lehre vom Wort Gottes in KD I/1, publiziert ein Jahr vor unseren Basistexten, ist als Ganzes ein Einspruch gegen das eben skizzierte kulturprotestantisch-religionsgeschichtliche Verständnis des Christentums, das genau dies schon methodisch leugnet.

letzteren nicht nur bewundert, sondern auch beurteilt werden können, entwickelt Barth in KD I/1 seine Lehre von der „kontingenten Gleichzeitigkeit"
und von der Differenz der Zeiten. Er beruft sich dafür vielfach auf Luther
und Calvin, die nicht terminologisch, wohl aber der Sache nach dasselbe sagen.[73] Die Zeit Jesu Christi, die Zeit des Zeugnisses von ihm, und die Zeit der
Kirche sind als theologisch kategorial *unterschiedliche* Zeiten zu verstehen,
ungeachtet dessen, dass natürlich alle Menschen aller Zeiten irgendwie als
„religiöse" Menschen in den Blick genommen werden können. Denn nur
so kann das Unerhörte, wovon die biblischen Texte sprechen, überhaupt in
den Blick kommen. Die Reformatoren haben es geltend zu machen versucht,
wenn sie gegen Rom auf die kategoriale Differenz zwischen Gotteswort und
kirchlichen „Menschensatzungen" aufmerksam machten und entsprechend
gegen den Humanismus ihrer Zeit auf die kategoriale Unterscheidung zwischen Gottes Geist und Menschengeist.

Ist Barths Lehre vom Wort Gottes in KD I/1 die Erläuterung der göttlichen Entscheidung als *Entscheidung*, so ist Barths Versöhnungslehre KD
IV als eine theologische Nacherzählung dieser göttlichen Entscheidung
zu lesen, die als göttliches Beziehungsgeschehen eine sich in kontingenter
Gleichzeitigkeit vollziehende menschlich-irdische Passionsgeschichte dort
und damals ist: Als Entscheidung des Gottessohnes für *den Weg in die Fremde*, als *Urteil des Vaters, als prophetisches Amt Jesu*, das weder ein Geschehen
noch ein Geschichtsprozess, sondern die *Tat einer Person* ist. Das Christusgeschehen als Ganzes ist Gottes „Wahl, Entscheidung, Tat".[74] Als solche bleibt
es allerdings nicht allein, sondern befreit Menschen dazu, sich ihrerseits zu
entscheiden und damit Gottes Entscheidung in ihrem Raum in Freiheit zu
„wiederholen". Die Fähigkeit und Notwendigkeit von Entscheidung und
Wahl machen nach Barth den Menschen aus.[75] Entsprechend ist auch Barths

---

73 „Wo man in der Lage ist, unsere Ungleichzeitigkeit mit Christus und den Aposteln dadurch aufzuheben, dass man sich mit ihnen auf denselben Boden oder sie auf denselben
   Boden mit sich selber stellt, um sich dann, desselben prophetischen Geistes teilhaftig wie
   sie, im eigenen Gefühl den Maßstab der inneren Wahrheit besitzend, mit ihnen über Brut-
   to oder Netto ihres Wortes zu unterhalten, wo die Gleichzeitigkeit also auf der Hypothese
   eines bloß quantitativen Unterschiedes zwischen denen dort und uns hier beruht, da dürfte doch der Begriff des Wortes Gottes humanisiert sein, dass es nicht verwunderlich ist,
   wenn man ihn lieber nur noch verhältnismäßig selten und gleichsam in Anführungszeichen gebraucht", *KD I/1*, 152.
74 *KD IV/1*, 84.
75 „Die menschliche Kreatur Gottes existiert ja als solche darin, dass sie wählt: recht, im Gehorsam gegen Gott und dann im Gebrauch ihrer Freiheit – oder verkehrt, eigenwillig und

Ethik eine Ethik der rechten *menschlichen* Entscheidung als dem rechten Gebrauch der christlichen Freiheit und so integraler Bestandteil Gotteslehre.

Barths Stellungnahme zu Reformationsfeierlichkeiten führt zwangsläufig in Grundentscheidungen seiner Theologie hinein. Es gehört zu den auch in der wissenschaftlichen Theologie gepflegten Stereotypen, Barths Theologie des „Wortes Gottes" als eine gleichsam „von oben" entworfene und also perspektivierte Theologie zu charakterisieren. Schon nur der Umfang seiner 1504 Seiten umfassenden „Lehre vom Wort Gottes" (KD I) scheint ein starkes Indiz in dieser Richtung zu sein. Demgegenüber scheint eine „Glaubenslehre", die bescheiden beim Christen als einem „religiösen" Menschen als dem unstrittigen Anfang jeder „Theologie" einsetzt, der ihrer Grenzen gewärtigen (westlich-kulturellen) neuzeitlichen Erkenntnissituation intuitiv deutlich größere Plausibilität zu besitzen. Schaut man allerdings etwas genauer hin, kann sich dieser Eindruck leicht ins Gegenteil verkehren, insbesondere dann, wenn man sich vom „Kleingedruckten" im ersten Band der Kirchlichen Dogmatik und von Barths zahlreichen „Gelegenheitsschriften" und Vorträgen in die Diskurse der Zeit einführen lässt – weshalb man das Studium der Theologie Barths nicht mit der KD beginnen sollte. Gerade die neuprotestantische Bescheidenheit und scheinbare Redlichkeit, die dazu führt, möglichst wenig über Gott „selber" sagen zu wollen und vor theologischer „Lehre" und „Dogmatik" zurückschreckt, basiert auf einer erstaunlichen Selbstgewissheit, wenn es um die Erkenntnis des Wirkens des göttlichen Geistes im religiösen Selbstbewusstsein und in der eigenen Kultur, repräsentiert durch gebildete Männer des entsprechenden Milieus geht. Das unzweifelhaft gutgemeinte und oft geistreiche kirchen- und christentumsapologetische Unternehmen der „Aufklärungstheologie" und ihrer Kinder operiert grundsätzlich nicht anders als Lessing „aus höherer Einsicht"[76] heraus und damit wahrhaftig „von oben herab", muss es doch den Maßstab, an welchem „wahre" Religion und Religiosität und damit die Gegenwart Gottes selber in seinem Handeln, als immer schon verfügbar behaupten. Unter einer solchen Voraussetzung kann man zwar gegen *bestimmte Gestalten* der feierlichen Verzwecklichung der Reformation protestieren; in dem sie ermöglichenden „theologischen" Grundproblem bleibt man aber gerade stecken. Demgegenüber ist Barths „Theologie des Wortes Gottes" und die gesamte KD I eine

---

dann im Missbrauch ihrer Freiheit, dann in Wahrheit schon im Ereignis ihres Verlustes – aber *wählt.*" *KD III/4,* 726.

76 *Die protestantische Theologie im 19. Jahrhundert* (Anm. 13), 232.

methodische Verweigerung des christlichen Wahrheitsbesitzes als Theologie
der Offenheit für das unvordenkliche göttliche Selbstwort, wie es in einer
ganz bestimmten, kontingenten Geschichte, ohne einfach darin aufzuge-
hen und damit ein historisches „Faktum" zu werden, begegnet. Zugespitzt
könnte man formulieren: Gerade ein theologisches Denken, das sich jeder
gedankliche Vermittlung oder Abschwächung des *göttlichen* „senkrecht von
oben"[77] verweigert, bekennt sich dazu, konsequent „unten" zu denken und
damit zur christlich-theologischen wie neuzeitlichen Erkenntnissituation.
Hier treffen sich das Neue Testament und Kants erkenntnistheoretisches Fa-
zit der Aufklärung. Und hier sieht sich Barth als ein über die Aufklärung
und über den letztlich von Hegelschem Geist inspirierten „Liberalismus" des
19. Jahrhunderts hinausgehender Anwalt auch von deren Anliegen im Bund
mit den Reformatoren, wenn diese auf dem „Hören" des „Wort Gottes" und
auf der Grundunterscheidung von „wahrer" und „falscher" Religion und
Frömmigkeit insistieren als in einer „existenziellen" Entscheidung wurzeln-
den theologischen Entscheidung.[78] Eine entsprechende, konkrete „Entscheidung" trafen bekanntlich die Teilnehmer an der ersten Barmer Synode vom
Mai 1934. Wenn die erste These der *Barmer Theologischen Erklärung* auch an

---

77 Wenn Wolfhart Pannenberg, um einen klassischen Kritiker exemplarisch anzuführen,
   nach einer zutreffenden Kurzcharakterisierung von Barths Anliegen dessen Ansatz als
   „besinnungslose(n) Verzicht auf jede Auseinandersetzung und also die geistige Kapitu-
   lation vor Feuerbach" bezeichnet und fordert: „die Theologie muss lernen, dass sie [...]
   nicht mehr so reden kann, als ob der Sinn dieses Wortes sich von selbst verstünde, dass
   sie also nicht ‚von oben', wie Barth sagt, Theologie treiben kann" (Wolfhart Pannenberg,
   Typen des Atheismus und ihre theologische Bedeutung, in: *Grundfragen systematischer
   Theologie*, Gesammelte Aufsätze, Bd. 1, Göttingen 1967, 351) kann man sich, angesichts
   von Pannenbergs üblichem Reflexionsniveau, des Gedankens einer bewussten Verzerrung
   schwer erwehren.

78 Vgl. etwa Martin Luther, *De captivitate Babylonica*, WA 6, 484-573; ders., *Auslegung des 5.
   Psalms*, WA 5, 125-199; Huldrych Zwingli, *De vera et falsa religione commentarius*, Z III,
   590-912. Eine andere Sicht der Dinge ist von Erasmus überliefert. Am 31. August 1523
   schrieb er, der lange für Sympathie gegenüber der Reformation geworben hatte, an Zwingli: „Soeben sind in Antwerpen zwei Augustinermönche wegen ihres evangelischen Glaubens verbrannt worden. Ob ich darüber traurig sein soll, weiß ich nicht. Ich weiß, dass für
   Christus zu sterben eine ehrenvolle Sache ist. Aber für die absurden Lehren Luthers, etwa
   dass der Mensch allein auf Gottes Gnade angewiesen ist und alle seine Werke nichts wert
   sind, derart zu streiten, darin sehe ich keinen Sinn." *Huldreich Zwingli sämtliche Werke*
   (Corpus Reformatorum 88-108), hg. v. Emil Egli u.a., Berlin, Leipzig, Zürich 1905-2013,
   Band VIII, 114.

die erste Berner These[79] und damit an die reformierte Tradition anknüpfte,[80] lässt sich doch auch bei Luther eine berühmte, nahezu wörtliche Parallele dazu finden.[81]

So entfernt die Ereignisse der 1930er Jahre des vergangenen Jahrhunderts für das kulturelle und kirchliche Gegenwartsempfinden auch sind und so sehr jede Berufung auf „Barmen" der Erläuterung bedarf: Die Frage, ob eine sich „ernstlich" auf Luther berufende oder sich als nach Gottes Wort „reformiert" behauptende Kirche anders Kirche sein und damit vom christlichen Gott reden kann, als dass sie Gottes Entscheidung respektiert und so sich entscheidende, also *bekennende* Kirche wird, ist im Jahre 2017 nicht weniger akut. Schon 1933 wies Barth über die Zeit des christlichen Monopols als Staatsreligion oder doch als Volkskirchentum hinaus und knüpfte an das reformatorische Potenzial an, das sich in den frühneuzeitlichen Fürsten- und Städtereformationen des 16. Jahrhunderts im Rahmen des Corpus Christianum-Gedankens nicht entfalten konnte. Kirchliche Entwicklungskonzepte für die Zeit nach 2017 lassen sich Barths Votum naturgemäß nicht entnehmen. Zugleich wäre es ein Missverständnis seines Anliegens, wenn man solche als überflüssig erklären oder gar theologisch verbieten wollte. Im Gegenteil: Auch hier gilt es, Entscheidungen zu treffen, und diese sind stets konkret und haben zeitlich-kontingente Folgen. Wer daran interessiert ist, dass sie am rechten Ort, in der richtigen Richtung und damit unter „ernstlicher" Berufung auf die „reformatorische" Tradition getroffen werden, tut gut daran, Barths Stimme nicht vorschnell in die Theologiegeschichte einzuordnen oder karikierend zu neutralisieren. „Die Reformation der Kirche ist Gottes Werk und ist von menschlichem Hoffen und Meinen so unabhängig wie die Auferweckung der Toten oder ein anderes Wunder dieser Art. Also muss man hinsichtlich der Möglichkeit, etwas dafür zu tun, nicht auf den guten Willen der Leute oder auf Veränderungen der Zeitumstände warten,

---

79 Diese lautet: „Die heilige christliche Kirche, deren alleiniges Haupt Christus ist, ist aus dem Wort Gottes geboren. Darin bleibt sie und hört nicht auf die Stimme eines Fremden." Martin Sallmann, Matthias Zeindler (Hg.), *Dokumente der Berner Reformation*, Zürich 2013, 39.

80 Vgl. GA 49, 255; Martin Heimbucher; Rudolf Weth (Hg.), *Die Barmer theologische Erklärung. Einführung und Dokumentation*, 7. Aufl., Neukirchen-Vluyn 2009.

81 Martin Luther, *Schmalkaldische Artikel*: „Es weiß, gottlob, ein Kind von sieben Jahren, was die Kirche sei, nämlich die heiligen Gläubigen und die Schäflein, die ihres Hirten Stimme hören", *Die Bekenntnisschriften der evangelisch-lutherischen Kirche*, 8. Aufl., Göttingen 1979, 459,20–460,2.

sondern muss mitten durch die Verzweiflung hindurch vorbrechen. Gott will sein Evangelium gepredigt haben. Lasst uns diesem Gebot gehorchen und gehen, wohin er uns ruft! Was der Erfolg sein wird, danach haben wir nicht zu fragen."[82]

---

82 Calvin 1543 an Karl V.; Barths Schlusszitat in *Reformation als Entscheidung*, GA 49, 550.

Günter Thomas

Karl Barths Radikalisierung des lutherischen ‚Solus Christus'.
Medienreduktion, göttliche Selbstbestimmung und die Frage nach der Rezeptivität Gottes

In den folgenden Überlegungen möchte ich Sie in eine Bewegung hineinnehmen. In einem ersten Schritt möchte ich mich der theologischen Pointe des lutherischen Diktums *solus Christus* annähern. Hierbei geht es um die Frage: Was ist, bei aller komplexen Umwelt- und Zeitabhängigkeit des Denkens Martin Luthers, eine neue Pointe seiner Theologie? Meine These ist: Martin Luther ist ein vitaler Bestandteil einer doppelten Medienrevolution: einer technischen Medienexpansion und einer theologischen Medienreduktion. Daran anschließend möchte ich Überlegungen zu den manifesten, von Luther selbst gezogenen Grenzen der von ihm ins Auge gefassten christologischen Konzentration vorstellen. In einem dritten Schritt werde ich die These darlegen, dass das prägnant soteriologische *solus Christus* Martin Luthers von Karl Barth radikalisiert wird. Barth übernimmt die christologische Konzentration, beläßt es aber nicht bei der soteriologischen und medialen Konzentration, sondern überträgt in der sogenannten Erwählungslehre das *solus Christus* auf die göttliche Selbstbestimmung. Da die Theologie mit guten Gründen nicht nur über Luther, sondern auch über Barth hinausgehen muß, sollen am Ende einige knappe Rückfragen an Karl Barths Deutung des *solus Christus* markiert werden. Anders formuliert gilt es punktuell zu fragen: Worin bestehen, bei aller Anerkennung der Leistung Martin Luthers wie auch der Karl Barth im Heute die Herausforderungen, für die über Barth selbst hinausgehend gedacht werden muß?

1. Martin Luther und die zweifache Medienrevolution

1.1 Die Reformation als Moment der technischen Medienentwicklung

Zwischen der technischen Medienentwicklung und der aufbrechenden Reformation Martin Luthers gab es – neudeutsch gesprochen – eine win-win-Situation, präziser formuliert, ein Verhältnis der wechselseitigen rekursiven Selbstverstärkung und der kovarianten Steigerung.[1] Die Medienentwicklung profitierte von der Reformation und die Reformation von der Medienentwicklung – und beide waren sowohl Treiber wie Getriebene. Ohne den Buchdruck hätte sich in der Reformation nie in so kurzer Zeit der politische und religiöse Druck zur Veränderung aufgebaut. Es war nicht nur der Buchdruck, der die gelehrte Diskussion beförderte. Es war auch nicht nur der Bibeldruck, der von dem materiellen Medium ausgehend das Bedürfnis der Lektüre befeuerte. Es war auch die beschleunigte visuelle Kommunikation durch bebilderte Flugschriften, die ein politisches wie religiöses Erregungspotential weckte und kanalisierte.[2] Für heutige Verhältnisse instruktiv ist auch der Umstand, dass es die Praxis des Raubdruckes war, die der Verbreitung von reformatorischen Schriften enorme Schubkraft gab. Zugleich schuf die Reformation für die technische und ökonomische Entwicklung der Buchdruckerei und der Flugschriften eine immens förderliche Auftragslage. Auch sprachlich schauten die reformatorischen Autoren dem Volk aufs Maul – mit drastischen Ausdrücken und nicht weniger drastischen Bebilderungen. Wer hier in dieser historischen

---

1   Vgl. an dieser Stelle exemplarisch den Klassiker Elizabeth L. Eisenstein, *The printing press as an agent of change. Communications and cultural transformations in early modern Europe*. Cambridge / New York, 1979. Soziologisch fokusierter und den aktuellen Forschungsstand reflektierend vgl. Marcus Sandl, *Medialität und Ereignis. Eine Zeitgeschichte der Reformation*. Zürich, Chronos 2011, und Marcus Sandl, Zwischen Ereignis und Geschichte. Überlegungen zur Medialität der Reformation, in: Wilhelm Damberg / Ute Gause (Hgg.), *Gottes Wort in der Geschichte. Reformation und Reform in der Kirche*, Freiburg / Basel / Wien 2015.

2   Wiederum exemplarisch Volker Leppin, *Antichrist und Jüngster Tag. Das Profil apokalyptischer Flugschriftenpublizistik im deutschen Luthertum 1548-1618*, Gütersloh 1999; populärwissenschaftlich, aber die Fäden in die Gegenwart ausziehend : „Social media in the 16th Century. How Luther went viral. Five centuries before Facebook and the Arab spring, social media helped bring about the Reformation; The Economist, Dec 17th 2011 (http://www.economist.com/node/21541719).

Situation Treiber und Getriebener war, ist nicht zu entscheiden. Natürlich war, wie die Medienhistorikerin Elisabeth Eisenstein feststellte, die Printing Press ein ‚agent of change', ein Akteur eines tiefgreifenden Wandels. Aber es waren die religiös interessierten Leserinnen und Leser, die einen geradezu explodierenden Markt für die Druckerzeugnisse schufen.

Die Reformation war jedoch nicht nur ein Ereignis der technischen und kulturellen Medienge-schichte. Die eigentliche Pointe der Reformation ist die Verschränkung von technischer Mediengeschichte und einem nicht weniger weitreichendem Umbau religiöser Medien. Erst diese Verbindung von *expansiv-technischen* und *reduktiv-religiösen Medien* macht die Reformation zu einem spezifisch *theologischen Medienereignis*.

1.2 Die Reformation als entmedialisierendes Medienereignis

In die Religionsgeschichte insgesamt, in die jüdisch-christliche Tradition wie auch die Geschichte des Christentums, ist eine Geschichte der Kommunikationsmedien mit Gott eingezeichnet. Mit Gott durch Feuer und Rauch zu kommunizieren ist äußerst riskant und durch Mißverständnisse gefährdet. Der erste Mord geschieht in der Bibel wohl durch ein solches Mißverständnis zwischen Kain, Abel und Gott. Religionen sind Laboratorien, in denen experimentiert wird, durch welche Medien Gott zu den Menschen spricht und durch welche umgekehrt die Menschen mit Gott kommunizieren können.[3] Besondere Orte und Zeiten, bestimmte Menschen und spezifische Atmosphären werden dafür herausgehoben. Einige Menschen – hier auf Erden oder im Himmel – sind ganz besondere Medien.

Für das Medienereignis der Reformation ist nun eine eigentümliche Umkehrung charakteristisch: Der medientechnische Umbruch im Feld der *Verbreitungsmedien* – Flugschriften, illustrierte Flugblätter, Poster, Werbematerial für Ablassbriefe, religiöse Bücher für Laien, kolorierte Holzschnitte, der technische Buchdruck – führte nicht zu einer Vermehrung oder gar Inflation

---

3 Für weitere Überlegungen in dieser Richtung siehe Günter Thomas, The mediatization of religion – as temptation, seduction, and illusion, in: *Media, Culture & Society* 38(1) (2016), 37-47 und Günter Thomas, Die Multimedialität religiöser Kommunikation. Theoretische Unterscheidungen, historische Präferenzen und theologische Fragen, in: Ingolf U. Dalferth / Philipp Stoellger (Hgg.), *Perspektiven gegenwärtiger Hermeneutik der Religion. Hermeneutik der Religion in rhetorischen und medientheoretischen Perspektiven*, Tübingen 2007, 189-213.

religiöser Medien, sondern – und dies ist die Pointe – zu einer dramatischen Reduktion religiöser *Kommunikationsmedien*.[4]

Alle sogenannten Sola-Formeln: *sola scriptura, solus Christus, sola fide* und *sola gratia* sind, so meine These, im Kern Anweisungen zur religiös-medialen Reduktion und Konzentration der Kommunikationsmedien zwischen Gott und Mensch. Die Heiligen und herausgehobenen religiösen Personen waren eigentlich Kommunikationsmedien, in denen und durch deren Leben Menschen einen ‚besseren‘ Zugang zum Heiligen finden sollten. Die Kritik der Reformation am klösterlichen Leben war eine Kritik an der medialen Konzentration des Klosters gegenüber den Belastungen und Zerstreuungen des Alltags. Es war eine Kritik an der Behauptung, ein Gottesdienst im Alltag der Welt sei letztlich nicht möglich, sondern erfordere institutionelle Sondereinrichtungen, und das bedeute letztlich die Notwendigkeit des Mediums einer besonderen Lebensform. Die Zurückweisung des Papstes ist die offene Kritik an der Vorstellung, die im auferstandenen Christus und in der Wirksamkeit des Heiligen Geistes bestehende Einheit der Kirche erfordere nochmals das Darstellungsmedium einer besonderen, sichtbaren Person, d.h. die Einheit der Kirche erfordere nochmals das mediale Substrat einer realen Person. Dasselbe gilt für die Mittler- und Fürsprecherfigur der Maria.

Im Gegenzug zur medial-symbolischen Verdichtung der Frömmigkeit des Mittelalters plädierten die Reformatoren höchst minimalistisch für eine gestufte und kurze mediale Ereigniskette: Durch den Rückbezug auf das Medium der Schrift (*sola scriptura*) in der Predigt (*solo verbo*) vergegenwärtigt sich der lebendige Christus (*solus Christus*), durch den die Rechtfertigung des Menschen sich allein aus Gnade (*sola gratia*) aktual ereignet und so der Glaube (*sola fide*) provoziert wird. Wenn es um das Heil der Menschen geht, dann ist alles fokussiert auf Christus. Wie die Augsburgische Konfession formuliert: „quia unum Christum nobis proponit mediatorem…" (CA XXI, BKSK, 83b). Der Torgauer Artikel formuliert prägnant: ‚De invocatione sanctorum‘: „Unus est mediator Christus" (BKSK, 83b). Das Sondermedium ‚Heilige‘, das religiöse Vermittlungsmedium ‚Priestertum‘, der sogenannte zweite Stand und nicht zuletzt Maria sind letztlich nicht notwendig. Am Ende steht mit dem Ereignis des Wortes Gottes ein aktualistischer, perfor-

---

4   Sehr gut vergegenwärtigen lässt sich dies anhand der Studie von Johan Huizinga, *Herbst des Mittelalters. Studien über Lebens- und Geistesformen des 14. und 15. Jahrhunderts in Frankreich und in den Niederlanden*, Stuttgart 1952, der die symbolische und religiös-mediale Verdichtung des Alltags im Mittelalter beschreibt.

mativ-ereignishafter Medienbegriff, der diese Konstellation und die radikale Konzentration prägt.

2. Ambivalenzen in Martin Luthers christologischer Konzentration und Reduktion

Die genannte medial-christologische Konzentration wird bei Martin Luther jedoch nur unzureichend und mit einem fragwürdigen Vorbehalt durchgeführt.[5] Sie führt bei Luther zu enormen Spannungslagen zwischen Christologie und Gotteslehre, die letztlich das Modell der medial-christologischen Konzentration zu sprengen drohen.[6]

In Luthers intensiver Auseinandersetzung mit Erasmus, die in der Schrift „De servo arbitrio" oder „Vom unfreien Willen" greifbar ist, relativiert Luther nicht explizit, aber faktisch frühere Bestimmungen, nach denen in Christus vollständig der Wille Gottes offenbar geworden ist. In einem brieflichen Gutachten über das Evangelium Johannes 6,37-40 an Spalatin, vom 12. November 1519 schreibt Luther:

> „Darum mahne ich aber- und abermal: Wer da will heilsam über Gott denken und spekulieren, der setze alles andre hintan gegen die Menschheit Christi. Diese aber stelle er sich vor, wie sie sich erhebt oder wie sie leidet, bis ihm ihre Gütigkeit süße werde. Dann bleibe er da nicht stehen, sondern dringe hindurch und denke: Ei, nicht aus seinem Willen, sondern aus dem Gottes des Vaters hat er das und das getan. Da wird der allerlieblichste Wille des Vaters anfangen, ihm

---

5   Zur Einführung in diesen Aspekt Luthers siehe Oswald Bayer, *Martin Luthers Theologie. Eine Vergegenwärtigung*, Tübingen 2003, speziell die Kapitel IIX bis XI. Die Grenze zwischen Luther selbst und der Lutherinterpretation wird in jeder Generation neu gezogen – zumeist zugunsten des eigenen Zugriffs auf Luther selbst und zuungunsten vergangener Luther-Interpreten. Aufschlussreiche Interpretation und Rezeptionen bieten Paul Althaus, *Die Theologie Martin Luthers*, Gütersloh 1962, 31ff und 99ff.; Werner Elert, *Morphologie des Luthertums. Bd. 1. Theologie und Weltanschauung des Luthertums, hauptsächlich im 16. und 17. Jahrhundert*, München 1965, spez. Kap. 17; und Theodosius Harnack, *Luthers Theologie. Bd. 1. Mit besonderer Beziehung auf seine Versöhnungs- und Erlösungslehre*, München 1927, Kap. II.

6   Die im Folgenden vorgenommene Gegenüberstellung von Karl Barths Erwählungslehre und Martin Luthers Doppelung in der Gotteserkenntnis findet sich auch schon – wenngleich in anderer Zuspitzung bei Walter Kreck, *Grundentscheidungen in Karl Barths Dogmatik. Zur Diskussion seines Verständnisses von Offenbarung und Erwählung*, Berlin 1983; Kap. III und Anhang A.

zu gefallen, den er in der Menschheit Christi erzeigt (und eben das ist schon das Ziehen und Geben des Vaters). Bei diesem Willen kann Gott der Vater ohne Furcht ergriffen werden und mit Vertrauen."[7]

In diesem Gedankengang macht Luther explizit deutlich, dass sich in Christus der Wille des Vaters verwirklicht und eben darum auch zeigt. Da Christus den Willen des Vaters realisiert, kann umgekehrt von ihm aus auch Vertrauen in diesen Vater gefasst werden. Die Vertrauenswürdigkeit des Vaters ist in der Menschlichkeit Christi manifest und greifbar. Die Kongruenz zwischen Vater und Sohn ist die Voraussetzung der Inkarnation und zugleich Basis des Glaubens.

Im Kontext der Schrift „Vom Unfreien Willen", aus dem Dezember 1525, unterscheidet Martin Luther dagegen gezielt zwischen Gott und dem Wort Gottes, d.h. zwischen Gott in seiner Majestät und Gott, der sich in der Christusperson kommuniziert.[8]

> „Anders ist von Gott und seinem Willen Gottes zu disputieren, sofern er uns gepredigt, offenbart, dargeboten und von uns verehrt wird, als von Gott, sofern er nicht gepredigt, nicht offenbart, nicht dargeboten und von uns nicht verehrt wird. Insofern sich Gott also verbirgt [sese abscondit] und von uns nicht gekannt werden will, geht er uns nichts an. Hier nämlich gilt wahrhaftig jener Spruch: Was über uns ist, geht uns nichts an."[9]

Diese unauflösliche und erschreckend-verohnmächtigende Verborgenheit Gottes ist von der sehr präzisen und letztlich heilsamen Verborgenheit Gottes im Kreuz zu unterscheiden. Die Verborgenheit *sub contrario*, die Luther in der Heidelberger Disputation so prägnant herausstreicht, ist eine andere als die im allmächtigen Handeln des göttlichen Treibers in der Ge-

---

7 WABr I, 327ff. Nr. 145.

8 Die folgenden lateinischen Zitate folgen der Weimarer Ausgabe. Die deutschen Zitate haben als Grundlage Martin Luther, *Ausgewählte Werke. Daß der freie Wille nichts sei. Antwort D. Martin Luthers an Erasmus von Rotterdam*, München 1962 und folgend der WA Seitenpaginierung.

9 WA 18,685,3-6. Zu den Hintergründen der Sentenz siehe Eberhard Jüngel, „Quae supra nos, nihil ad nos. Eine Kurzformel der Lehre vom verborgenen Gott - im Anschluß an Luther interpretiert", in: Eberhard Jüngel (Hg.), *Entsprechungen Gott - Wahrheit - Mensch. Theologische Erörterungen, Bd.2*, München 1980, 202-252, Eberhard Jüngel, Die Offenbarung der Verborgenheit Gottes. Ein Beitrag zum evangelischen Verständnis der Verborgenheit des göttlichen Wirkens, in: Eberhard Jüngel (Hg.), *Wertlose Wahrheit. Zur Identität und Relevanz des christlichen Glaubens. Theologische Erörterungen III*, München 1990, 163-182.

schichte. Gott am Kreuz, in der Schwachheit von Leiden und Sterben, ist dagegen eine eminent heilsame Verborgenheit, die es verdient, gepredigt und
geglaubt zu werden, die Vertrauen evoziert und trägt.

Gott in seiner Majestät ist auch nicht ein verständlicher, nachvollzieh-
barer zorniger Richter, der in seinem kritischen und strafenden Handeln
eine (gleichwohl negative) Erwartungssicherheit aufbauen läßt. Dieser Gott
ist vielmehr eine in ihrer Unbestimmtheit und Freiheit schrecklich, unverständlich und furchtbar erfahrene Macht. Oswald Bayer hat darauf aufmerksam gemacht, dass der *deus absconditus* darum auch kein Name Gottes unter
anderen ist, sondern ausschließlich ein „Grenzbegriff".[10] Aufgrund der von
dieser Erfahrung ausgehenden tiefen Irritation empfiehlt sich eine denkerische Abwendung.

Doch zugleich kann Luther mit Bestimmtheit bestimmten Prädikaten –
und das ist enorm wichtig für Luthers Argumentation gegenüber Erasmus –
auch eine bestimmte Funktion zuschreiben: „Gott wirkt alles in allem. Nichts
geschieht ohne ihn. Nichts ist ohne ihn wirksam. Das gehört zum Wesen
seiner Allmacht, wie Paulus zu den Ephesern [1,19] sagt." (WA 18, 709, 10-
12) „Allmacht aber nenne ich nicht [wie die Occamisten] jene Macht, in der
er [Gott] vieles nicht tut, was er tun kann, sondern jene faktisch wirksame
Macht, in der er machtvoll alles in allem tut. So versteht auch die Schrift
ihn als Allmächtigen. Und von dieser Allmacht und diesem Vorherwissen
Gottes, sage ich, wird das Dogma vom freien Willen bis auf den Grund zer-
stört." (WA 18, 718, 28-32). „Der freie Wille ist ein ganz und gar göttlicher
Name [plane divinum nomen], der keinem anderen zukommen kann außer
allein der göttlichen Majestät. Diese nämlich kann und tut (wie es der Psalm
[135,6] singt) alles, was sie will im Himmel und auf Erden." (WA 18. 636, 28-
30). Luther formuliert so klassisch wie prägnant, dass es die absolute Freiheit
als unbestimmte und ungebundene Freiheit Gottes ist, mit der er alles wirkt
und die auch das Gegenüber der soteriologischen Ohnmacht des Menschen
ist: Gott selbst wirkt das Unheil des Menschen, der sich nicht Christus zuwendet. Dieser Gott hat sich ohne Zweifel „durch das Wort, durch das er
sich uns anbietet, umkleidet und bekannt gemacht.[…] Dagegen der in seiner Majestät verborgene Gott beklagt weder den Tod, noch hebt er ihn auf,

---

10 Oswald Bayer, *Martin Luthers Theologie. Eine Vergegenwärtigung*, 179. Eine Interpretation, die den *deus absconditus* kurzschlüssig mit dem Gott des Gesetzes und Gott in Christus mit dem Gott des Evangeliums in Verbindung bringt, ist aus aufgrund der spezifischen
Unbestimmtheit des *deus absconditus* nicht überzeugend. Vgl. hierzu die Diskussion in
Paul Althaus, *Die Theologie Martin Luthers*, 238ff.

sondern wirkt Leben, Tod und alles in allem" (WA 18, 685). Luther empfiehlt
daher, sich ausschließlich „mit dem fleischgewordenen Gott oder, wie Paulus
sagt, mit Jesum dem Gekreuzigten" zu beschäftigen.

Mit Blick auf die Frage nach der Medialität der Kommunikation zwischen
Mensch und Gott ist für diesen alles in allem wirkenden Gott festzuhalten:
Es gibt kein distinktes mediales Substrat. Dieser Gott spricht in allem. Und:
Er spricht sehr verschieden. So wird von Luther mit dieser Universalität zugleich ein Höchstmaß an Unbestimmtheit erreicht. Ohne die Selektivität der
medialen Selbstbindung wird der Mensch bedingungslos der Widersprüch-
lichkeit der Erfahrung der Welt ausgeliefert.[11]

Im Kontext von Luthers Schriftlehre findet sich in „De servo arbitrio" die
entsprechende erkenntnisleitende Grundlage. „Duae res sunt Deus et scriptura Dei, non minus quam duae res sunt, Creator et creatura verbi".[12] „Es sind
zwei Dinge: Gott und die Schrift Gottes; nicht weniger als es zwei Dinge sind:
Schöpfer und Geschöpf Gottes", weshalb dem verborgenen Gott der durch
die Klarheit der Schrift erschlossene Christus gegenübersteht.

Diese elementare Unzugänglichkeit bei gleichzeitiger Allwirksamkeit
führt Luther in wohlbekannte Probleme der Mitwirkung Gottes am Sün-
dersein der Sünder. „Weil Gott alles bewegt und wirkt, bewegt und wirkt er
notwendigerweise auch im Satan und im Gottlosen. Er wirkt in ihnen so, wie
jene sind und wie er sie vorfindet. Das heißt: Da sie von Gott abgewandt und
böse sind und von jener Bewegung der göttlichen Allmacht heftig mitgeris-
sen werden, tun sie nur das Gottfeindliche und Böse". Gott bleibt „der all-
mächtige Treiber". „Weil ja also Gott alles in allem schafft und wirkt, schafft
er notwendigerweise auch im Satan und im Gottlosen." (WA 18, 711).

Äußerst prägnant kann Luther die absolute Unbestimmtheit und regel-
lose Freiheit des göttlichen Willens hervorheben: „Er ist Gott, für dessen
Wille weder Ursache noch Grund Geltung haben, die ihm als Regel oder
Maß vorgeschrieben werden könnten, da ihm nichts gleich oder über ihm
ist, sondern eben sein Wille ist die Regel für alles. Wenn nämlich für seinen
Willen irgendeine Regel oder Maß oder Ursache oder Grund Geltung hätte,
könnte er nicht mehr Wille Gottes sein" (WA 18, 712).

Die Pointe dieser absoluten Freiheit ist nun nicht einfach die Erfahrung
des Leids und des Unheils, sondern die für die Menschen undurchdringliche

---

11 Für eine modernitätstheoretische Interpretation dieser radikalen Unbestimmtheit Gottes
    siehe Rustin Emery Brian, *Covering up Luther. How Barth's christology challenged the Deus
    absconditus that haunts modernity*, Eugene, Or. 2013, Kap. 2.
12 WA 18; 606.

Vermischung des Bösen mit dem Guten, der Lebensvernichtung und der Lebensgabe, und das heißt, die Erfahrung der unaufhebbaren Uneindeutigkeit und Ungewissheit. „Der in seiner Majestät verborgene Gott beklagt weder den Tod noch hebt er ihn auf, sondern wirkt Leben, Tod und alles in allem. Denn da hat er sich nicht durch sein Wort definiert, sondern sich über alles die Freiheit vorbehalten."[13] Unentwirrbar verwoben sind Schönheit und blutige Grausamkeit, Glück und Unglück, Licht und Finsternis, Gutes und Böses, Werden und Vergehen, Kreativität und Destruktion, Schmerz und Freude – sowohl in den naturalen wie auch in den sozialen und kulturellen Prozessen. Diese radikale Unbestimmtheit bestimmt auch die Gabe des Glaubens. Dieser Wille ist es letztendlich, der bestimmt, wer die angebotene Gnade annehmen kann und wer für die angebotene Gnade empfänglich ist. An diesem Punkt der soteriologischen Ohnmacht treffen sich Johannes Calvin und Martin Luther. Luthers Zumutung ist dann auch: „Dieser Wille ist nicht zu erforschen, sondern mit Ehrfurcht anzubeten…" (WA 18, 684).

In Luthers sogenannter Lichterlehre am Ende von „De servo arbitrio" wird noch ein weiteres Element deutlich: Im Handeln des majestätischen Gottes waltet eine Gerechtigkeit, die im Licht der ewigen Herrlichkeit Gottes dann aber offenbar werden wird – was zu der Frage führt, ob und wie die Differenz zwischen dieser Gerechtigkeit *in toto* und der in Christus zugeeigneten Gerechtigkeit Gottes zu denken ist.[14]

Vergegenwärtigt man sich nochmals Luthers religiös-mediale Reduktion, die sich in den sogenannten sola-Formeln semantisch verdichtet hat, so ist folgendes festzuhalten: Bei aller christologischen Konzentration in der Soteriologie, also in der Frage des verlässlichen Mediums der gnädigen, weil bedingungslos rechtfertigenden Zuwendung Gottes, bleiben zumindest drei markante Überzeugungen Luthers stehen, die das *solus Christus* doch nochmals rahmen und hierin permanent relativieren: a) Über und hinter der *Lie-*

---

13 „Caeterum Deus absconditus in maiestate neque deplorat neque tollit mortem, sed operatur vitam, mortem et omnia in omnibus. Neque enim tum verbo suo definivit sese, sed liberum sese reservavit super omnia." (WA 18,685,21-23). Zur Luthers Konzeption von Allmacht vgl. auch Jan Bauke-Ruegg, *Die Allmacht Gottes. Systematisch-theologische Erwägungen zwischen Metaphysik, Postmoderne und Poesie*, Berlin 1998.

14 Bei Luther findet sich daher an dieser Stelle kein Konflikt zwischen der Barmherzigkeit und der Gerechtigkeit Gottes, sondern eher ein Konflikt zwischen der Gerechtigkeit des majestätischen Treibers und der schenkenden Gerechtigkeit in Christus. Zur sogenannten Lichterlehre Luthers und der in ihr verhandelten Gerechtigkeit Gottes siehe Thomas Reinhuber, *Kämpfender Glaube. Studien zu Luthers Bekenntnis am Ende von De servo arbitrio*. Berlin 2000.

be Gottes in Christus steht die unbedingte *Freiheit* Gottes. Über und hinter der Bindung steht die unbegreifliche Ungebundenheit Gottes. b) Quantitativ formuliert steht dann die Frage im Raum, ob sich Gott in Christus wirklich *vollständig* offenbart, vollständig selbst bestimmt hat. c) Zumindest im Raum der Geschichte bleibt bei allem Festhalten an der Einheit Gottes ein *doppelter Akteur* präsent: Der Gott der Majestät im Welthandeln und der Gott der Barmherzigkeit, der in Christus und durch den Geist handelt. Diesen zwei Handlungszentren entsprechen wohl auch zwei Gerechtigkeiten. Gott ist wohl in Christus erschlossen, aber eben nicht voll und ganz erschlossen.

Die religiös-mediale Reduktion gewinnt damit einen dunklen und stets problematisierenden Rahmen oder Rand. Sicherlich muß man sich die bei Luther greifbare Konstellation klar vor Augen führen, von der auch Calvin geprägt war, um zu verstehen, wie weitgehend Barth an genau dieser Stelle „das Geländer der Tradition" (XIII), wie er im Vorwort von KD II/2 andeutet, hinter sich gelassen hat.

3. Karl Barths Radikalisierung des solus Christus der Reformatoren in der Erwählungslehre

Karl Barth radikalisiert das *solus Christus*, so die hier vertretene These.[15] Die Frage ist dann, wo und wie? Barth kritisiert die auch (aber nicht nur!) Luther einschließende theologische Tradition, indem er die christologische Bestimmung radikalisierend ausdehnt und überträgt: Gott bestimmt sich in Jesus Christus nicht nur gnädig *für den Menschen*. Nein, Gott selbst *bestimmt sich selbst* in seiner Freiheit schon immer *in* und *durch Jesus Christus*.[16] Ein Ort,

---

15 An dieser Stelle ist zu betonen, dass die Frage nicht ist, inwieweit Karl Barths Theologie sich wichtigen Impulsen der Theologie Martin Luthers folgt. Vgl. hierzu beispielhaft George Hunsinger, What Karl Barth Learned from Martin Luther, in: *Lutheran Quarterly* 13(2) (1999), 125-155 mit weiterer Literatur.

16 An diesem Aspekt der Selbstbestimmung hat sich die sogenannte Münchner Barth-Interpretation festgemacht und Barth eine ‚schwache' und darin überbietbare Aufnahme modernitätstheoretischer Fragestellungen bescheinigt. Siehe Trutz Rendtorff (Hg.). *Die Realisierung der Freiheit. Beiträge zur Kritik der Theologie Karl Barths*, Gütersloh 1975. Diese Interpretation verfehlt die Pointe des Barthschen Umbaus, dem es gerade um die Selbstbindung in Liebe und um eine qualifizierte Einschränkung der absoluter Selbstbestimmung geht.

an dem diese göttliche Selbstbestimmung und Selbstbindung theologisch gut beobachtbar ist, ist die sogenannten Erwählungslehre Karl Barths.[17]

Vorbereitet wird die Erwählungslehre in KD II/2 im ersten Teilband II/1, indem Barth in der Frage der Gegenständlichkeit Gottes hervorhebt, dass sich in Christus Gott *selbst* gegenständlich wird. Grundlegend und folgenreich ist dann, dass im zweiten Teil dieses ersten Teilbandes Barth dann in der Diskussion der Eigenschaften Gottes, Gottes Sein als Liebender und Gottes sein als Freiheit so baut, dass eine Symmetrie und Kopplung zwischen den Vollkommenheiten der Liebe und der Freiheit entwickelt wird – gegenläufig zu einer Verabsolutierung einer ursprünglichen und nicht weiter qualifizierbaren Freiheit Gottes. Auf diesen Ausführungen aufbauend, wendet sich Barth dann in KD II/2 der sogenannten Erwählungslehre zu worin er sich intensiv mit der reformierten Tradition und faktisch auch mit der oben knapp skizzierten lutherischen Tradition auseinandersetzt.

Gegen die Vorstellung eines in abgründiger Freiheit – und darin eben auch absoluter Unbestimmtheit – erwählenden Gottes lautet Barths prägnante Formulierung: „Die Lehre von Gottes Gnadenwahl ist die Summe des Evangeliums. Sie ist der Inbegriff der frohen Botschaft, die Jesus Christus heißt.“[18] In Freiheit ist Gott der ewig liebende – weil er sich in Jesus Christus ewig selbst bestimmt und bindet. Das theologische Reden von dem erwählenden Gott, d.h. die „Prädestinationslehre […] verkündigt nicht im gleichen Atemzug Gutes und Böses, Hilfe und Vernichtung, Leben und Tod“ (12).

---

17 Walter Kreck hat sie für eine der wichtigsten Umstellungen der Tradition in der Theologie Barths gehalten. Siehe Walter Kreck, *Grundentscheidungen in Karl Barths Dogmatik. Zur Diskussion seines Verständnisses von Offenbarung und Erwählung*; Hans Theodor Goebel, *Vom freien Wählen Gottes und des Menschen. Interpretationsübungen zur „Analogie“ nach Karl Barths Lehre von der Erwählung und Bedenken ihrer Folgen für die Kirchliche Dogmatik*. Frankfurt am Main / New York 1990; die Perspektiven von Barths Erwählungslehre zieht luzide aus Wolf Krötke, Die Summe des Evangeliums. Karl Barths Erwählungslehre im Kontext der Kirchlichen Dogmatik, in: Michael Beintker / Christian Link (Hgg.), *Karl Barth im europäischen Zeitgeschehen (1935-1950). Widerstand - Bewährung -Orientierung*, Zürich 2010, 67-82. Immer noch informativ ist die so knappe, wie treffende und zugleich kritische Rekonstruktion von Hans Urs von Balthasar, *Karl Barth. Darstellung und Deutung seiner Theologie*, Einsiedeln 1976, 186-201. Nicht nur theologiegeschichtlich beachtenswert, sondern in seinem Zugriff hellsichtig G. C. Berkouwer, *Der Triumph der Gnade in der Theologie Karl Barths*, Neukirchen-Vluyn 1957.

18 Die Seitenzahlen im Text beziehen sich auf Karl Barth, *Kirchliche Dogmatik. Die Lehre von Gott (II/2)*. Zürich, Evangelischer Verlag 1948; hier 9.

In Jesus Christus ist Gottes ursprünglich freies Wählen in der Liebe als Gemeinschaftswille begründet. Hierdurch widersteht Barth der Versuchung, die Freiheit und die Liebe Gottes in eine Stufung einzufügen. Gottes ursprünglicher Vollzug der Freiheit ist die Selbstbestimmung als Liebender, sich der Welt fürsorgend zuzuwenden. Barth wehrt sich explizit gegen die Idee „als wäre Gott in abstracto die unwiderstehlich wirksame Allmacht, die gleichsam nackte Freiheit und Souveränität" (47). Vielmehr ist Gottes Handeln als „sein Regieren bestimmt und gebunden: bestimmt durch sich selbst und gebunden durch sich selbst und eben damit" - und das ist nun sowohl gegen Martin Luther und Johannes Calvin und deren Vorzug einer absoluten Selbstbestimmung formuliert – „real bestimmt und gebunden" (53). Nicht die Prädestination des Menschen, sondern die Prädestination Gottes als Selbst-Vorherbestimmung ist die Stoßrichtung der Erwählungslehre. Für Barth gibt es daher anders als für Luther „keine Gottheit an sich", denn „wir werden in keiner Tiefe der Gottheit einem anderen als ihm [Christus] begegnen" (123). Folglich gibt es „keinen vom Willen Jesu Christi verschiedenen Willen Gottes" (124).[19] In der Konsequenz dieses Ansatzes Barths liegt es dann auch, dass die Inkarnation keine Reaktion Gottes auf die Sünde des Menschen sein kann, sondern Gottes ewiger Selbstbestimmung entspricht, ja als Bundesgeschehen von der Schöpfung selbst nicht abzulösen ist.[20]

In einem für Barths Christologie charakteristischen Perspektivenmodell bestimmt er nun Jesus Christus als den erwählenden Gott und zugleich als den erwählten Menschen. Christus ist – so Barths vielfach verwendete Vorstellungen – Subjekt und Objekt der Erwählung, d.h. er ist der erwählende Gott und der erwählte Mensch in einem. Die Menschen sind dann – gewissermaßen in einem Akt der Wiederholung – sekundär in die innergöttliche Erwählung mit eingeschlossen.

---

19 Auf die Vergegenwärtigung der hier ausgeschlossenen Differenz zielt die Rekonstruktion von Martin Hailer, der Luthers Rede vom *deus absconditus* Barths Überlegungen zum Nichtigen gegenüberstellt. Siehe Martin Hailer, *Die Unbegreiflichkeit des Reiches Gottes. Studien zur Theologie Karl Barths*, Neukirchen-Vluyn 2004, 34–91.

20 Eine aufschlußreiche und instruktive Analyse der theologischen ‚Vorgeschichte' dieses sogenannten supralapsarischen Ansatzes bietet Edwin Christiaan van Driel, *Incarnation anyway. Arguments for supralapsarian Christology*, New York 2008, der Barths Erwählungslehre vor dem Hintergrund der supralapsarischen Christologie Schleiermachers und Dorners rekonstruiert. Den Konnex von Schöpfung und Inkarnation bei Barth beleuchtet Anne Käfer, *Inkarnation und Schöpfung. Schöpfungstheologische Voraussetzungen und Implikationen der Christologie bei Luther, Schleiermacher und Karl Barth*, Berlin / New York 2010, Kap. IV.

Gegenüber der Theologie Martin Luthers radikalisiert Barth dessen religiös-mediale Reduktion: In Christus begegnet der Mensch der „Fülle der Liebe und Freiheit Gottes" (3) – ohne dass ein in seiner Absolutheit freier Gott diese Selbstfestlegung relativierend rahmen würde. In Jesus Christus bietet sich Gott *selbst* schon immer als Medium der Gotteserkenntnis an. In Barths Radikalisierung der medialen Reduktion ist Christus das einzige Medium und die einzige Botschaft. Gott ist nicht nur in diesem Medium erschlossen, sondern er ist in diesem Medium unüberbietbar vollständig (temporal: von Ewigkeit her; sachlich: unüberbietbar definitiv; sozial: nur in dieser Person) erschlossen. Hinter diesem Medium und hinter dieser Sache gibt es keinen unbestimmten Gott, der in diesem Medium nicht vollständig erschlossen ist. Dies ist, so Barths Anspruch, eine „Totalrevision des Dogmas" (373) der Erwählungslehre. Nur Christus ist das Medium der Wahl – und d.h. der Wahl Gottes.

4. Anfragen an drei theologische Grenzlagen in den Barthschen Weg über Luther hinaus

Karl Barths Umbau der traditionellen Erwählungslehre ist nicht nur eine große theologische Leistung. Die umgebaute Erwählungslehre verspricht, so das Urteil von Hans Urs von Balthasar, „den Schlüssel zu Barths ganzer Theologie zu geben".[21] Auch wenn nach dem Urteil von Wolf Krötke kaum eine Kritik an Barth über die Kritik von von Balthasars hinauszugehen vermag, sollen doch kurz kritisch drei Grenzlagen der Barthschen Überlegungen markiert werden.[22] Alle drei Grenzlagen stellen die religiös-mediale Reduktion nicht in Frage.

---

21 Hans Urs von Balthasar, *Karl Barth. Darstellung und Deutung seiner Theologie*, 186. Bedenkenswert von Bathasars Urteil zu Band II/2: „ohne Zweifel der großartigste, einheitlichste und am sorgfältigsten fundierte Teil des Gesamtwerkes, der mit der größten Liebe verfaßte, das Herzstück der barthschen Theologie, eine Art Dithyrambus von fast 600 Seiten, den man in seiner Kühnheit und vorsichtigen Nüchternheit selber lesen muß, weil ein trockenes Resümieren ihn notwendig entstellt" (187).

22 Wolf Krötke, Die Summe des Evangeliums. Karl Barths Erwählungslehre im Kontext der Kirchlichen Dogmatik, 79.

a) Die Notwendigkeit und/oder die Möglichkeit der Sünde

Die göttliche Selbstbestimmung in der Prädestination schließt angesichts der abgründigen Möglichkeit der Sünde ein, dass die Verwerfung des Menschen, und das heißt die Verwerfung aller Menschen aller Zeiten, von Gott selbst getragen wird. Die Prädestination ist darum ein Ereignis, wie Barth formulieren kann, „in welchem Gott sich selbst zum Verlierenden, zum Verlassenen, zum Verworfenen an Stelle des Freigesprochenen bestimmt: von Anbeginn der Welt her zu jenem Lamm, das geschlachtet wird" (183). Wichtig ist dabei, dass für Barth dies ein Ereignis ist, dass aller menschlichen, ja aller geschöpflichen Wirklichkeit sachlich – nicht einfach als Möglichkeit, sondern als wirkliche Wirklichkeit vorausgeht. Ist dann aber die Sünde des Menschen noch eine kontingente Sache oder aber etwas, das zur Entfaltung des Lebens Gottes notwendig dazugehört?[23] Gehört, wie Jürgen Moltmann dann in der gleichen Spur sagen wird, das Leiden der Liebe zum Leben des Liebenden?[24] Gehört die Sünde notwendig zur Entfaltung der Liebe Gottes in Christus? Oder gehört nicht, so mein Vorschlag, zur Liebe die Auseinandersetzung mit dem ungeplant, noch nicht gewussten Neuen? Die Sünde wäre dann ein kontingentes, nicht ein notwendiges Ereignis, dessen Überwindung ein Moment des Lebens Gottes *wird* – weil Gott eben mit den Risiken der Schöpfung umgehen will.

b) Gottes vollständige Selbstbestimmung in Jesus Christus und die Frage nach der Theodizee

Barth insistiert darauf, dass es der sich in und durch Jesus Christus selbst bestimmende Gott ist, der „am Anfang seiner Weg und Werke" steht. Alle Wege Gottes „sind immer und in jeder Hinsicht das, was sie als von dorther bestimmt sein müssen. Und das gilt von allen Wegen und Werken Gottes ohne Ausnahme" (99). „Indem nun die kirchliche Lehre nicht nur von Gott selbst, sondern auch von *allen* seinen Wegen und Werken, aber eben von den Werken und Wegen *Gottes* zu reden hat, muß sie der Bestimmtheit dieser

---

23 Zu dieser Grenzlage siehe Wolf Krötke, *Sünde und Nichtiges bei Karl Barth*, Neukirchen-Vluyn 1983; und Matthias D. Wüthrich, *Gott und das Nichtige. Eine Untersuchung zur Rede vom Nichtigen ausgehend von § 50 der Kirchlichen Dogmatik Karl Barths*. Zürich, TVZ 2006.

24 Jürgen Moltmann, *Trinität und Reich Gottes. Zur Gotteslehre*, München 1980.

Wege und Werke von ihrem Anfang her eingedenk sein, muß sie die Bestimmtheit dieser Wege und Werke unter allen Umständen und auf der ganzen Linie zum Ausdruck bringen. Sie darf nirgends so reden, als ob sie von einem anderen als von dem gnädigen Gott redete.[…] Die Erwählungslehre ist also die grundlegende Bezeugung des gnädigen Gottes als des Anfangs aller göttlichen Wege und Werke."(100). Dies sind unter den Voraussetzungen klassischer Allmachts- und Allwirksamkeitsvorstellungen Grenzlagen, in denen die Gefahr mit Händen zu greifen ist, dass es erneut zu einer Gottesverdunklung kommen kann.[25] Warum sollte jeder Raum-Zeit Punkt dieser Welt in gleichem Maße ein Weg und Werk Gottes sein? Welche Bürde legt Barth mit diesem Verständnis von Allmacht den Christen auf?

c) Kontingenzempfindlichkeit und eine dynamische Wechselseitigkeit im dramatischen Weltabenteuer Gottes

Indem sich Gott selbst schon immer in und durch Jesus Christus bestimmt, nimmt Karl Barth sehr ernst, dass Jesus Christus von Ewigkeit her, d.h. ‚schon immer' ganz und gar, zum Leben Gottes gehört. Gehört dann aber nicht auch die Erfahrung dieser Welt im Ereignis der Inkarnation als Erfahrung der Rezeptivität und Passivität, als Erfahrung des abgründig Neuen der Sünde und ihrer Überwindung zur göttlichen Erfahrung? Fügt also das Leben Jesu sachlich etwas zum Leben Gottes hinzu? Über Barth hinausgehend sehe ich im Einschluß der Menschlichkeit in Gott nicht einfach das Drama des Bundes in Gott schon ewig abgebildet, sondern vielmehr eine dynamische Reziprozität im Verhältnis Gottes zur Welt. In Christus ist sie angezeigt und im Geist Gottes realisiert sie sich in Raum und Geschichte bis in die Gegenwart. In der Gegenwart des Geistes erfahren die Christen Gott in seiner Kreativität und Solidarität und auch umgekehrt erfährt Gott rezeptiv die Welt. In Christus ist, dies wäre mit Barth und gegen Barth auszubuchstabieren, sowohl die ewige Treue Gottes wie auch das so empfindsame wie verwandelnde ‚Miterleben' Gottes offenbar. Auch in diesen Grenzlagen weist Karl Barths Theologie über die von Martin Luther hinaus – und zieht auch dabei doch eine Linie aus, die von Luther selbst schon begonnen wurde.

---

25 Diesbezüglich analytisch scharfsinnig Nicholas Wolterstorff, Barth on evil, in: *Faith and Philosophy* 13(4)(1996), 584-608.

Hanna Reichel

„Wiederholung des hohen Paradoxons".
Entwurf einer Zwei-Naturen-Skriptologie im Anschluss an Karl Barth

1. Das Schriftprinzip und seine Krise. Die Ambivalenz des Erbes

Die „Krise des Schriftprinzips" ist in die Jahre gekommen. Was sich seit der
Aufklärung angekündigt hat, hat sich nun schon seit einem halben Jahrhundert unter dieser Wendung: „Krise des Schriftprinzips" verdichtet. Wolfhart
Pannenberg erklärte sie aufgrund der in der Neuzeit unüberbrückbaren
historischen und hermeneutischen Gräben; Falk Wagner befand, dass nach
der Abschaffung der Autorität des Papstes nun auch die Bibel als heterono-
me Autorität der Autonomie des Individuums weichen müsse; und aktuell
haben Notger Slenczkas Thesen viel Aufmerksamkeit erregt, die in letzter
Instanz nicht gar so sehr den Status des AT in der Kirche als vielmehr die
Autorität eines Kanons als solchen in Frage stellen.[1]

Zugleich und dessen ungeachtet identifiziert sich der Protestantismus
in Deutschland noch immer mit dem *sola scriptura*. *Sola scriptura*, so die
immer wieder und in der Reformationsdekade vielfach stolzer denn je zu
hörende Behauptung, stünde für die Emanzipation des Individuums, für die
Kritik gegenüber externen Autoritäten wie Institution und Tradition, für
Aufklärung, Bildung und Gewissensfreiheit.

Der slowenische Philosoph Slavoj Zizek hält dem vielleicht einen Spiegel
vor, wenn er beobachtet: „‚Kultur' ist der Name für all jene Dinge, die wir

---

1 Wolfhart Pannenberg, Die Krise des Schriftprinzips (1962), in: *Grundfragen systematischer Theologie. Gesammelte Aufsätze*, Göttingen ²1971, 11-21; Falk Wagner, Zwischen
Autoritätsanspruch und Krise des Schriftprinzips, in: *Zur gegenwärtigen Lage des Protestantismus*, Gütersloh ²1995, 68-88, hier: 69; Notger Slenczka, Die Kirche und das Alte Testament, in: *MJTh* 25 (2013), 83-119.

tun, ohne wirklich an sie zu glauben, ohne sie ‚ernstzunehmen'."[2] In diesem
Sinne müsste man wohl sagen, ist das *sola scriptura* (wo es nicht gar, wie bei
Falk Wagner, rundheraus abgelehnt wird[3]) zu einem Stück protestantischer
„Kultur" verkommen. In diesem Sinne leben wir in einem „Kulturprotestan-
tismus", der das *skandalon* des *sola scriptura* trotz aller Problematisierungen
kaum mehr an sich herankommen lässt.

Denn schließlich ist sowohl den rezenten Infragestellungen wie auch den
rezenten Würdigungen der Schrift zunächst historisch ihre Differenz, ja ihr
Widerspruch zur reformatorischen Grundeinsicht entgegenzuhalten. „*Nolo
omnium doctior iactari, sed solam scripturam regnare*"[4], schrieb Luther einst.
Aus eben diesem Zitat stammt unsere Wendung vom *sola scriptura*: „Es
geht mir *nicht* darum, dass ich als besonders gelehrt gerühmt werde, sondern darum, dass allein die Schrift regiert." Luther appellierte also gerade
nicht an sein eigenes Gewissen oder seine Vernunft und Einsicht gegen die
Autoritäten, im Gegenteil: Er stellte sich *und* dem kirchlichen Lehramt eine
andere, überlegene Autorität gegenüber. Die Schrift selbst, nicht ihre Ausleger – seien sie Päpste, Professoren oder das aufgeklärte Individuum –, sollte
Maßstab sein. Gegen die Auslegungswillkür stellt Luther die *Literalität* des
Bibeltextes, gegen die Vielfalt der Auslegungsmöglichkeiten die *Einfachheit*
des biblischen Zeugnisses. Gegen die Auslegung durch Menschen stellte er
die *Selbstauslegung* der Schrift.

Dabei war von Anfang an klar, dass die Schriftautorität als Formalprinzip
sowohl der inhaltlichen Ergänzung durch ein Materialprinzip bedarf, das als
hermeneutischer Schlüssel fungieren kann, als auch, dass sie nicht menschlich begründbar ist, sondern auf Begründung durch Gott angewiesen bleibt.
Den dabei begegnenden hermeneutischen Problemen, etwa der inneren

---

2 Slavoj Zizek, *Die Puppe und der Zwerg. Das Christentum zwischen Perversion und Subver-
sion*, Frankfurt am Main 2003, 9.

3 Von Barth aus gesehen wird man zumindest zugestehen müssen, dass Falk Wagner sich
tatsächlich an der richtigen Stelle gestoßen hat: Im Schriftprinzip der protestantischen Kirchen geht es tatsächlich um ein *extra nos*, eine Theonomie, die Wagner als Heteronomie
zur menschlichen Autonomie verstanden hat (vgl. z.B. Barths Frage „nach der *absoluten*
Heteronomie, die sich in dieser relativen [der Schrift] abschattet", Karl Barth, *Unterricht in
der christlichen Religion. Bd. 1: Prolegomena* (1924), hg. von Hannelore Reiffen (GA II.17),
Zürich 1985, 258). Insofern dies dem modernen Menschen unerträglich ist, ist die Reaktion Wagners – Abschaffung des Schriftprinzips – folgerichtig und konsequent und jeder
Umdeutung oder Begründung in anderen Prinzipien (wie etwa der Übereinstimmung
mit dem christlichen Selbstbewusstsein á la Slenczka) vorzuziehen.

4 Martin Luther, Assertio Omnium Articulorum (1521), in: *WA* 7, 98.

Diversität des Kanons und der Frage nach der Erkennbarkeit Gottes in der Schrift, begegneten die Reformatoren mit der Fokussierung auf das, „was Christum treibet"[5] (Luther) und dem Verweis auf das *testimonium spiritus sancti internum*[6] (Calvin).

In der Folge avancierte die Schrift im Protestantismus zur *norma normans* aller kirchlichen Lehre. Als der Kirche externe Autorität, an der diese sich zu messen habe, wurde sie zum Formalprinzip[7] des Protestantismus, in der reformierten Tradition sogar zur Definition der eigenen konfessionellen Identität: „nach Gottes Wort reformiert".

2. Karl Barths Lehre von der Schrift im Spiegel der Zwei-Naturen-Lehre

2.1 Achillesferse und Grundlage. Das Schriftprinzip als theologisches Axiom

Genau in diesem Sinne – und als hätte er Zizeks spöttische Worte im Ohr – fordert Barth wieder eine Kirche und eine Theologie, die die „Propheten und Apostel *als solche* ernst nimmt, ohne Anführungszeichen"[8]. Er beschreibt eine Position ohne jedes Sicherheitsnetz außer einem *deus daretur*. Wissen-

---

5   Vgl. Martin Luther, Vorrede auf die Episteln Sankt Jakobi und Judas, in: Das Neue Testament 1522, *WA* 7, 384, 25-32: „Und darin stimmen alle rechtschaffenen heiligen Bücher überein, dass sie allesamt Christum predigen und treiben, auch ist das der rechte Prüfstein, alle Bücher zu tadeln, wenn man sieht, ob sie Christum treiben oder nicht, sintemal alle Schrift Christum zeiget Röm 3. und Paulus nichts als Christum wissen will 1. Kor. 2. Was Christum nicht lehrt, das ist nicht apostolisch, wenns gleich Petrus oder Paulus lehrt. Wiederum, was Christum predigt, das ist apostolisch, wenns gleich Judas, Hannas, Pilatus und Herodes täte."

6   Zum Schriftprinzip nach Johannes Calvin vgl. u.a. Hans Helmut Eßer, Die Lehre vom „testimonium Spiritus Sancti internum" bei Calvin innerhalb seiner Lehre von der Heiligen Schrift, in: *Verbindliches Zeugnis II. Schriftauslegung – Lehramt – Rezeption*, hg. von Wolfhart Pannenberg und Theodor Schneider, Freiburg i.Br. / Göttingen 1995, 246-258.

7   Vgl. etwa die Konkordienformel: *BSLK* (2014), 1219,13-14).

8   Karl Barth, Das Schriftprinzip der reformierten Kirche (1925), in: *Vorträge und kleinere Arbeiten 1922-1925*, hg. von Holger Finze (GA III.19), Zürich 1990, 506. Dieser Vortrag, der in leicht überarbeiteter Fassung in die Göttinger Dogmatik einging, bildet die hauptsächliche Grundlage für die Ausführungen dieses Aufsatzes. Gelegentlich wird auch auf spätere Formulierungen der KD zurückgegriffen.

schaftstheoretisch bildet das Schriftprinzip geradezu eines von zwei Axio-
men in Barths theologischem System:

1. Jesus Christus ist Gottes Selbstoffenbarung, das eine Wort Gottes;

2. Die Bibel Alten und Neuen Testaments ist als Zeugnis von Gottes
    Selbstoffenbarung in Jesus Christus selbst Wort Gottes.[9]

Beide Sätze sind für Barth unableitbar und unbegründbar und müssen
es auch sein – da sie letztlich kontingente, nur im Willen Gottes begründete
Tatsachen darstellen. Wie Jesu Göttlichkeit nicht aus seiner außergewöhnli-
chen Lehre, seiner überlegenen Ethik, seiner Wundertätigkeit o.ä. bewiesen
werden kann, sondern seine Gottheit aus seiner Menschheit unableitbar ist
und bleibt, so ist auch der Satz, dass die Bibel Wort Gottes ist, nicht aus ihrem
Alter oder ihrer Würde, nicht aus einem ihr zu entnehmenden Ethos oder
ihrer Erbaulichkeit, nicht aus ihrer Übereinstimmung mit der Vernunft oder
dem frommen Selbstbewusstsein, noch nicht einmal aus ihrer glaubensher-
vorbringenden Wirkung abzuleiten.[10]

In der Annahme oder Ablehnung dieser beiden Sätze vollzieht sich vielmehr die Entscheidung zwischen Glauben und Unglauben – die eine wirkliche Entscheidung ist, weil es ihr gegenüber keinen neutralen dritten Ort gibt,
von dem aus sie vollzogen werden könnte.[11] In diesem Sinne ist der Satz von

---

9   Etwas ausführlicher definiert Barth das Schriftprinzip als „den doppelten Satz, daß die
    Bibel Alten und Neuen Testamentes von allen sonstigen möglichen Autoritäten qualitativ
    unterschieden ist als Gottes Wort, und daß sie in dieser ihrer qualitativen Einzigartigkeit
    Regel der kirchlichen Verkündigung ist" (*a.a.O.*, 504).

10 Vgl. auch Barth, *Unterricht* (Anm. 3), 251: „Als ob von Ursprünglichkeit und Normativi-
    tät im Ernst geredet werden dürfte, wenn es sich bloß um das historische *Alter* und bloß
    um die Religion belangloser alter Morgenländer handeln sollte!" Während Barth durchaus
    nachvollzieht, dass die Reformatoren auch sekundäre Gründe wie die *perfectio, sufficien-
    tia, perspicuitas* etc. für die Autorität der Schrift angeführt hätten, und sich so den „Luxus
    einer kleinen Apologetik" (Barth, *Schriftprinzip* (Anm. 8), 535 f) geleistet hätten, hält er
    fest: Sie hätten dies immer im Bewusstsein getan, dass all diese Gründe sekundär zur ei-
    gentlichen Begründung durch Gott selbst seien und insofern keine Beweise sein könnten.
    Weil genau diese Gewissheit in der Neuzeit aber verloren gegangen sei, warnt Barth: „*Wir*
    können uns das apologetische Spiel zur Ehre Gottes noch nicht wieder leisten" (Barth,
    Unterricht (Anm. 3), 270).

11 Barth spricht vom „unvermeidlichen logischen Zirkel Calvins, wonach die Bibel als Got-
    tes Wort daran *erkannt* wird, dass sie Gottes Wort *ist*" (Barth, *Schriftprinzip* (Anm. 8),
    536). Später konkretisiert er: „Es handelt sich um einen Kreis, in den man sich von außen

der Autorität der Schrift ein Glaubenssatz, obwohl oder gerade weil seine
Autorität nicht durch den Glauben, sondern durch Gott gesetzt wird.[12] Alles
andere baut aber auf diesen beiden Setzungen auf. Auf ihren Boden muss
man sich nach Barth stellen, um Theologie treiben zu können. Insofern ist
das Schriftprinzip für Barth sowohl „Grundlage der ganzen Theologie" des
Protestantismus als auch dessen „Achillesferse".[13]

Ich möchte im Folgenden ein Modell konstruieren, das *sola scriptura* in
diesem Sinne „ohne Anführungszeichen" theologisch ernst zu nehmen. Es
handelt sich um eine Konstruktion, um ein spekulatives Gedankenspiel, aber
um eines, das im Gefälle und in der Konsequenz von Barths Theologie (insbesondere der Göttinger Jahre) liegt, wie ich im Folgenden belegen werde.
Indem ich das *sola scriptura* als „Zwei-Naturen-Skriptologie" systematisch
verdichte, werden m.E. die Pointen von Barths Schriftlehre sehr klar deutlich, zugleich treten auch die mit dieser Konfiguration gegebenen Grenzen
und Fragwürdigkeiten noch einmal anders zu Tage.

---

nicht hinein- und [aus dem man sich] von innen nicht herausdenken kann. Man kann nur
draußen oder drinnen sein, nicht an einem überlegenen Ort, wo man sich über die Mög-
lichkeiten des Drinnen- oder Draußenseins Gedanken machen und die entsprechenden
Entschlüsse fassen könnte" (Karl Barth, *Die christliche Dogmatik im Entwurf. Bd. 1: Die
Lehre vom Worte Gottes. Prolegomena zur christlichen Dogmatik* (1927), hg. von G. Sauter
(GA II.14), Zürich 1982, 466, vgl. auch Karl Barth, *Die Kirchliche Dogmatik I/2*, Zürich
1938, 595) – darin bestehe der unhintergehbare „Wagnischarakter des *Glaubens*" (Barth,
CD, 467).

12 So formuliert er später: „Unser Glaube ist es gewiß nicht, der die Bibel zu Gottes Wort
macht. Aber eben die Objektivität der Wahrheit, daß sie Gottes Wort ist, können wir nicht
besser sicherstellen als durch die Feststellung, daß sie unseren Glauben fordert, unseren
Glauben begründet, die Substanz und das Leben unseres Glaubens ist. [...] Daß die Bibel
Gottes Wort ist, das ist nicht dem Zufall und nicht dem Lauf der Geschichte und nicht
unserer eigenen Willkür überlassen, sondern dem Gott Abrahams, Isaaks und Jacobs, dem
dreieinigen Gott als dem, dessen Selbstzeugnis allein dafür sorgen kann [und] dafür sorgt,
daß dieser Satz wahr ist, daß die biblischen Zeugen nicht umsonst geredet haben und wir
nicht umsonst gehört haben" (Barth, *KD I/2* (Anm. 11), 594 f). Vgl. auch „Nicht [die Kir-
che] beglaubigt, daß die Bibel Gottes Wort ist, sondern die Bibel beglaubigt sie und damit
– die Entscheidung fällt – sich selbst" (Barth, *Schriftprinzip* (Anm. 8), 531).

13 Barth, *Schriftprinzip* (Anm. 8), 543.

2.2 Von einer „Abschattung der Menschwerdung" zu einer „Zwei-Naturen-Lehre" der Schrift

Die zwei als Axiome beschriebenen Sätze sind zwar eigenständig, indem sie separate kontingente Setzungen zum Inhalt haben, sie haben aber durchaus einen inneren Zusammenhang: Das *sola scriptura* ist vom *solus Christus* abhängig – und darum erscheint es auch sinnvoll, Barths Lehre von der Schrift im Register der Christologie auszuformulieren.[14] Inhaltlich heißt diese Abhängigkeit: Die Schrift hat nach Barth *genau darum* und *genau insoweit* autoritativen Status, als sie Zeugnis von der einen Offenbarung Gottes in Jesus Christus *ist* (JX als Wort Gottes) und insoweit sie uns als solche immer neu zum Ereignis des Wortes Gottes *wird* (Verkündigung als Wort Gottes).

Doch auch formal lässt sich eine Lehre von der Schrift in Anlehnung an die Christologie formulieren. Barth schreibt: „Als eine Abschattung, ja Wiederholung des hohen Paradoxons der Menschwerdung will der Satz, daß die Bibel Gottes Wort ist, verstanden sein"[15]. Was ist das Paradoxon der Menschwerdung? In den alten Figuren der Dogmatik gesprochen – und warum sollten wir uns ihrer nicht bedienen? – ist Jesus Christus

„wahrhaft Gott und wahrhaft Mensch [...] in zwei Naturen unvermischt und unverändert, ungeteilt und ungetrennt, [...] in keiner Weise unter Aufhebung des Unterschieds der Naturen aufgrund der Einigung, sondern viel-

---

14 Erstaunlicherweise findet sich bei Barth der Begriff des *sola scriptura* kaum; in *Unterricht* (Anm. 3) und *CD* (Anm. 11) kommt er überhaupt nicht vor, in der gesamten *KD* nur ein einziges Mal. Auch der Begriff des ,Schriftprinzips' ist nur relativ schmal vertreten: 49x in der *KD*, 29x in *Unterricht* I-III, 17x in der *CD*. Barth wehrte sich vielmehr stets dagegen, aus der Schrift – wie auch aus Jesus Christus – ein *Prinzip* zu machen. Die inhaltlich hohe Bedeutung, die er der Schrift aber beimisst, ergibt sich neben der folgenden inhaltlichen Erläuterung allerdings auch aus dem sprachlichen Befund: So kommt das Stichwort der ,Schrift' im *Unterricht* I-III insgesamt 384x, in der *CD* 247x, in der *KD* gar 2250x vor; die spezifischere Bezeichnung als ,Heilige Schrift' im *Unterricht* I-III insgesamt 58x, in der *CD* 67x, in der *KD* gar 1027x. Alle Zählungen wurden anhand der Volltextsuche in der „Karl Barth Digital Library" (http://solomon.dkbl.alexanderstreet.com/, abgerufen am 12.07.2015) durchgeführt.

15 Barth, *Schriftprinzip* (Anm. 8), 509. Etwas vager geht die Formulierung dann in die Göttinger Dogmatik ein: „Genau in der Linie des hohen Paraxons der Fleischwerdung des Wortes in Christus ist auch der Sinn des Satzes zu suchen: die Bibel ist Gottes Wort" (Barth, *CD* (Anm. 11), 439).

mehr unter Wahrung der Eigentümlichkeit jeder der beiden Naturen und im Zusammenkommen zu einer Person und *einer* Hypostase"[16].

Ganz analog zur christologischen Zwei-Naturen-Lehre dazu ließe sich eine Zwei-Naturen-Lehre der Schrift formulieren[17]: Sie ist ganz und gar Menschenwort wie alle anderen Menschenworte, sie ist ganz und gar Gottes Wort, wie Er es in Jesus Christus gesprochen hat, beides zugleich liegt in der Schrift unvermischt und unverändert, ungeteilt und ungetrennt vor, wobei in keiner Weise der Unterschied der Naturen durch die Einigung aufgehoben wird – das Menschliche daran wird nicht göttlich, sondern bleibt menschlich-fehlbar-missverständlich und das Göttliche daran wird nicht menschlich, sondern bleibt göttlich-autoritativ-unverfügbar. Und Barth formuliert tatsächlich:

„Als Wort Gottes im Zeichen dieses prophetisch-apostolischen Menschenwortes ist die heilige Schrift sowenig nur göttlich und sowenig nur menschlich, sowenig ein Gemisch von Göttlichem und Menschlichem und sowenig ein Drittes zwischen Gott und Mensch wie die Einheit von Gott und Mensch in Jesus Christus."[18]

Die Analogie zur Christologie ist aber keine zufällige, sondern eine begründende. Diesem Abhängigkeitsverhältnis auch theoretisch Rechnung zu tragen, könnte in der Sprache der altkirchlichen Christologie bedeuten, nun die Lehre von der Enhypostasie bzw. Anhypostasie umzukehren. Diese neuchalcedonische Lehre besagte, dass innerhalb der Zwei-Naturen-Lehre ein streng asymmetrisches Verhältnis herrschte: Das Menschliche hat hier keine eigene Subsistenz, es hat keinen Bestand an und für sich, sondern es existiert nur in seiner Vereinigung mit dem göttlichen Logos. Wenn nun die Schriftlehre von der Christologie abhängig ist, könnte man diese Asymmetrie also umkehren und von der Schrift sagen, dass hier nun gerade das Wort Gottes nicht zur eigenständigen Existenz kommt, sondern nur in Verbindung mit der geschichtlichen, höchst kontingenten Form dieser Menschenworte

---

16 Horos des Konzils von Chalcedon, zit. nach: Joseph Wohlmuth (Hg.), *Conciliorum Oecumenicorum Decreta Bd. 1: Konzilien des ersten Jahrtausends. Vom Konzil von Nizäa (325) bis zum vierten Konzil von Konstantinopel (869/70)*, Paderborn 1998, 86.

17 Barth formuliert diese Analogie nicht nur in den Göttinger Jahren, sondern auch später in der KD tatsächlich aus, vgl. Barth, *KD I/2* (Anm. 11), 554 f.

18 *A.a.O.*, 555.

existiert. Es *ist* in ihnen darum nie an und für sich Wort Gottes, sondern kann in, mit und unter ihnen nur je und je wieder Wort Gottes *werden*.[19]

2.3 Indirekte Identität. Offenbarung zwischen Gegebenheit und Verhüllung

Gerade aufgrund der Abhängigkeit der Schrift von der Offenbarung in Jesus Christus ist ihr Charakter als Wort Gottes also noch einmal prekärer. Zwischen beiden Gestalten ergibt sich ein komplementärer Zusammenhang von Autorität und Verfügbarkeit. Das heißt: Das eigentliche Wort Gottes ist Jesus Christus – ihn aber haben wir nie. Was wir haben, ist (nur) die Schrift, die aber nie *an sich* Wort Gottes ist.[20] Die Medialität der Schrift wird so zur Unhintergehbarkeit. In ihrer Mittelbarkeit ermöglicht sie erst einen Zugang zur Offenbarung, verhüllt diesen Zugang aber auch zugleich und stellt ihn damit immer unter Vorbehalt.[21]

Darum kann Barth auch sagen: „Die Wirklichkeit der Offenbarung ist indirekt identisch mit der Wirklichkeit der Bibel."[22] „*Indirekt*", d.h.: Die Bibel selbst ist als „irdisches, relatives, menschliches Geschehen"[23] stets von der Offenbarung selbst zu unterscheiden, die Gegenwart Gottes ist keine „diesem Buch als solchem und in seinem uns vorliegenden Bestand von Büchern, Kapiteln und Versen nun einmal inhärierende Eigenschaft"[24]. In diesem Sinne ist das Menschliche hier mit dem Göttlichen unvermischt und

---

19 Vgl. Barth, *Unterricht* (Anm. 3), 259: Gott kann nur durch Gott erkannt werden, so ist auch in der Schrift der göttliche Logos, „wenn auch nun in einer ganz besonderen, von der Menschwerdung unterschiedenen, ihr gegenüberstehenden Form zu erkennen, nicht in Form eines direkten Sprechens Gottes jetzt, sondern *indirekt* nur, in Form eines *menschlichen* Sprechens von Gott *angesichts* jenes eigenen Sprechens Gottes [...dessen] Inhalt nachher *menschliche*, irdische, geschichtliche Worte sind."

20 Vgl. „Wir kennen *Christus* schlechterdings nicht *außer* und nicht *neben*, sondern nur *in* der Schrift" (Barth, *Unterricht* (Anm. 3), 262).

21 Vgl. „Auch wir unterscheiden zwischen Gottes Wort als Offenbarung und als Heilige Schrift. Aber wir trennen nicht. [...] Wie die Offenbarung selbst mitten in der Geschichte, selbst Geschichte ist, *Mensch*werdung Gottes, Eingang des Ewigen in die Verborgenheit des Zeitlichen und gerade *so* Offenbarung, so ist auch das Zeugnis von ihr ein irdisches, relatives, menschliches Geschehen und gerade als *solches* Zeugnis von der Offenbarung" (Barth, *Schriftprinzip* (Anm. 8), 516 f.).

22 *A.a.O.*, 517.

23 *Ebd.*

24 Barth, *KD I/2* (Anm. 11), 588.

zu unterscheiden. Wie in der Christologie bedeutet auch in Bezug auf die Schrift die Offenbarung Gottes in der Geschichte gleichzeitig konstitutiv seine bleibende Verhüllung. Zugleich ist die Schrift der Offenbarung untrennbar verbunden, ja „indirekt *identisch*": „Man kann von diesem Zeugnis die Offenbarung nicht lösen als etwas für sich dahinter Stehendes, für sich zu Betrachtendes. [...] Die Offenbarung steht, nein sie *geschieht*, für uns in der *Schrift*, sie geschieht, es gibt hier kein Ausweichen, in den biblischen *Texten*, in den *Worten* und *Sätzen*".[25]

Wie Jesus Christus, so haben auch die biblischen Texte eine bleibende „doppelte Wirklichkeit"[26] als Wort Gottes und Menschenwort, die nicht in die eine oder die andere Richtung einseitig aufzulösen ist. Darum kann es nach Barth auch keine „Verbalinspiriertheit" geben, da diese die Schrift in einfache Identität mit der Offenbarung setzen würde und Göttliches und Menschliches unzulässig *vermischen* würde. Genauso wenig aber kann es eine Entmythologisierung der biblischen Geschichten geben, geschweige denn eine Realinspiration unter Absehung vom biblischen Wortlaut und eine Relativierung der biblischen Texte in reine historische Kontingenzen.[27] Es gibt keine Sache hinter den Texten, an die man an den Texten vorbei heran käme, die Sache ist von den Texten *ungetrennt*. Gerade als menschliche, geschichtliche Texte sind sie Zeugnis von der menschlichen, geschichtlichen Offenbarung Gottes – ihre historisierende Relativierung ebenso wie ihre fundamentalistische Verabsolutierung wären Vereinseitigungen ihrer konstitutiv doppelten Wirklichkeit, wie es in der Christologie Nestorianismus und Miaphysitismus waren.[28]

---

25 Barth, *Schriftprinzip* (Anm. 8), 516. Vgl. auch Barth, *KD I/2* (Anm. 11), 539: Als Zeugnis zu den Menschen von der Existenz dieses bestimmten, besonderen Menschen hat „der in diesem Umstand verstandene Inhalt der Bibel [...] eine von ihm als diesem Inhalt gar nicht zu lösende bestimmte Form".

26 *A.a.O.*, 592.

27 Vgl. *a.a.O.*, 592 sowie Barth, *Schriftprinzip* (Anm. 8), 517. Darum sei – so Barth gegen die Lehre von der Verbalinspiration wie gegen fundamentalistische und biblizistische Lesarten – jeder Versuch, das Wort Gottes direkt in der Bibel aufzuweisen, es direkt identisch mit ihrem Wortlaut zu setzen, ungläubige „Pseudo-Wissenschaft".

28 Ähnlich auch Barths doppelte Abgrenzung gegen eine Vereinseitigung des Geistwirkens in den Texten und im Leser: „Gottes Wort, das nur historisches Datum das nur Objekt ist, das nur im Buche steht, ist nicht Gottes Wort. Offenbartheit ist nicht Offenbarung" (Barth, *CD* (Anm. 11), 469). Und zugleich: „Was in mir ist, ist an sich so wenig Gottes Wort wie ein heiliges Buch an sich. Subjektivismus und Objektivismus sind beides gleich verkehrte Verkehrtheiten" (*a.a.O.*, 471).

Die indirekte Identität von Schrift und Offenbarung wird konkret im Problem des Kanons, den die Theologie als Faktum vorfindet. Analog zum Umgang mit der doppelten Wirklichkeit der Christologie schlage ich vor, eine Differenzierung in zwei Perspektiven vornehmen, sozusagen eine „Skriptologie von unten" und eine „Skriptologie von oben".[29]

2.4 „Skriptologie von unten". Erfahrung – Offenheit – Schriftkritik

Als historische Größe ist der Kanon unleugbar ein Produkt der Kirche. Wie die römische Kritik am *sola scriptura* frühzeitig eingewandt hat, lassen sich Schrift und Tradition überhaupt nicht gegeneinander ausspielen. Und so sind auch rezente Würdigungen des Schriftprinzips oft eher Wiederentdeckungen eines protestantischen Traditionsprinzips als irgendetwas anderes. „Von unten" ergibt sich so schlicht die Feststellung: „[I]n diesen und diesen bestimmten Schriften hat die Kirche bisher kräftiges Zeugnis der Offenbarung, Wort Gottes vernommen"[30]. Sie hat darum guten Grund, sich eben diesen Schriften auch vertrauensvoll wieder zuzuwenden und auf sie zu hören. Der Prozess der Klärung darüber, *was* sich in diesem Sinne als Zeugnis bewährt, kann darum auch „grundsätzlich nicht abgeschlossen sein. Der Akt ist göttlich, sein Ergebnis als solches menschlich, relativ, wandelbar"[31]. Hypothetisch kann es immer, so Barth, auch „Zeugen *derselben einen* Offenbarung *außerhalb* der Bibel geben, die als Zeugen noch nicht erkannt sind."[32] Der Kanon bleibt also theoretisch offen und hat sich ja auch tatsächlich im Laufe der Geschichte immer wieder gewandelt. Zugleich sind die Hürden für eine Veränderung des Kanons praktisch wieder recht hoch, da sie „um sinnvoll und legitim zu sein, wiederum ein Akt der (Offenbarung erkennenden) Kirche sein müßte und nicht etwa dem Urteil der historischen Forschung als solcher, nicht etwa den Optionen einzelner überlassen sein dürfte".[33] So

---

29 Zu den entsprechenden Denkbewegungen in der Christologie vgl. Otto Weber, *Grundlagen der Dogmatik*. Bd. 2, Neukirchen-Vluyn 1962, 1. Kapitel: Aufgabe und Erkenntnisweg der Christologie.

30 Vgl. auch *Barth, KD I/2 (Anm. 11)*, 588 f: „Wir erinnern uns, da und dort in diesem Buch das Wort Gottes gehört zu haben […] und daraufhin erwarten wir, das Wort Gottes in diesem Buch wiederzuhören."

31 Barth, *Schriftprinzip* (Anm. 8), 511.

32 A.a.O., 514.

33 A.a.O., 511. Vgl. auch die etwas konkreteren Formulierungen Barths, dass die „konkrete Gestalt des Kanons keine absolut, sondern immer nur eine in höchster Relativität ge-

ist der jeweils konkret vorgegebene Kanon für den Einzelnen kein Gottesur-
teil, sondern einfach das bewährte Urteil der *Mayores* im Glauben, dem man
eine gewissen Vertrauensvorschuss zugestehen dürfe. In diesem Sinne kann
Barth früh mit großer Gelassenheit formulieren: „Genau genommen dürfte
der ganze ‚Biblizismus‘, den man mir nachweisen kann, darin bestehen, daß
ich das Vorurteil habe, die Bibel sei ein gutes Buch und es lohne sich, wenn
man ihre Gedanken mindestens ebenso ernst nimmt wie seine eigenen.“[34]

Dass die Schrift so stets in menschlichen, vieldeutigen, interpretations-
bedürftigen Worten vorliegt und eine direkte Identifizierung mit der Offenbarung ausgeschlossen bleibt, nötigt auch zur Kritik ihr gegenüber. Der
Ausleger steht ununterbrochen vor dem Problem, dass der Geist Christi in
der Schrift an keiner Stelle isolierbar ist. Bereits in seinem Vorwort zur zweiten Ausgabe des Römerbriefkommentars sah Barth sich gegenüber seinen
Kritikern zu der Klarstellung veranlasst: „*Alles* ist litera, Stimme der ‚andern‘
Geister und – ob und inwiefern Alles etwa auch im Zusammenhang der ‚Sache‘, als Stimme des spiritus (Christi) verstanden werden kann, das ist die
Frage, mit der die litera studiert werden muss.“[35] Mit der „Relativität aller
menschlichen Worte“[36] geht die „restlos anzuerkennende historische *Be-
dingtheit* des biblischen Zeugnisses“[37] einher, die sie legitimerweise voll und
ganz zum Gegenstand der historischen Methode macht.

2.5 „Skriptologie von oben“. extra nos – Schriftlichkeit – Kirchenkritik

In der kritischen Befragung der je und je vorgefundenen Schriften scheint
aber auf der anderen Seite die Annahme der Kirche auf, „daß sie die biblischen Schriften aus der Masse der übrigen nicht erst auszuwählen, sondern
nur als schon ausgewählt zu erkennen habe“.[38] Bei aller Vorläufigkeit der Er-
gebnisse besteht also das „Faktum, von dem wir ausgehen, [...] darin, daß die

---

schlossene sein kann, auch im Blick auf die Zukunft“; Veränderung könne aber „sinnvoll
und legitim nur als ein kirchlicher Akt, d.h. in Form einer ordentlichen und verantwortlichen Entschließung eines verhandlungsfähigen Kirchenkörpers“ geschehen (Barth, *KD*
I/2 (Anm. 11), 527.530).

34 Karl Barth, *Der Römerbrief. Zweite Fassung 1922*, hg. von Cornelis van der Kooi (GA
II.47), Zürich 2010, 20.

35 *A.a.O.*, 27.

36 *A.a.O.*, 29.

37 Barth, *Schriftprinzip* (Anm. 8), 517.

38 *A.a.O.*, 510. Vgl. auch Barth, *KD I/2* (Anm. 11), 524.

christliche Kirche es wagt, von Gott zu reden, als ob sie Erkenntnis Gottes hätte und vermitteln könnte", obwohl sie diese Erkenntnis Gottes nirgendwo direkt aufweisen und endgültig festhalten kann.[39] Die theologische Position ist also schlicht die des Redens „*etsi deus daretur*" bei bleibender Nicht-Identität dieses Redens mit seiner Sache. Die ontologische Begründung muss gegeben *sein*, nicht von der Kirche geleistet werden. Wenn sie überhaupt von Gott redet, lebt die Kirche von einem *extra nos*, das sie nicht setzt, sondern von dem sie erst begründet wird und auf das sie sich darum bezieht, auch wenn sie es niemals einholen kann.

Die abstrakte, aber absolute Autorität einer Offenbarung tritt der Kirche in Gestalt des Kanons als konkrete, aber relative Autorität gegenüber, die in erster Linie eine kritische Funktion ausübt. Der Kanon verweist auch und gerade den modernen Leser auf das *extra nos* des Glaubens – „Er und nicht ich" – und steht damit für eine Autorität außerhalb und oberhalb der Verfügung der aktuellen Kirche und der Gläubigen.[40] Sowohl für katholische als auch für protestantische Postulierungen eines Unmittelbarkeitsverhältnisses zur Offenbarung bedeutet die Schrift damit eine „*Frage*, eine Bedrohung, eine Erschütterung".[41] In diesem Sinne schützt das Schriftprinzip die Kirche davor, hinter die Erkenntnis der Offenbarung als ihr externe und unverfügbare, nie unmittelbar zugängliche Größe zurückzufallen und doch sich selbst als Norm und Maßstab zu setzen – sei es als Institution oder Tradition, als religiöses Erlebnis oder Gewissen, als Geschichte oder Kultur. In ihrer eigenen indirekten Identität mit der Offenbarung verbietet die Schrift dabei auch eine einfache Identifikation dieses *extra nos* mit dem Kanon und verhindert so neben Absolutsetzungen anderer Autoritäten auch ihre eigene. So ist die Schrift nicht in erster Linie selbst Autorität, sondern vielmehr die Relativierung aller menschlichen Ansprüche, sich selbst zur Autorität des Glaubens zu machen. Das *solus Christus* hingegen ist die absolute Autorität, die an deren Stelle aufgerichtet wird.[42]

Dem *Jesus Christus Kyrios* wird also gerade durch das faktische *solam scripturam regnare* Rechnung getragen. Von der Grundeinsicht „Nicht ich

39 Barth, *Schriftprinzip* (Anm. 8), 507 f.

40 Vgl. *a.a.O.*, 523 ff.

41 Barth, *Unterricht* (Anm. 3), 249.

42 Daraus entspringt Barths Kritik am Katholizismus, insofern dieser sich selbst als Kirche als relative Autorität setzt statt sich einer solchen extern unterzuordnen: „Das eben bezweifeln wir, dass es eine absolute Heteronomie gibt für den, der sich nicht unter eine relative beugen will" (Barth, *Unterricht* (Anm. 3), 256).

– sondern Er" bildet das *sola scriptura* ein negatives, ein kritisches Prinzip, während das *solus Christus* das positive Komplement darstellt. Die Kirche stellt also fest, dass sie gegenüber ihren Versuchungen „*nicht allein*, nicht ihren Selbstgesprächen und überhaupt *nicht sich selbst überlassen* ist [...]. In der Gestalt der heiligen Schrift aber *widersteht* Gott" dem Zugriff der Kirche.[43]

Gerade die Schriftlichkeit des biblischen Kanons ist es dabei nach Barth, die ihn vor Vereinnahmung durch Kirche oder Individuum schützt. Seine Schriftlichkeit bedeutet seine bleibende Externalität gegenüber der kirchlichen Selbstauslegung und seine bleibende Widerständigkeit gegenüber jeder Interpretation. Gerade so verschafft der Kanon umgekehrt der Kirche auch eine Eigenständigkeit und Freiheit ihm gegenüber. In den nie auszuräumenden Möglichkeiten der Missinterpretation bietet gerade die Schriftlichkeit der Texte die Möglichkeit, den Kanon auch immer wieder neu zu lesen. So kann Barth nicht nur in einem historischen Sinne sagen: „Die Reformation steht und fällt mit ihrem Schriftprinzip."[44] Vielmehr ist gerade die Schrift in diesem Sinne – als kirchenkritisches Prinzip und konkrete widerständige Autorität – die Quelle und der Ausgangspunkt der Bewegung, immer wieder neu mit dem Anfang anzufangen, ja: die gnädig-providentielle Bedingung der Möglichkeit des *semper reformanda*.

3. Etsi deus daretur ohne Anführungszeichen. Krise – Bekenntnis – Gelassenheit

Eine Lehre von der Schrift im christologischen Register der Zwei-Naturen-Lehre könnte man auf diese Weise auch noch weiter ausbuchstabieren. Insbesondere wäre zu entfalten, inwiefern die verschiedenen altkirchlichen Streitigkeiten in der Christologie sich strukturell auf unsere aktuellen Lesarten des Schriftprinzips übertragen lassen. Das könnte m.E. sehr erhellend dafür sein, warum bestimmte heutige Positionen einseitig und theologisch problematisch sind.

Zugleich ist die Frage, ob das christologische Register theologisch eigentlich das angemessene für die Ausformulierung des Schriftprinzips darstellt.

---

43 Barth, *KD I/2* (Anm. 11), 650, vgl. a.a.O., 645-650 sowie bereits Barth, *Unterricht* (Anm. 3), 256.
44 Barth, *Unterricht* (Anm. 3), 258.

Wäre nicht eine pneumatologische Registrierung oder genauer: eine trinitarische Ins-Verhältnis-Setzung von christologischem Register und pneu-
matologischem Register auch für die Klärung des Verhältnis der beiden
Barthschen Axiome aufschlussreicher und würde den historischen Kanon
weniger steil theologisch aufladen, als die christologische Registrierung es
tut? Diese Frage muss hier offen bleiben und lädt zur Weiterverfolgung ein.
Die christologische Registrierung scheint mir aber eindeutig im Gefälle der
Barthschen Theologie zu liegen.[45] Wenn man ihr folgt, könnte man also zu
folgender Schlussbetrachtung kommen:

Die wahre Krise des Schriftprinzips – so könnte man nun in Barthscher
Umkehrung sagen – bestünde nicht darin, dass das Schriftprinzip, etwa
durch die Autoritätenkritik der Aufklärung, die historisch-kritische Methode oder die hermeneutische Frage, in die Krise gekommen wäre. Die Krise
des Schriftprinzips wäre dann vielmehr die Krise, *in die uns die Schrift stürzt,*
wenn wir uns im vollen Bewusstsein der hermeneutischen und historischen
Probleme sowie der Kontingenz und Unbegründbarkeit dieser Position dafür entscheiden, ein „Treueverhältnis"[46] zu ihren Texten einzugehen und
sie ganz „ohne Anführungszeichen" als Zeugnis vom Wort Gottes und als
Richtschnur und Maßstab unseres Glaubens ernst nehmen. In dieser grundlegenden Entscheidung „zwischen Glauben und Unglauben", von der Barth
spricht, gibt es keine neutrale dritte Position.

Man kann das dramatisch als Absolutheitsanspruch oder unhinter-
fragbare Autorität begreifen. Man kann es ebenso dramatisch als Prekari-
tät theologischer Existenz postulieren. Man kann es aber auch schlicht als
hermeneutischen Ausgangspunkt einer reformatorischen Theologie, als ihre
ebenso kontingente wie faktische Partikularität verstehen: Reformatorische
Theologie wäre demnach einfach darüber definiert, dass sie eben jene Denkbewegung ist (neben der es viele andere geben kann, darf und soll), die wieder und wieder im Hören auf die Schrift nach der Offenbarung Gottes fragt.

Es könnte – so ließe sich in einer Barthschen Bewegung „von unten" vorsichtig formulieren – doch zumindest sein, dass es sich tatsächlich so verhält,
dass es tatsächlich Gott gefallen hat, sich in der konkreten, geschichtlichen
Gestalt Jesu von Nazareth zu offenbaren und dass es tatsächlich konkrete, ge-

---

45 Auch wenn darum nicht nur in der Göttinger Zeit, sondern durchaus auch in KD I/2 ver-
    tretbar erscheint, die Zwei-Naturen-Lehre als Modell auch der Skriptologie zu verwenden,
    ließe sich alternativ mit KD IV auch überlegen, alternativ die Lehre vom Dreifachen Amt
    Christi zur christologischen Registrierung der Skriptologie heranzuziehen.
46 Barth, *Römerbrief* (Anm. 34), 27.

schichtliche Schriften gibt, die von diesem Ereignis Zeugnis ablegen. Dann könnte das Vertrauen sich lohnen, dass die Bibel auch ein gutes Buch ist und dass man ihren Gedanken mindestens ebenso viel zutrauen dürfe wie seinen eigenen. Dann könnte es sich tatsächlich lohnen, sie wieder und wieder zu lesen und in eben diesen Wörtern und Sätzen nach Gottes Offenbarung zu fragen – immer im Bewusstsein, dass sie nie mit ihnen identisch ist und darum kritische Rückfragen stets legitim, ja notwendig sind. Es könnte ja sein, dass unser frommes Selbstbewusstsein und unsere Traditionsbesinnung mehr Kritik nötig haben als nur die historische, und die Bibel uns darin ein hilfreicher Maßstab sein könnte. Es könnte zugleich unproblematisch bleiben, *auch* in außer-biblischen Größen nach Zeugnissen von diesem Gott zu fragen, sei es im frommen Selbstbewusstsein, im Buch der Natur, in der Geschichte, oder in anderen Traditionen. Es könnte aber klärend sein, die Frage, ob es sich dabei um solche Zeugnisse handelt, jeweils daran zu überprüfen, was wir vom Gott der Bibel vorläufig erkannt zu haben glauben – die Schrift wäre nicht mehr und nicht weniger als erkenntnisleitende Richtschnur (*norma* und *iudex*) für das Hören auf solch weitere Stimmen.[47]

Dass es sich tatsächlich so verhält, dass Gott sich in Jesus Christus offenbart hat und dass die biblischen Schriften davon Zeugnis ablegen – diesen Beweis können und müssen wir nicht erbringen, das liegt bei Gott. Wissenschaftstheoretisch ist dies ein Axiom, theologisch gesprochen: ein Bekenntnis.[48] Aber in diesem Sinne dürfen wir mit Barth gesprochen auch zuversichtlich *in* diesem und *von* diesem „als ob" leben und die Zeugnisse der Bibel *als solche* Zeugnisse ernst nehmen – ganz „ohne Anführungszeichen".

---

47 Vgl. Barth, *Schriftprinzip* (Anm. 8), 514 f.
48 Vgl. Barth, *KD I/2* (Anm. 11), 509.

Andrea Anker

Barths erwählungstheologische Reformulierung des reformatorischen sola gratia als Herausforderung für die Verkündigung der Gegenwart

1. Amazing grace – und die Verkürzung der Gnade

Amazing grace, how sweet the sound,
That saved a wretch like me!
I once was lost, but now I am found,
Was blind, but now I see.
'Twas grace that taught my heart to fear,
And grace my fears relieved;
How precious did that grace appear,
The hour I first believed!
Through many dangers, toils and snares,
I have already come;
'Twas grace that brought me safe thus far,
And grace will lead me home.

Nicht erst seitdem Barack Obama bei der Gedenkfeier für die Opfer des Attentats von Charleston diese Hymne angestimmt hat, zählt *Amazing Grace* zu den populärsten Kirchenliedern im englischsprachigen Raum. 1779 publizierte John Newton, ehemals Kapitän eines Sklavenschiffs, doch durch die Gnade Gottes aus Seenot gerettet und zum Glauben bekehrt, dieses Lied in seiner Hymnen-Sammlung. Es fand Eingang in die Spiritual- und Gospelszene, wurde von Mahalia Jackson und Aretha Franklin gesungen und gilt bei den Cherokee–Indianern gar als inoffizielle Nationalhymne. Quer durch alle

ethnischen Gruppen, Konfessionen und Parteien hinweg wird es bei Beerdigungen und Gospelkonzerten gesungen. Auch im Appenzellerland ist *Amazing Grace* inzwischen angekommen. Bei uns im Osten der Schweiz wird es
allerdings nur selten für Abdankungen, oft aber für Hochzeiten gewünscht.

„Gnade" — erst recht auf Englisch – hat für viele Menschen einen schö-
nen, geheimnisvollen, ja magischen Klang. Da schwingt eine tiefe Rührung,
andächtiges Staunen und Dankbarkeit mit. Auch wenn die meisten von
Gnade nicht reden, so hören sie doch gerne von ihr – als Deutung oder Zuspruch, z.B. in den Eingangsworten der Liturgie: „Gnade sei mit euch und
Friede..." Versucht man dann aber z.b. im Traugespräch auf den Zusammenhang zwischen Gnade, Verlorenheit und Schuldbekenntnis hinzuweisen, wie er im Lied *Amazing Grace* deutlich herausgestrichen wird, wird das
Gespräch schnell einseitig. Dass von Gnade nur gesprochen werden kann,
wo unverdientermaßen Schuld vergeben, Strafe erlassen wird, wollen viele
nicht hören. Nicht beim Traugespräch und nicht am Sonntagmorgen.

Schon oft habe ich als Pfarrerin einer reformierten Schweizer Landeskirche erlebt (und mich auch selbst schon dabei ertappt), wie die Botschaft
der Gnade verkürzt wurde: Gott meint es gut mit uns, er ist uns wohlgesinnt,
er hat uns lieb, was immer wir uns zu Schulden kommen lassen. Um diese Aussage plausibel zu machen, wird außerdem oft auf Erfahrungen Bezug
genommen, in denen Menschen unvermutet und in gewissem Sinne auch
unverdient Gutes widerfahren ist: Sie wurden nach langer Krankheit wieder
gesund, sie lernten ihre liebe Frau kennen, sie konnten in ihre Heimat zu-
rückkehren und so fort.

Dass damit das reformatorische und auch das biblische Gnadenverständnis verzerrt wird, ist meine erste These, die ich im Folgenden mit einer knap-
pen Rekapitulation der Pointen reformatorischen Gnadenverständnisses
untermauern möchte.

2. Reformatorische Pointen

Dass das *sola gratia* bei Luther eine zentrale Rolle spielt, braucht kaum eigens begründet und dokumentiert zu werden. In der die Schweiz prägenden
„reformierten" Tradition ist dies wenig anders. Ich beginne mit Huldrych

Zwingli, dessen *Auslegung und Begründung der Schlussreden*[1] von 1523 und dessen Schrift *De vera et falsa religione commentarius*[2] von 1525 ich im Blick auf die Bedeutung, die er der Gnade Gottes beimisst, studiert habe. Zwingli spricht vor allem im Zusammenhang der guten Werke bzw. der Rechtfertigung und Heiligung von Gnade. Er schreibt unter Zeitdruck und auf Beschuss der kirchlichen Obrigkeit. Sein Ton ist entsprechend angriffig und sein Bemühen, auf der Grundlage der Schrift zu überzeugen, offensichtlich. *Sola gratia,* so der Zürcher Reformator, ist nichts anderes als die konsequente Auslegung des *solus Christus.*

Unermüdlich betont Zwingli, dass angesichts des Opfers, das Christus für uns gebracht und so das Heil verdient und erlangt hat, jegliches Verdienst-Denken, Bemessen und Berechnen menschlicher Leistungen obsolet geworden ist: „Denn wie dürfen wir über den Wert unserer Werke disputieren, wenn wir doch allein durch die Gnade Gottes gesund werden? [...] Es sei ferne von allen Gläubigen, dass sie die von Christus erworbene Gnade Gottes auf diese Weise wirkungslos machen und wegwerfen!"[3]

Zwingli kritisiert die Lehre vom Fegefeuer und Bräuche wie den Ablass, die Verehrung von Heiligen und Schutzpatronen scharf.[4] Wer das Fegefeuer lehre, mache Christus zunichte, schreibt Zwingli, denn „Ihr lästert die unerschöpfliche Gnade und Kraft des Leidens Christi", schreibt er. „Wenn Christus für alle Sünden Genugtuung leistet, was soll da das Fegefeuer darüber hinaus noch leisten?" – „Zum Kuckuck mit diesen Seelenquälern, Gewissensschlächtern, die hinter den Geldbeuteln her sind... „[5] – Die Botschaft von der Gnade, das ist sich Zwingli voll bewusst, ist eine Bedrohung für das Geschäft der Kirche: „Wenn nämlich jedermann angefangen hätt, auf Christus zu bauen, d.h. auf die Gnade Gottes, die uns durch Christus erlangt und gewiss gemacht worden ist, wer hätte dann noch bei ihnen sein Heil so teuer erkauft?"[6]

---

1 Huldrych Zwingli, Auslegung und Begründung der Thesen oder Artikel (1523), in: Ders., *Schriften II.* Im Auftrag des Zwinglivereins hrsg. v. Thomas Brunschweiler und Samuel Lutz, Zürich 1995, 1-499.

2 Huldrych Zwingli, Kommentar über die wahre und falsche Religion (1525), in: Ders., *Schriften III.* Im Auftrag des Zwinglivereins hrsg. v. Thomas Brunschweiler und Samuel Lutz, Zürich 1995, 31-452.

3 Huldrych Zwingli, Auslegung und Begründung (1523) (Anm. 1), 206.

4 Huldrych Zwingli, Kommentar (1525) (Anm. 2), 340ff., 373ff.

5 *A.a.O.,* 384.

6 *A.a.O.,* 112.

Für Zwinglis Argumentation in *De vera et falsa religione commentarius* sind besonders die paulinischen Briefe und vor allem die Rechtfertigungslehre im Römer- und Galaterbrief entscheidend[7]: Die Gnade kommt dem Sünder zu. Gott nimmt gerade auch denjenigen gnädig an, der keine Gnade begehrt, sondern wie Adam vor Gott davon läuft.[8] Und da ist es erst recht lachhaft und schlimm, sie sich quasi im Nachhinein noch verdienen zu wollen. Die einzige angemessene Haltung sind Schuldbewusstsein einerseits[9], und Liebe zu Gott andererseits.[10] Aus dieser Liebe zu Gott kommen dann die guten Werke, wie Zwingli in Auslegung von Gal 5 ausführt.

Die Sorge, es könnte einer durch den Zuspruch der Gnade schlechter werden, weist Zwingli mit Bezug auf den Römerbrief entschieden zurück: „Alle, die vom himmlischen Vater gezogen werden, sich auf die Gnade seines Sohnes zu verlassen, kämpfen unerbittlich gegen die Sünde. Sie wissen genau, dass sie in ihr – in welcher sie so lange tot waren – nicht weiterleben können."[11] Das Evangelium lehre nicht bloß die Gnade, betont Zwingli, sondern das neue Leben ergreifen.[12]

Die Kraft dazu wird einem in der Liebe zu Gott geschenkt: Man wird mehr und mehr in der Liebe entzündet, so dass man umso mehr tut, was Gott will.[13] Und dabei gilt: Der Gläubige tut die guten Werke nicht aus eigener Kraft; was er tut, ist allein das Werk Gottes.[14]

Jedenfalls wird man durch die Gnade resp. das *sola gratia*, nicht gleichgültig oder leichtfertig, wie Zwinglis Gegner befürchten.[15] Aber man ist vom Druck des Gesetzes befreit, d.h. auch von Angst und Hass.

---

7 *A.a.O.*, 361: „Lies die Briefe an die Römer und an die Galater ganz, und Du wirst erkennen, was Verdienst und was Gnade ist. [...] Aus Römer 3,20 und Galater 3,10 wird deutlich: Aus den Werken des Gesetzes wird vor ihm kein Fleisch gerecht gesprochen. Wozu dann das ganze Gerede von den Verdiensten?" Für jene, die den Kirchenvätern mehr verbunden sind, verweist Zwingli auf Augustins Schrift „Vom freien Willen und von der Gnade„.

8 *A.a.O.*, 91.

9 *A.a.O.*, 104: „Die Gnade [kann] erst dann richtig erfasst [werden], wenn durch das Gesetz das Schuldbewusstsein bewirkt worden ist, wie Paulus in Röm 7,25 sagt".

10 *A.a.O.*, 91ff. Zwingli spricht von der innigen Liebe des Vaters gegen den abtrünnigen Sohn (93) und vom gegenseitigen Verhältnis liebenden Vertrauens (94).

11 Huldrych Zwingli, Auslegung und Begründung (1523) (Anm. 1), 47.

12 Huldrych Zwingli, Kommentar (1525) (Anm. 2), 198.

13 Huldrych Zwingli, Auslegung und Begründung (1523) (Anm. 1), 278.

14 *A.a.O.*, 279.

15 *A.a.O.*, 278.

Deshalb verzweifelt der Gläubige auch nicht an den Geboten; sondern er sieht „gleich neben den Geboten die aufmunternde Verheißung der Gnade Gottes: ‚Kommt her zu mir alle, die ihr mühselig und beladen seid so will ich euch Ruhe geben' (Mt 11,28)."[16]

Johannes Calvin, um exemplarisch noch einen zweiten Reformator zu Wort kommen zu lassen, hat sich in seiner *Institutio*[17] ausführlicher als Zwingli mit der scholastischen Gnaden- und Heilslehre auseinandergesetzt und sich dabei auch bemüht, die Anliegen und Motive der Gegenseite nachvollziehbar zu machen. Es stehe außer Diskussion, meint Calvin, dass der Mensch zu guten Werken nur fähig sei durch die *gratia specialis*, die allein die Erwählten durch die Wiedergeburt erlangten. Strittig aber sei die Frage, „ob denn nun der Mensch voll und ganz jedweder Fähigkeit beraubt sei, gut zu handeln, oder ob er noch ein wenig davon hätte, wenn auch gering und schwach. Das wäre dann eine Fähigkeit, die zwar aus sich selber nichts vermöchte, aber mit Hilfe der Gnade doch das Ihre täte."[18] Petrus Lombardus habe deshalb gelehrt, wir hätten eine doppelte Gnade nötig: die wirkende Gnade (*gratia operans*), welche bewirkt, dass wir das Gute wirksam wollen, und die mitwirkende Gnade (*gratia cooperans*), die solchem guten Wollen zu Hilfe kommt und es unterstützt. Mit ihr wirkten wir zusammen, nämlich dadurch, dass uns die Möglichkeit zustehe, die erste Gnade entweder zurückzuweisen und sie so unwirksam zu machen oder ihr gehorsam zu folgen und sie damit in Wirksamkeit zu setzen.

Calvin führt weiter aus, ihm missfalle es, dass man zwar das *wirksame* Begehren der Gnade Gottes zuschreibe, dabei aber davon ausgehe, dass der Mensch *selbst von Natur aus* das Gute wolle, wenn auch ohne Wirkung aufgrund der Folgen des Sündenfalls. Das Anliegen dahinter sei, dem Menschen eine gewisse Freiheit zuzugestehen, so dass er „nicht als ein völlig unter Zwang Stehender erscheine". Doch dafür dann auch noch den Ausdruck „freier Wille" zu verwenden, sei wirklich absurd. Wenn überhaupt, dann sollte man vom freien Willen nur im Blick auf den durch Gottes Gnade *befreiten* Willen reden!

Der Unterschied im Gnadenverständnis zwischen den römischen Schultheologen und den Reformatoren ist fundamental. In der *Institutio III* bringt

---

16 *A.a.O.*, 89.

17 Johannes Calvin, *Unterricht in der christlichen Religion (Institutio christianae religionis)*. Nach der letzten Ausgabe übers. u. bearb. v. Otto Weber, Neukirchen-Vluyn 1997⁶. Vgl. für das Folgende v.a. Institutio II, 2,6.

18 *A.a.O.*

es Calvin wie folgt auf den Punkt: „Man sieht, wie er (gemeint ist Petrus Lombardus) Gottes Gnade in der Rechtfertigung vornehmlich darin erblickt, dass wir durch die Gnade des heiligen Geistes zu guten Werken angeleitet werden." Und letztlich sind es dann diese guten Werke und unser Wollen des Guten, dank derer wir gerecht da stehen vor Gott.[19]

Wie Zwingli verwehrt sich auch Calvin gegen den Vorwurf, durch das andere, neue Verständnis der Gnade würden die guten Werke obsolet[20]: Die guten Werke sind nicht nutzlos. Sie bringen sogar die herrlichsten Wohltaten Gottes ein. Aber nicht, weil sie das so verdienten, sondern weil Gottes Güte ihnen von sich aus diesen Wert beigelegt hat! Es gibt eine Belohnung der Werke (aber allein aus Gnade!).

In seiner Sakramentslehre argumentiert Calvin auch gegen die Auffassung, dass uns die Sakramente die Gnade Gottes gewähren. Im Sakrament werde einem nicht mehr zuteil, als was einem im Wort Gottes dargeboten werde und was man mit wahrem Glauben ergreife. Sakramente seien Zeichen und Siegel, die Gott den Menschen gewährt und aufgetragen habe, um sie der Wahrheit seiner Verheißungen gewiss und sicher zu machen.

In allen Teilen der *Institutio* wird spürbar, wie sehr es Calvin darum geht, Gott die Ehre, die ihm gebührt, zu erweisen. Dies geschieht nur dann, wenn soteriologische festgehalten wird: „Wir sind nichts, Gottes Gnade ist alles".[21]

---

19 *A.a.O.*, III,11,15. Dieser Unterschied besteht nebenbei bemerkt, bis heute: Zwar kommt auch nach katholischer Lehre das Heil des Menschen allein aus der Gnade Gottes um Jesu Christi willen. Doch muss dazu gesagt werden, dass der Mensch durch die Gnade Gottes befähigt wird, an seinem Heil mitzuwirken und dadurch auch eine Vermehrung der Gnade sowie ewigen Lohn verdienen kann (vgl. Konzil von Trient, Dekret über die Rechtfertigung, Kanon 32). Augustinus, so Calvin kritisch, trage für dieses Verständnis eine gewisse Mitverantwortung: Zwar nimmt er „in hervorragender Weise dem Menschen jeden Ruhm aufgrund irgendwelcher Gerechtigkeit und schreibt ihn ganz der Gnade Gottes zu; aber dann bezieht er trotzdem die Gnade auf die Heiligung, in der uns der Heilige Geist eine Wiedergeburt zu neuem Leben schenkt."

20 *A.a.O.*, III,15,3.

21 *A.a.O.*, II,2,11.

3. Differenzen zwischen dem heute weit verbreiteten und dem reformatorischen Gnadenverständnis

Das Gnadenverständnis der Reformatoren Zwingli und Calvin zeichnet sich durch eine eminent religionskritische Pointe aus. Das reformatorische *sola gratia* ist eine deutliche Absage an jede Art von Manipulation und Ausbeutung menschlicher Emotionen wie Schuldgefühle oder religiöse Ängste durch kirchliche Institutionen und hat in diesem Zusammenhang sogar eine sakramentskritische Seite – insofern Gnade immer streng als Gnade Gottes gedacht und jede Art ihrer kirchlichen Verwaltung abgelehnt wird. Wie es um das kritische Potential dieser Einsicht für unsere heutiges evangelisches Gnadenverständnis und für unser kirchliches Reden von Gnade steht, ist eine Frage, die zu diskutieren ist.

Mein Eindruck ist, um auf die These von der Verkürzung der Gnade zurück zu kommen, dass wir zu harmlos von Gottes Gnade reden und aus Angst, im interkonfessionellen oder interreligiösen Dialog anzuecken oder den Menschen der Gegenwart nicht allzu sehr zu erschrecken, dem *sola gratia* die Spitze gebrochen haben. Auf der Kanzel und in den Medien wird allenfalls gesellschaftskritisch gewendet von ihm gesprochen, etwa wenn die Leistungsgesellschaft angeprangert und das *sola gratia* als eine Art Burnout-Prophylaxe verkauft wird: Du musst Dich nicht abstrampeln im globalen Wettrennen um Geld, Macht und Anerkennung, dich nicht überfordern und ob des eigenen Versagens nicht deprimieren zu lassen. Gott liebt dich – trotz allem! –Das stimmt zweifellos, aber darin erschöpft sich Gottes Gnade nicht.

Untermauern lässt sich meine Ausgangsthese zudem mit dem Hinweis auf die Abspaltung (oder, wie es oft verstanden wird „Befreiung") des Gnadenbegriffs vom Thema Sünde. Im Gegensatz zu Calvin und Zwingli und der Theologie ihrer Zeit wird Sünde heute oft als Erfahrung des Versagens, der Traurigkeit, des Aneinander-schuldig-Werdens, des Bruchstückhaften allen Lebens thematisiert. Dass sich darin, aber nicht nur darin, sondern auch, wie Bonhoeffer schreibt[22], in unseren vermeintlichen Guttaten ein Abgrund zu Gott auftut, ist als Aussage nicht mehr salonfähig.

Drittens besteht ein weiterer großer Unterschied hinsichtlich des Sachgrunds der Gnade:

Anstelle einer christologischen Begründung wird heute oft auf Widerfahrnisse im Leben rekurriert: Nicht an der Hingabe Jesu im Leben und

---

22 Dietrich Bonhoeffer, *Widerstand und Ergebung*, in: *DBW* Band 8, *31*.

Sterben für uns und an seiner Auferweckung wird Gottes Gnade offenbar, sondern z.b. daran, dass man eine liebe Frau gefunden und eine schwere Krankheit überstanden hat. Gott wird gleichsam zum Inbegriff positiv bewerteter Erfahrungen. Was er mit den negativen zu tun hat, bleibt unbestimmt.

Man könnte noch eine Reihe weiterer Unterschiede zwischen dem reformatorischen und dem heute weit verbreiteten Gnadenverständnis aufzählen. Wie aber hat Barth das reformatorische *sola gratia* für seine Zeit ausgelegt? Inwiefern ist er dabei mit der Reformation über die Reformation hinausgegangen? Und welche Anregungen können wir daraus für uns und für das Reformationsjubiläum entnehmen?

4. Barths Ansatz

In der *Kirchlichen Dogmatik II/2*, erschienen 1942, entfaltet Barth die Gnadenlehre als Erwählungslehre und die Erwählungslehre als Teil der Gotteslehre. „Gnade", das ist für Barth die göttliche Urentscheidung in Jesus Christus, die der Grund und das Ziel aller seiner Werke ist.[23] Gnade, das ist Gnadenwahl, das ist freie, souveräne und ewige Erwählung des einen Jesus Christus. In dieser Urentscheidung bestimmt sich Gott, der doch, so Barth, an sich selber genug hat, zum Zusammensein mit einem Anderen, zur Liebe. Diese Liebe ist barmherzige, geduldige Liebe in Gestalt von tiefster Herablassung. Vor allem aber ist sie freie, nicht genötigte, nicht bedingte Liebe.

Nicht als Reaktion auf irgendetwas, sondern als ursprüngliche Aktion bestimmt sich Gott zum Gnädig-Sein, erweist er sich als gnädig. Gott ist souverän. Barth sagt sogar: Er ist der totale Herr.

In seinem 1947 in Barmen an der Versammlung des Coetus reformierter Pfarrer gehaltenen Vortrag mit dem Titel *Die Botschaft von der freien Gnade Gottes* entfaltet Barth seine Überzeugung nochmals mit Bezug zum Auftrag der Kirche, wie er in der These 6 der *Barmer Theologischen Erklärung* formuliert ist: „Der Auftrag der Kirche, in welchem ihre Freiheit gründet, bestehe darin, [...] durch Predigt und Sakrament die Botschaft von der freien Gnade Gottes auszurichten an alles Volk."

Barth schreibt: „Weil sie freie Gnade ist, darum kann die Botschaft der Kirche nicht von irgendwelchen menschlichen Bedürfnissen, Anliegen, Sor-

---

23 Vgl. auch für den Rest des Absatzes: Karl Barth, *KD II/2*, Zürich 1942, 8.

gen, Nöten und Problemen ausgehen, noch sich von ihnen füllen und dirigieren lassen - darum darf und muss sie dem Allem gegenüber Gottes Ehre, seinen Namen, sein Lob verkündigen, seine Sache groß machen, sein Recht, seine Weisheit, sein Reich anzeigen."[24]

Dabei ist aber, wie Barth gleich anschließend betont: seine Sache gerade die, unsere menschlichen Bedürfnisse, Anliegen, Sorgen, Nöte und Probleme aufzunehmen und zu seinen eigenen zu machen; er beantwortet und erledigt sie. – Der Mensch soll frei sein von sich und frei für Gott, damit er wahrhaft frei sei![25] Von Gottes Gnade und von der uns mit ihr geschenkten Freiheit gilt allerdings: „Wir haben sie nie: Sie kann uns nur immer aufs Neue zuteil werden."[26] „Wir erfahren sie nicht anders, als indem wir uns allezeit beugen und es allezeit zulassen, dass sie neu mit uns anfange, als wären wir nichts, als wäre nichts geschehen."[27] – Und wenn wir sie haben... dann gewiss nur, indem um sie gefleht und gebetet und für sie gedankt wird [...] so als hätten wir nicht."[28]

Dieser Vorbehalt gegenüber dem „Haben der Gnade", man könnte auch sagen, der Erfahrung der Gnade, steht in einem spannenden und auch spannungsvollen Verhältnis zur These Barths, dass die Gnade Gottes in Jesus Christus ein objektiver, ja ontischer Sachverhalt sei, der all unseren Entscheidungen voran gehe. „Gottes Gnade hat uns in Jesus Christus schon angenommen, sie hat uns schon getröstet im Leben und im Sterben, bevor wir dessen gewahr wurden!"[29]

Angesichts dessen bleibt uns nur die Entscheidung des „Gehorsams", wie Barth sagt.

> „Gnade erlaubt uns kein Müßiggang, keine Neutralität, kein Beiseitestehen und keine Entschuldigungen durch schlechte Erfahrungen [...] Gnade will uns einfach haben: dazu haben, dass wir als die, die wir sind, und in der Kirche und Welt, wie sie sind, ihre Zeugen seien."[30] Wir sollen die Gnade unter allen Umständen loben und preisen!

---

24 Karl Barth, Die Botschaft von der freien Gnade Gottes, in: *Theologische Studien 23*, Zollikon-Zürich 1947, 4.

25 Vgl. *a.a.O.*, 5.

26 *A.a.O.*

27 *A.a.O.*

28 *A.a.O.*, 6.

29 *A.a.O.*

30 *A.a.O.*, 8.

Die Kirche soll die Botschaft von der Gnade Gottes nur einfach weitergeben, nichts daraus machen; sie ist ihr selbst so neu und fremd und überlegen.[31] Und ihr Auftrag besteht darin, diese Botschaft allem Volk auszurichten - und dabei „ihm gegenüber keine Diplomatie und keine Strategie zu betreiben."[32]

Soweit mein kleiner Exkurs zum Vortrag von 1947 zur 6. Barmer These.

Zurück nun zur Gnadenwahl, zur Erwählungslehre in KD II/2. Da geht Barth ja bekanntlich an entscheidender Stelle über die Reformation hinaus. Während Calvin betont hatte, dass Gottes Gnade für die Erwählten ganz andere Konsequenzen hat als für die Nicht-Erwählten, gilt nach Barth die Gnade, d.h. die gnädige Erwählung des Menschen in Jesus Christus allen. In Jesus Christus sind wir alle erwählt. „Wir haben unsere eigene Erwählung in der des Menschen Jesu anzuschauen, weil seine Erwählung die unsrige in sich schließt, weil die unsrige in der seinigen begründet ist."[33]

Und weiter hinten lesen wir: „So besteht nun das Wesen der freien Gnade für einen Jeden, den Gott in dem Menschen Jesus erwählt, darin, dass er darum, weil in diesem Jesus Gott der Richter selbst seine, des Gerichteten Stelle einnimmt, von seiner Sünde, Schuld und Strafe gänzlich freigesprochen ist."[34]

Gottes Gnade ist auch und gerade darin frei, dass seine Entscheidung unabhängig ist von jeder geschöpflichen Entscheidung; seine Entscheidung geht jeder geschöpflichen Entscheidung voran, darum ist sie prae-destinatio. „Die Gnade, die göttliche Zuwendung und Herablassung, auf Grund derer Menschen zu Gott gehören, auf Grund derer Gott diesen Menschen gehört, ist als angebotene wie als empfangene, als sich offenbarende und versöhnende wie als im Glauben ergriffene und wirksame Handeln Gottes, Gottes Wille und Gottes Werk, Gottes Herrschaft, Gott selbst: in seiner ganzen Souveränität."[35] Kein Anspruch und kein Verdienst auf Seiten des Menschen kann sie notwendig machen. „Wiederum kann sie aber auch durch keinen Widerspruch und Widerstand von Seiten des Geschöpfs aufgehalten, unmöglich und unwirksam gemacht werden. [...] Sie widerfährt dem Geschöpf als absolutes Wunder, aber auch mit absoluter Kraft und Gewissheit, sie kann vom Geschöpf nur in Erkenntnis seiner völligen Ohnmacht und Unwürdig-

---

31 *A.a.O.*, 15.
32 *A.a.O.*, 16.
33 Karl Barth, *KD II/2* (Anm. 23), 129.
34 *A.a.O.*, 134.
35 *A.a.O.*, 18ff.

keit [...] empfangen werden."[36] Die Frage, was die Vollstreckung der Gnade für den Menschen bedeutet, dem sie widerfährt (um eine Formulierung Barths aufzunehmen), ist damit ein Stück weit schon beantwortet.

Ausführlich diskutiert Barth diese Frage in einem Vortrag zu *Rechtfertigung und Heiligung*, den er zwischen Januar und Juni 1927 ganze sechs Mal gehalten hatte. Auf ausgewählte Thesen daraus möchte ich abschließend noch kurz eingehen.

Die dem Vortrag vorangestellte 1. These lautet: „Rechtfertigung und Heiligung sind die Vollstreckung der dem Christen in der Taufe zugesprochenen Gnade seiner Erwählung und Berufung zur Gemeinschaft mit Gott durch Jesus Christus in der Wahrheit des heiligen Geistes."[37] Barth legt Wert darauf, Rechtfertigung *und* Heiligung als Handeln Gottes am Menschen zu verstehen und nicht etwa die Heiligung als menschliches Bemühen zu begreifen.

Die Gnade ist uns *zugesprochen, insofern* haben wir sie. „Es gibt kein Weiterkommen zu Erlebnissen und Errungenschaften, auf Grund derer wir etwas Anderes sagen könnten, als dass die Gnade, die wir haben, die Gnade unseres Herrn Jesus Christus ist, die Gnade des an uns ergehenden Wortes"[38] – „Nicht auf Grund unserer Erfahrungen, nicht auf Grund der frommen Erregung, in der wir das vielleicht vernommen haben oder die aus unserem Vernehmen hervorging, werden wir sagen, dass wir Gnade haben. Es war ein „böser, böser Augenblick in der Geschichte des neueren Protestantismus [...], als man anfing, das Haben der Gnade als eine Herzens oder Gewissenserfahrung des frommen Menschen zu verstehen."[39] Auch das Vernehmen

---

36 So schreibt Barth z.B. auf S. 98ff: „Alle Wege Gottes sind Gnadenwege, alle Werke Gottes sind Gnadenwerke. Nichts geschieht nicht aus Gnade". – „Es bilden aber auch Sünde und Tod, Teufel und Hölle – die Werke des zulassenden, des als Verneinung kräftigen Wissens und Wollens Gottes hier keine Ausnahme [...] Gottes Diener und also Diener seiner Gnade sind auch Gottes Feinde, und es kann Gott, es können aber auch diese seine Feinde selbst nicht erkannt werden, ohne dass auch sie [...] in ihrer Dienstbarkeit als Instrumente der ewigen, der freien, der unveränderlichen Gnade Gottes erkannt werden." Barth wagt den Spitzensatz: „Gnädig ist und bleibt Gott auch in seiner Ungnade".
   Im Übrigen ist, wie weiter hinten in KD II/2 (704 und vgl. 629ff) zu lesen ist, auch das Gebot Gottes Zeugnis seiner Gnade!
37 Karl Barth, *Rechtfertigung und Heiligung (1927)*, in: Karl Barth, *Vorträge und kleinere Arbeiten 1925-1930* (GA 24), Zürich 1994, 62.
38 A.a.O., 66.
39 A.a.O., 67.

der Gnade ist Gnade – wir können es nicht erklären, wir können uns ihrer
nicht vergewissern, nur auf die Taufe können wir uns beziehen.[40]
   „Was heißt dann für den Menschen die Gnade ergreifen?" fragt Barth, um
die schlichte Antwort zu geben „Wissen, dass er vor Gott steht."[41] Wir sollen
uns am Ort, wo wir stehen, am Ort der Sünde, die Gnade gefallen lassen. Und
zwar als Rechtfertigung und Heiligung. Dabei bestimmt Barth die Rechtfertigung als Gottes Übersehen unserer jetzt und hier nicht beseitigten Sünde.[42]
Gott sieht den Menschen in Christus an und übersieht seine Sünde. Die Heiligung ist unsere Inanspruchnahme durch Gott in dieser unserer jetzt und
hier nicht beseitigten Sünde. Wer nun aber beim Stichwort „Inanspruchnahme" beispielsweise an einen der paulinischen Tugendkataloge oder an die
Bergpredigt Jesu denkt, liegt falsch. Heiligung besteht nach Barth darin, dass
der versöhnte Sünder sich nicht mehr weigern kann, sich als solchen zu erkennen, der seine Gerechtigkeit nur noch in Gottes Barmherzigkeit suchen
kann, dem seine Ehre, Kraft und Selbständigkeit als solcher genommen ist.[43]
Der Sünder ist Gottes Eigentum.[44] Die Gnade der Heiligung, das ist einfach
„unser Sterben als Sünder".[45] Unser ganzes Christenleben soll nicht ein Auf-
schwung, ein Triumph, nicht ein Streben und Gelingen, sondern eine Buße
werden[46], schreibt Barth, eine Demonstration für die Herrlichkeit der Barmherzigkeit Gottes. An irgendeine Mitwirkung des Menschen, eine Antwort,
ein Bemühen als Teil der Heiligung will Barth nicht denken: Nur Glaube
und Gehorsam sind am Platz.[47] Was unter Gehorsam zu verstehen ist, deutet
Barth dann aber doch wenigstens an: Gebundenheit ans Wort, Leid tragen
um unsere Sünde (Gewissensnot), Hungern und Dürsten nach Gerechtigkeit, ein heimatloser, kämpfender, handelnder Mensch sein, solidarisch sein
mit den Mitmenschen, lieber ein Schwärmer und Rigorist als ein Bourgois.[48]
So klang Barth 1927.

---

40 *A.a.O.*
41 *A.a.O.,* 69.
42 *A.a.O.,* 78.
43 *A.a.O.,* 81.
44 *A.a.O.,* 82.
45 *A.a.O.,* 83.
46 *A.a.O.,* 86.
47 *A.a.O.,* 90f.
48 *A.a.O.,* 92f.

5. „Lass Dir an meiner Gnade genügen"

Was können wir – 88 Jahre später – davon als Anregung und Orientierung aufnehmen?[49]

Vielleicht vor allem dies: Das *sola gratia* nicht als handhabbares „Prinzip" oder hermeneutische Methode mantra-artig zu wiederholen, sondern als Aufruf verstehen, der Selbstvergegenwärtigung und -durchsetzung Gottes zu vertrauen. Und dies geht einher mit einer spezifischen Wahrnehmung und Erwartungshaltung gegenüber der Kirche: Sie stellt nicht an und für sich etwas dar, sondern lebt ganz und gar von ihrem Auftrag her.

In der gegenwärtigen Situation ist von einer solchen Theologie und von einer solchen Ekklesiologie leider nicht viel zu spüren: Was Kirche ist, lassen wir (Schweizer) Reformierte uns lieber von den Soziologen sagen, und wiederholen in allen Gesprächen, Interviews und Papieren zur „Zukunft der Kirche" zuerst einmal, dass wir „kleiner, älter und ärmer" werden.[50] Fernab jeglicher theologischer Argumentation *etsi deus non daretur* – stehen deshalb zur Zeit in vielen Kantonalkirchen Strukturreformen auf der Agenda, Kirchgemeinden werden fusioniert, neue Stabstellen für Kirchenentwicklung und Gemeindeuafbau werden geschaffen und Projektleiter angestellt. „Lieber wolle man den Übergang gestalten, statt den Untergang verwalten" ist ein oft und gerne zitiertes Bonmot. Doch was für ein „Übergang"? Wohin sind wir denn unterwegs? Und von wem lassen wir uns den Weg weisen? Offenbar ist von weitaus größerer Relevanz als der Auftrag der Kirche ihre gesellschaftliche Stellung: als eine geschichtsträchtige semi-staatliche Institution, deren öffentliche Präsenz (an den großen Plätzen, in den Medien, in den Schulen, auf den Steuererklärungen) wesentlich zu ihrer Identität gehört. Kleine Gemeinden sind nicht groß genug, genügen nicht (mehr) – wem, was?

In dieser unserer Situation fehlt es an Stimmen wie jener von Karl Barth. Es fehlt an Stimmen, die entschieden, unermüdlich und mutig daran erinnern (auf der Kanzel, in den Synoden, ja auch in der Politik und in den Medien), wer das Subjekt ist, dem wir alles verdanken: Gott. Und woran sich die Kirche(n) in einer Zeit des Relevanzverlustes und der schrumpfenden Mitgliederzahlen – doch im Grunde in jeder möglichen Zeit – orientieren

---

49 Für seine Hilfe und Unterstützung bei der Überarbeitung meines Vortrags sowie für seine wertvollen Hinweise zur hier erwähnten Predigt von Barth danke ich Prof. Dr. Peter Opitz, Zürich.

50 Vgl. Jörg Stolz / Edmée Ballif, *Die Zukunft der Reformierten. Gesellschaftliche Megatrends - kirchliche Reaktionen*, Zürich ²2010.

können, so dass sie gestärkt und ermutigt werden anstatt einer großen Erschöpfungsdepression anheim zu fallen.

1935 hat Karl Barth in einer Predigt, die er auf die dringende Bitte aus Barmen hin vor „den Vertrauensmännern des Rheinisch-Westfälischen Gemeindetags" (der Bekennenden Kirche) in Barmen-Gemarke gehalten hat, in einer äußert krisenhaften Situation an Gottes Gegenwart, an die Wirklichkeit und Wirksamkeit seiner Gnade erinnert. Im Predigttext (Mt 8,23-27) geht es um die Schifffahrt Jesu mit seinen Jüngern auf dem stürmischen See, wobei der schlafende Jesus von seinen verzweifelten Jüngern geweckt werden muss. Barth hebt hervor, dass sich im Satz: „Und er trat in das Schiff, und seine Jünger folgten ihm" (V.23) eine klare Ordnung wiederspiegle: „Nicht da ist Kirche, wo wir mit Jesus irgend etwas anfangen wollen, sondern da, wo er uns würdigt, unverdientermaßen würdigt, etwas mit uns anzufangen."[51] Sodann deutet er das Bild des Schiffs als Hinweis darauf, dass die Kirche überall zuhause sein kann, doch zugleich überall in der Fremde sein muss. „Gerade weil sie bereit ist, überall einzukehren, wird sie auch überall gefasst sein, Abschied zu nehmen."[52] Die Kirche lebt in einer gefährlichen Welt, in der es zu Stürmen kommen kann.[53] Und sie ist selbst Teil dieser Welt: alle Gottlosigkeiten der Welt treffen auch die Kirche, und alle Not, die die Menschen sich bereiten, ist auch die Not der Christen.[54] Dass von Jesus gesagt wird: Er schlief, heißt für Barth: er ist da (auch wenn wir ihn nicht wahrnehmen). Und weil da ist und seine Kirche nicht alleine lässt, „darum kann die Kirche nicht untergehen".[55] Es kann sein, dass die Kirche klein und ohnmächtig wird in dieser Welt, dass sie „in die Katakomben" gehen muss, aber untergehen kann sie nicht. Was die Kirche rettet ist weder ihre geschichtliche Mächtigkeit noch die Glut religiöser Überzeugung oder die Kraft ihrer Theologie, sondern einzig und allein „die Hand Gottes, die in Jesus Christus ausgestreckt ist nach uns Menschen".[56] „Diese Hand schützt und deckt seine Kirche. Nicht um der Würdigkeit ihrer Bekenner willen, sondern um der Güte und Barmherzigkeit Gottes willen, aus lauter Gnade!"[57]

---

51 A.a.O., 405.
52 A.a.O., 406.
53 A.a.O., 407f.
54 A.a.O., 407.
55 A.a.O., 410.
56 A.a.O., 410.
57 A.a.O., 410f.

Dabei, so führt Barth den Gedanken weiter aus, können und sollen gerade diese Notzeiten der Kirche uns neu zu verstehen geben, dass wir im Grunde gar nichts vermögen.[58] Wir machen die Erfahrung, dass uns die Kraft ausgeht – und gerade da geht Gottes Kraft und Herrlichkeit an. Die Einsicht in unsere Not und die Einsicht in Gottes Gnade rufen uns auf, neu nach dem Gott unseres Heils zu fragen, wirklich in der Heiligen Schrift zu forschen. In der Geschichte von der Stillung des Seesturms lässt Jesus sich wecken. Und sagt zu seinen Jüngern: „Ihr Kleingläubigen, warum seid ihr so furchtsam?" Diese Frage zeugt – so Barth – davon, dass wenn Jesus sichtbar wird „in der Mitte der Seinigen" „in bestimmten Hilfen, Tröstungen, Zeichen", dass dann für die Seinigen „keineswegs einfach eine Glanzzeit anbricht, in der sie in ihrer Menschlichkeit, in ihrer Frömmigkeit, in ihrer Tapferkeit zum Leuchten kämen".[59] Wir hätte die Menschen der Bibel, die Reformatoren völlig falsch verstanden, wenn sie uns wie Helden, als große Gestalten, die sich menschlich zu rühmen hätten, vorkämen. „Nein, gerade in solchen Zeiten, wo Jesus unter den Menschen aufsteht, da müssen diese Menschen nun erst recht ganz klein werden."[60] Angesichts der Größe Gottes kommt gerade auch die Unsicherheit, die Eigenmächtigkeit, die Angst der Christen zum Vorschein.[61] Und die Frage steht im Raum: „Warum hast du dir nicht längst genügen lassen an Gottes Gnade [vgl. 2. Kor 12,9], warum hast du immer noch mehr haben wollen?"[62]

Das Genügen der Gnade ist ein großes wichtiges Thema bei Karl Barth. Michael Trowitzsch erinnert in seinem Buch *Karl Barth heute* daran, dass Barth „in einer späten Predigt [...] seine eigene theologische Arbeit insgesamt zu dieser Angelegenheit in Beziehung gesetzt [hat]. Die [folgenden] Sätze wollen als eine Lebenssumme seiner theologischen Existenz gelesen sein: 'Einige von euch haben vielleicht etwas davon läuten hören, dass ich in den letzten vierzig Jahren sehr viele und teilweise sehr dicke Bücher geschrieben habe. Ich darf aber frank und frei und auch fröhlich zugeben, dass die vier Wörtlein 'Meine Gnade genügt dir' viel mehr und sehr viel Besseres sagen als der ganze Papierhaufen, mit dem ich mich da umgeben habe. Sie genügen – was ich von meinen Büchern von ferne nicht sagen könnte. Was

---

58 *A.a.O.*, 412.
59 *A.a.O.*, 413.
60 *A.a.O.*
61 *A.a.O.*, 414.
62 *A.a.O.*

an meinen Büchern Gutes sein möchte, könnte höchstens darin bestehen, dass sie von ferne auf das hinweisen, was diese vier Wörtlein sagen.'"[63]

„Amazing Grace": Von Karl Barth könnten wir lernen, uns wieder neu auf den in Jesus Christus gemachten Anfang und die damit geschenkte Möglichkeit von Neuanfängen zu besinnen. Unser Leben als Ganzes mit seinen hellen *und* dunklen Seiten und nicht bloß diese oder jene positive Erfahrung steht im Licht der Gnade Gottes, so dass wir nicht nur bei Hochzeiten und nicht nur bei Beerdigungen, sondern immer und überall einstimmen könnten ins Lied *Amazing Grace*.

---

63 Michael Trowitzsch, *Karl Barth heute*, Göttingen [2]2012, 548. Das Barth-Zitat stammt aus: Karl Barth, *Predigten 1954-1967* (GA 1/12), hg. v. H. Stoevesandt, Zürich [3]2003, 220.

Christian Link

Sola fide

Karl Barth hat das „sola fide" „ein schwaches Echo des Solus Christus" genannt, ein Echo, das „in der Regel ein ziemlich schwaches, schmächtiges, im Luftzug des Lebens und der Ereignisse ziemlich flackerndes Glauben sein wird".[1] Er nennt dafür einen plausiblen Grund. Der Glaube, so heißt es in einem Aufsatz von 1928, ist ein Wagnis. Denn „darf man, kann man, muss man an einen anderweitig als durch sich selbst *nicht* garantierten Gott glauben?" Wäre das nicht ein Hochseilakt ohne ein sicherndes Netz? Der Glaube hat es mit der Frage nach einem Gott zu tun, für dessen Existenz in der Tat niemand anders einzustehen vermag als er selbst. „Die Geschichte des Protestantismus", fährt Barth fort, ist jedoch „weithin die Geschichte der Entstehung neuer und nicht eben besserer Garantien für Gott gewesen."[2] Ein aktuelles Beispiel hierfür haben wir in dem Berliner Streit um die Einordnung des Alten Testaments in die außerchristliche Religionsgeschichte vor Augen. Abgesehen von allen Kanonfragen geht es hier um die These Notger Slenczkas, dass der Glaube *nicht* der Reflex bzw. die Antwort auf eine von außen auf uns zukommende Wirklichkeit sei, sondern das Ergebnis von dessen „eigener Produktivität" – mit der Konsequenz, dass „materiale Aussagen über Gott oder Christus uneigentliche Aussagen" seien: sie meinen nicht, was sie sagen, sondern (so heißt es) sie bringen „religiöses Ergriffensein" zum Ausdruck.[3] Da sind wir zu guter Letzt also wieder bei Feuerbach angekommen und müssten die Frage, die die Reformatoren in Atem hielt, was unser Glaube mit einem Gott zu tun hat, der „nicht ein Gott der Toten sondern der Lebendigen" ist (Mt 22,32) – „eine Zuversicht dessen, was man hofft und ein Nicht-Zweifeln an dem, was man nicht sieht" (Hbr. 11,1) – auf sich beruhen lassen. Die zentrale Aussage der Rechtfertigung, dass der Glaube sein Fundament *außerhalb* seiner selbst (extra nos) suchen und finden muss, ist damit

---

1 Karl Barth, *Einführung in die evangelische Theologie*, Gütersloh 1977 (2.Aufl.), 83
2 Karl Barth, Das Wagnis des Glaubens, in: *Vorträge und kleinere Arbeiten 1925 -1930*, GA Zürich 1994, 300f.
3 Vgl. Reinhard Mawick, Aufbruch im Umbruch, in: *zeitzeichen 16* (2015), Heft 6, 44f., 44.

förmlich suspendiert. Wer sich dagegen mit einem „religiösen Ergriffensein" zufrieden geben will, mag das auf eigene Rechnung tun. Es ist ein Griff in die Luft, wo es manch eine Fatamorgana geben mag, aber gewiss kein Wasser, das den Durst nach Erkenntnis stillt. Denn auf Erkenntnis, auf einen soliden Grund seiner Gewissheit, kann jedenfalls der christliche Glaube nicht verzichten. „Non in ignoratione sed in cognitione sita est fides", sagt Calvin noch immer zu Recht: Er ruht nicht auf Unwissenheit, sondern auf klarer Erkenntnis.[4] Er verlangt nach der berühmten Formel Anselms von Canterbury – „fides quaerens intellectum" – nach vernunftgeleiteter Wahrnehmung: dem geglaubten Grund muss eine erkannte Begründung entsprechen.

Warum und in welchem Sinn also „allein aus *Glauben*"? Die reformatorische Frage, vollends die These des „*sola* fide" hat ihren Ort in der Rechtfertigungslehre. Hier geht es um Recht und Gerechtigkeit, eine Lebensfrage der Menschheit, die uns heute nicht weniger in Unruhe und Verlegenheit setzt wie die Menschen des 16. Jahrhunderts, solange wir unter der Gewalt von Unrecht und Lüge, durch den Missbrauch von Herrschaft und Macht, den Weg verfehlen, auf dem wir zu einem guten, „gelingenden" Leben und damit zu uns selbst kommen könnten. Und eben hier geht die Bibel so weit, dass sie alle Verhältnisse und Lebensformen, in denen wir uns eingerichtet haben, auch alle Sinnentwürfe, die uns helfen könnten, mit unseren Defiziten fertig zu werden, hinter sich lässt, gewissermaßen überholt und die Frage stellt: Wie kommt ein Mensch in den Status eines „Mitbürgers der Heiligen", ja eines „Hausgenossen Gottes" (Eph 1,19) Wie kommt es dazu, dass auch ich von ihm, von seinem Sein und Tun erreicht und gefunden werde und mich selbst daraufhin als ein solcher Mitbürger entdecke? Das ist das Thema der Rechtfertigung, ihr zentrales Problem. Wer oder was entscheidet über meinen Status, und das heißt zugleich: über meine Identität? Luther hat die Definition des Menschen geradezu an den hier verankerten und geforderten Glauben gebunden: „Paulus definiert in Röm 3 […] den Menschen kurzgefasst, indem er erklärt: der Mensch werde durch Glauben gerechtfertigt."[5] In seinem nachdenkenswerten Essay zum gleichen Thema hat Martin Walser in diesem Zusammenhang notiert: „Wer sagt, es gebe Gott nicht, und nicht dazu sagen kann, dass Gott *fehlt* und wie er fehlt, der hat keine Ahnung. Einer Ahnung freilich bedarf es."[6]

---

4   Calvin, *Institutio II*,2, 2.
5   Martin Luther, *Disputatio de Homine (1536)*, WA 39 I, 176.
6   Martin Walser, *Rechtfertigung und Versuchung*, Reinbek 2012, 32f.

Luther hat dieser Ahnung, der Lebensfrage: Wie kommt ein Mensch zu seiner Wahrheit und zu seinem Recht?, die bekannte, präzise Fassung gegeben: „Die Gerechtigkeit, die aus uns selber stammt [die also zu den Normen, nach denen und mit denen wir unser Leben zu meistern suchen], steht die christliche Gerechtigkeit in einem schlechthinnigen Gegensatz: sie ist *passive* Gerechtigkeit, die wir nur empfangen, wenn wir nichts wirken, sondern einen anderen, nämlich Gott, in uns wirken lassen"[7], und das eben heißt: wenn wir *glauben*: Glaube also nicht als „eigene Produktivität", sondern ganz im Gegenteil als reine Passivität. Luther hat dafür den Ausdruck der „vita passiva" geprägt, einer anderen und neuen Lebensform, die wir nur im Durchgang durch den Nullpunkt des Stillstands jeder eigenen Aktivität hindurch erreichen. Hier wird eine Wendung proklamiert, die wir nicht erst heute kaum noch nach-vollziehen können, sondern eine theologische Einsicht, die wir im Grunde seit Beginn der Neuzeit verloren haben: Was ein Mensch ist, lässt sich nicht schon durch seine Aktivität, durch das, was er selber erarbeitet, produziert und schafft, begreifbar machen. Er lässt sich nicht als Täter definieren. Sein Recht, für das Gott einzustehen verspricht, steht in einem schlechthin ausschließenden Gegensatz zu den Vermögen seiner eigenen Produktivität: „Wir wollen nicht mehr zu den Werken unserer Hände sagen: Ihr seid unser Gott!" (Hosea 14,4) Das Kennzeichen der vita *passiva*, *ihr* Vermögen, das sie in einzigartiger Weise dem Werk Gottes und *seiner* Zukunft geöffnet sein lässt, ist daher die Hoffnung. Denn Hoffnung, die sich auf einen – nun nicht bloß gedachten oder erträumten, sondern auf den – uns real gegenüberstehenden Gott richtet, ist eine Weise der Wahrnehmung, die dem Zeitsinn der vita *activa* verschlossen bleibt. Sie hat alle Brücken zum menschlichen „Werk" abgebrochen. Die Frage nach Gott lässt sich offenbar nicht an jedem beliebigen Ort zur Klarheit bringen, nicht im Gegenstandsbereich der Physik und auch nicht in dem der Philosophie. Vor allem aber lässt sie sich abstrakt, unter Absehung der Tatsache, dass schon in die Frage wir selbst mit hineingehören, nicht einmal stellen. Es müsste also das Wunder geschehen, dass Gott sich, mit Barth gesprochen, „ereignet", dass er wie eine große Liebe oder wie eine Befreiungstat in unser Leben tritt, unserm Fühlen, Wollen und damit auch unserm Denken zum Ereignis wird. Der Glaube hat ein *Gegenüber*, er ist kein psychologischer Begriff.

Dietrich Bonhoeffer hat auf den nachdenkenswerten Tatbestand aufmerksam gemacht, dass bei Paulus die Formulierung „ich glaube", „mein

---

7 *Kleiner Galater-Kommentar*, WA 40 I, 41.

Glaube" niemals vorkommt, geschweige denn die modernen Wendungen
„persönlicher Glaube", „persönliche Entscheidung für Jesus", „freie Entscheidung des Einzelnen", die dem biblischen Begriff „fast unmerklich eine
Wendung [geben], die ihm fremd ist". Umso auffallender ist demgegenüber
der „absolute Gebrauch des Substantivs": „der Glaube kam", „der Glaube
wurde offenbart" (Gal 3, 23.25), Formulierungen, die ihn als ein Ereignis,
als Gnade oder Geschenk zu verstehen geben, „durch welche das Ich gerade
ganz aufgehoben" oder eben ganz neu begründet zu sein scheint. Bonhoeffer
interpretiert: „Der Glaube ist geradezu der theologische Terminus, der die
reine Passivität des Menschen im Empfangen des Heils bezeichnet. Darum
ist ‚Rechtfertigung aus Gnaden allein' dasselbe wie ‚Rechtfertigung aus Glauben allein'."[8]

Nun sind die Worte „Gnade" und „Glaube" längst ebenso zu Fremdwor-
ten unserer Sprache geworden wie das Wort „Gott". Man kann sie nicht durch
externe Beweise und Gründe (etwa aus der Naturwissenschaft) zur Klarheit
bringen, sowenig man die Existenz Gottes zu einer experimentell entscheid-
baren Streitfrage machen kann (man müsste Gott denn zuvor zu einem Gegenstand der Physik erklärt haben). Redet der Glaubende von Gott, so wählt
er die Form des Rühmens, Klagens, Bittens oder Lobens. Diese Sprach- und
Lebensmuster stehen dem Agnostiker jedoch nicht zur Verfügung. Für ihn
ist Gott ein „Vielleicht". Bitten, Danken oder Loben aber kennen kein Vielleicht. Deshalb sagt Wittgenstein zu Recht: Der Agnostiker verwendet das
gleiche Wort wie der Gläubige, aber in völlig verschiedener Weise; beide
meinen jeweils etwas anderes. Auch für das religiöse Sprechen, insbesondere für das Reden von Gott gilt daher: Erst ihr Gebrauch, ihre Einbettung in
Lebensformen und Lebensmuster gibt den entscheidenden Hinweis darauf,
was sie bedeuten, d.h. auf das, was hier jeweils gemeint ist und was sie jeweils
wahr macht. Dabei erweist sich die Idee des Bildes (sei es ein Welt- oder Got-
tesbild) im Grunde als unbrauchbar. Hier handelt es sich um Vorstellungen,
die in Zusammenhänge hineingetragen oder -gelesen werden, in denen ich
selbst gar nicht antreffbar bin. Vielmehr kommt es in jedem Einzelfall darauf
an, wie wir mit einem Versprechen, einer Bitte oder einem erhörten Gebet
umgehen, in welcher der vielfachen möglichen Rollen sie sich unserem Leben einschreiben. Eine bloße „Vermutung wird, wenn sie denn wahr wird,
eben anders wahr als ein Versprechen – und ganz anders wiederum als das,

8 Dietrich Bonhoeffer, Theologisches Gutachten zur Tauffrage (1942), in: ders., *Konspiration und Haft 1940-1945 (DBW 16)*, Gütersloh 1996, 563-587, 570f.

was wir von Gott erbitten".[9] Durch die ganze Bibel hindurch zieht sich die Frage nach dem Kriterium des Glaubens und des Erkennens. Nirgends wird sie so beantwortet, dass gesagt wird, woran man sieht, dass es stattgefunden hat und zum Ziel gekommen ist. Doch immer wenn eine *Geschichte* erzählt wird von Menschen, die fragen, zweifeln, bitten oder danken, weiß man: Hier ist es geschehen. Ich will daher die Metapher des Kommens, des Sich-Ereignens aufnehmen und daran erinnern, dass Paulus die Rechtfertigung (und den damit verbundenen Glauben) am Beispiel von zwei Geschichten erläutert, der Geschichte Abrahams und der Geschichte Jesu Christi. Um deren Bedeutung sichtbar zu machen, beginne ich mit einem Kontrast, einer Gegengeschichte, die am Anfang unserer Bibel steht, der Geschichte von Kain und Abel.

Wir begegnen hier zwei Menschen, die sich mit dem Einsatz ihrer besten Absichten auf die Seite Gottes schlagen möchten und es doch nicht vermögen. Kain, so heißt es, wollte von den Früchten des Feldes Gott ein Opfer darbringen, und sein Bruder Abel tut es ihm gleich. Sie versuchen, so erfolgreich, so ,produktiv' wie nur möglich zu sein, um die Gunst ihres Gottes zu gewinnen. Doch in der Logik des Opfers, der Logik der „guten Werke", liegt bereits das Verhängnis beschlossen, denn eine solche Logik entwickelt man nur jenseits von Eden. Es ist die Logik der Selbstbehauptung, die mich lehrt, meine Anerkennung durch die eigene Leistung unter Beweis zu stellen und den Bruder zu fürchten, der mir infolge *seiner* Tüchtigkeit den Platz an der Sonne Gottes streitig machen will, auf den ich selbst Anspruch erhebe. Ein Gespräch über diesen Konflikt kommt nicht zustande, und so entlädt sich die blockierte Sprache der Worte in der brutalen Ersatzsprache der Gewalt. Unmöglich scheint es zu sein, unter dem Druck der Konkurrenz auch nur die elementarste Forderung der Moral zu erfüllen, den Anderen neben sich gelten zu lassen. Und am schrecklichsten wird es, wenn wir auch Gott nur in der Sprache des „Du musst" und „Du sollst" zu uns reden hören. Das ist die Situation, die Paulus in Röm 7,7f. beschreibt: „Ich lernte die Sünde nicht kennen außer durch das Gesetz. Das Gesetz, das zum Leben führen sollte, gerade das gereicht mir zum Tod." Hier wird das ganze Ausmaß der Gottesferne sichtbar. Die guten Weisungen des Bundes, die „meines Fußes Leuchte und ein Licht auf meinem Wege" (Ps 119,105) sein könnten, sind zu Vorschriften einer Moral geworden, die mich einengen und mich zuletzt

---

9 Andreas Krebs, *Halbes Sagen, halbes Verstehen*, in: Margarete Frettlöh (Hg), *Tastend von Gott reden*, Zürich 2013, 58.

nur um mich selbst kreisen lassen. Luther spricht vom „homo *incurvatus* in seipsum". – Und nun das *Gegenbild!*

Abrahams Geschichte ist das alttestamentliche Paradigma der Rechtfertigung. Er „*glaubte* an Gott, und das rechnete er ihm zur Gerechtigkeit an" (Gen 15,6). Er war, so das paulinische Echo, „völlig überzeugt, was Gott verheißen habe, das vermöge er auch zu tun (Röm 4,21). Was heißt hier „glauben"? Sicher nicht, die unwahrscheinlichsten Dinge für möglich zu halten nach dem Motto: „Ach so, das glaubst du nur!" Ihm, Abraham, hat sich Neuland erschlossen, das er dann auch betritt, keine Fatamorgana, keine bloße Möglichkeit, sondern eine *Perspektive*, die ihn auf die Zusage Gottes als auf etwas ganz *Reelles* sich einstellen lässt. Der biblische Glaube, so hat Dietrich Ritschl zureffend formuliert, ist „das Drin-Stehen und Bleiben in einer Geschichte und der ihr gemäßen Lebenshaltung".[10] Er orientiert sich an bestimmten Wegen, die Israel oder auch die Kirche gegangen sind und die ohne das Wort „Gott" ebenso unverständlich bleiben müssten wie etwa der theologisch motivierte Widerstand im Dritten Reich. So hat auch der biblische Glaube zunächst nichts mit dem Akzeptieren „übernatürlicher" Einsichten oder Wahrheiten zu tun, auch nichts mit dem Für-wahr-Halten kirchlicher Überlieferungen oder dogmatischer Lehrsätze. Er ist im Sinn der meisten biblischen Schriften tatsächlich „nur" ein Mitgehen, ein Auf-dem-Weg-Sein, darin allerdings eine reale Veränderung der ganzen menschlichen Situation, so wie wir es heute in den Entscheidungen im Zusammenhang der Möglichkeiten medizinischer Sterbehilfe oder des humanitären Engagements angesichts wachsender Flüchtlingsströme erfahren. Abrahams Geschichte weist nach vorn, in die von Gott als Wirklichkeit ihm vor Augen gestellte Zukunft. Nicht die Fortsetzung seiner eigenen Vergangenheit, nicht die Festlegung auf das Bild des Gewesenen, sondern die Überbietung all dieser Bilder durch das noch nie Dagewesene, unmöglich Erscheinende bestimmt ihren Richtungssinn. Gott hat ihm seinen Geschichtsplan angedeutet, ihn zum „großen Volk" zu machen – Paulus interpretiert mit philosophischer Prägnanz: „dem Nichtseienden [dem, was noch *nicht* war], zu rufen, dass es sei" (Röm 4,17) – und diese Zumutung, sich vom Gesetz des Weltlaufs, der uns bestimmenden Kraft des Faktischen zu lösen, ist der einzige Anspruch, den diese Geschichte an ihn stellt. Abraham hat sich auf neue Verhältnisse eingestellt und damit hat er sich nach dem Urteil der Bibel in das allein richtige Verhältnis zu Gott gesetzt: er hat geglaubt. Denn der Glaube ist, wie hier exemplarisch sichtbar

---

10 Dietrich Ritschl, *Zur Logik der Theologie*, München 1984, 55.

wird, ein *Relations*begriff, er lebt in und aus dem Verhältnis zu einem *anderen* (wie Liebende im Überschwang wohl sagen mögen: ‚Ich glaube an Dich‘). Abraham hat seinen geschichtlichen Weg an eine *fremde*, von ihm selbst gar nicht zu garantierende Bedingung, gebunden, nämlich an den „anderweitig als durch sein Wort *nicht* garantierten Gott" (Barth). Er lässt sich neu in die Welt einweisen. Diese Geschichte, erklärt Paulus (Röm 4,23), ist „unsertwegen" aufgezeichnet, als Vorspiel zu einer anderen Geschichte, in welcher der Glaube an das Vermögen Gottes uns zugute kommt, uns in einen neuen Status versetzen soll.

Es ist dies der im Neuen Testament nacherzählte Weg Jesu. Auch hier geht es um die Endeckung und Erschließung von Neuland, und zwar zunächst – scheinbar sehr vordergründig – in unserer Alltagswelt. Da wandert Jesus mit seinen Jüngern am Sabbat durchs Ährenfeld, sie fangen an Ähren abzureißen, davon zu essen und werden von einigen Pharisäern zur Rede gestellt: Wie kommt ihr dazu, das Sabbatgebot zu übertreten? (Mk 2,23ff.) Die berühmte Antwort Jesu lautet: „Der Sabbat ist um des Menschen willen geschaffen, nicht der Mensch um des Sabbats willen!" Das Sabbatgebot wird hier gleichsam an seinen Ursprung zurückgeholt, dorthin, wo es um das *Recht* des von Gott bejahten Menschen geht; genauer: Es wird an einer Einrichtung gemessen, über die der Mensch nicht verfügt, einem Angebot der Schöpfung Gottes, das ihn von der Arbeit und Mühe seiner Werktage freistellen und damit seiner Lebensnot, der permanenten Sorge für den kommenden Tag, abhelfen will. Über dem Sabbat bricht gleichsam das Licht des ersten Schöpfungstages in die Alltagswelt ein und mit ihm die Verheißung der *Freiheit* der Kinder Gottes, zu der auch er, der *homo faber* berufen und bestimmt ist. Ihm öffnet sich eine bislang verschüttete Dimension seiner Lebenswirklichkeit, das *Dürfen* gegenüber dem Sollen, eine Freigabe, über der schon der Glanz der Basileia Gottes liegt. Sie ist es, die das verabsolutierte, von seinem Ursprung längst losgelöste Sabbatgebot relativiert, ja außer Kraft setzt. Hier wird dem Menschen sein *kreatürliches* Recht zurückgegeben, hier wird er mitsamt den Jüngern Jesu von Gott selbst ins Recht gesetzt. Und was sollte ihm nun anders übrig bleiben, als von dieser, ihm von Christus eröffneten Freiheit tatsächlich Gebrauch zu machen, das heißt zu glauben! Als derart Gerechtfertigter, sagt Luther, kommt er jedoch *nicht* als der homo faber, der er *ist*, sondern gerade *vor* allem Handeln als ein „Werdender und Seiender" in Betracht, und darum als ein „außerhalb" seiner selbst (extra se) und eben so als ein *passiv* Gewordener. Er wird *nicht* erst durch sein Tun zu dem, der er nun ist. Er hat einen neuen Status bekommen. Was also heißt *glauben*? Es heißt, sich auf den Weg mitnehmen lassen, der ihm hier eröffnet wird. Glaube ist „ein Aus-sich-Herausgehen ohne Ende. Er kennt kein Zurück"[11], denn er ist immer schon bei dem, der ihn auf diesen Weg gebracht hat. „Gott und wir", schreibt Luther, sind „kraft ein und derselben Gerechtigkeit gerecht, wie auch Gott mit demselben Wort *schafft*, und wir das *sind*, was er schafft – so dass wir in ihm sind und *sein* Sein *unser* Sein ist."[12]

Glaubend leben wir von dem Recht, das ein anderer uns verschafft, d.h. von der *fremden* Gerechtigkeit Gottes, so dass man nun auch sagen kann, ja sagen muss: Glauben heißt, einen anderen, nämlich Christus, den Deus incarnatus, für sich da sein lassen. Der Glaubende lebt vom fremden Recht, er kommt von außen zu sich. So verstanden ist das „sola fide" das *notwendige* Echo des „solus Christus", die subjektive Entsprechung dessen, dass niemand da ist, dessen Recht „in ihm [Christus] nicht aufgerichtet, gültig und für immer begründet wäre", niemand also, „der sich dieses Recht erst selber erwerben und aneignen müsste", und deshalb auch niemand, „für dessen Vergangenheit und Zukunft und also für dessen Gegenwart *er* nicht einträte".[13] So lebt der Glaubende aus dem Vorgriff auf eine Welt, die das Werk Gottes ist und nicht mehr das des Menschen, er richtet sich auf die Zukunft einer versöhnten Welt, für die (und um deretwillen) Christus gestorben ist. Er lässt sich von Gott ins Recht setzen; er gibt Gott Recht. So und *nur* so gehören nach Luther „die zwei" zusammen: „Glaube und Gott". Einer Zeit, in der allein das autonome Können und Machen über den Wert und damit zuletzt über die Identität des Menschen entscheiden, wird hier ein Angebot unterbreitet, das den Perfektionszwang unserer Gesellschaft, wenn schon nicht brechen, so doch hilfreich in Frage stellen könnte.

Denn das ist die Situation des Glaubens: allein vor Gott und nicht vor der Meinung der Zeitgenossen, der Überlieferung der Kirche, ja nicht einmal vor dem eigenen Gewissen zu stehen. Glauben heißt, so verstanden, aus jedem „religiösen" Raum herauszugehen, so wie Luther im Zeichen der Rechtfertigung das Kloster verlassen hat. Was das bedeutet, hat in unübertroffener Klarheit Bonhoeffer ausgesprochen, und ich kenne keine überzeugendere Beschreibung des „sola fide" als seine im Gefängnis niedergeschriebenen Sätze:

---

11 Eberhard Jüngel, *Gott als Geheimnis der Welt*, Tübingen 1977, 224.
12 *Operationes in Psalmos*, WA 5 144.17.
13 Karl Barth, *KD IV/1*, 704.

„Später erfuhr ich und erfahre es bis zur Stunde, dass man erst in der vollen Diesseitigkeit des Lebens glauben lernt. Wenn man völlig darauf verzichtet hat, aus sich selbst etwas zu machen – sei es einen Heiligen oder einen bekehrten Sünder oder einen Kirchenmann (eine sogenannte priesterliche Gestalt!), einen Gerechten oder einen Ungerechten, einen Kranken oder einen Gesunden – und dies nenne ich Diesseitigkeit, nämlich in der Fülle der Aufgaben, Fragen, Erfolge und Misserfolge, Erfahrungen und Ratlosigkeiten leben – dann wirft man sich Gott ganz in die Arme, dann nimmt man nicht mehr die eigenen Leiden, sondern das Leiden Gottes in der Welt ernst, dann wacht man mit Christus in Gethsemane, und ich denke, das ist Glaube, das ist ‚Metanoia'; und so wird man ein Mensch, ein Christ (vgl. Jer 45!)".[14]

Glaube als „Wachen mit Christus in Gethsemane": das ist eine Beschreibung, die die Theologie angesichts des Leistungsprinzips unserer Gesellschaft hellsichtig machen müsste gegen den blinden Fortschrittsglauben unserer heutigen Welt, der sie an dem Sinn und an der Bestimmung ihres Tuns immer mehr zweifeln lässt. Ob sie damit schon über die Reformation hinausgeht, lasse ich dahin gestellt sein. Jedenfalls ist sie eine notwendige Erinnerung an ihren Auftrag, dem sich Karl Barth verpflichtet wusste.

---

14 Dietrich Bonhoeffer, *Widerstand und Ergebung (DBW 8)*, Gütersloh 1998, 542.

Wolf Krötke

„Es läßt sich nicht scherzen mit der Reformation".

Impulse Karl Barths für die Reformation der Kirche heute

Reformation und Reform – zwei unterschiedliche Perspektiven

Worin müsste die „Reformation der Kirche *heute*" eigentlich bestehen? Das ist die Frage, die sich im Grunde jedem aufdrängt, der wahrnimmt, wie die Evangelische Kirche in Deutschland mit großem Aufwand und Eifer nun schon seit ein paar Jahren auf das Reformationsjubiläum im Jahre 2017 zugeht. Dass dieses Jubiläum nicht nur ein Exerzitium der Vergangenheit sein soll, darin sind sich alle einig, obwohl diese Vergangenheit sich natürlich kräftig zu Worte meldet und das Erinnern nun einmal zu einem solchen Jubiläum gehört. Aber ob sich bei diesem Erinnern auch herausschält, was der Kirche *als Kirche* der Reformation *heute* eigentlich *Not tut*, lassen schon die „Perspektiven für das Reformationsjubiläum" fragen, die ein „wissenschaftlicher Beirat" des Kuratoriums für dieses Jubiläum erarbeitet hat. Der damalige Ratsvorsitzende hat sie als eine „gute Grundlage für die Vorbereitung" auf dieses Ereignis bezeichnet.[1] Sind sie das?

Von der Erneuerung *der Kirche* als reformatorischer Kirche *heute* liest man in diesen Perspektiven jedenfalls kein Wort. Denn es handelt sich hier um „unterschiedliche Perspektiven" politischer, wirtschaftlicher, kultureller und dann auch „religiöser" Art, aus denen die Reformation und ihre Wirkungen wahrgenommen werden sollen. Dementsprechend steht die Aufgabe

---

1 *Perspektiven für das Reformationsjubiläum 2017. Thesen des Wissenschaftlichen Beirates der Lutherdekade,* http:www.luther2017.de/sites/default/files/downloads/perspektiven-lutherdekade.pdf (01.01.2014), zum Geleit.

an, „die Relevanz, die die Reformation weit über Theologie und Kirche hinaus für die unterschiedlichen Bereiche unserer gegenwärtigen Kultur besitzt,
herauszustellen und nach deren Deutungspotential in einer von Individuali-
sierung, Pluralisierung und Globalisierung bestimmten Zeit zu fragen" (These 20). In *diesem* Horizont wird gewürdigt, dass die Reformation „im Kern
religiöser Natur war"; freilich auf spezifische Weise. „Es ging ihr um das
Verhältnis des Menschen zu Gott, zu sich selbst, zu den Mitmenschen und
zur Welt". Die „religiöse Natur" der Reformation wird also aus anthropolo-
gischer und zwar aus *individual*-anthropologischer Perspektive beschrieben.
Die Reformation, heißt es, habe „den allein durch Christus gerechtfertigten
Menschen (!) als unmittelbar vor Gott stehende Person" entdeckt und damit
seine Würde als Person und seine Freiheit (These 8). Diese Freiheit hat sie
dann auch „für das Verständnis der Kirche zur Geltung gebracht, indem sie
die Kirche im Sinne des Gedankens von der Priesterschaft aller Getauften
als Gemeinschaft aller ihrer Glieder ohne hierarchische Abstufung verstand
und Unterschiede in ihr nur als Unterschiede der Funktionen für legitim
hielt" (These 9).

Genau mit dieser Argumentation kommt auch der im vorigen Jahre erarbeitete „Grundlagentext des Rates der Evangelischen Kirche in Deutschland"
auf die Kirche zu sprechen (vgl. 90f.).[2] Weil vor Gott „alle Christen gleich"
und „unmittelbar vor Gott" sind, können alle im Prinzip Sünden vergeben,
verkündigen, Sakramente verwalten und „vom Evangelium reden". „Nur um
der Ordnung willen gibt es Pfarrerinnen und Pfarrer", denen auf Grund ihrer
Qualifikation das Amt der Wortverkündigung und der Sakramentsverwaltung
von der Gemeinde übertragen wird.[3] Was das alles für die Kirche heute bedeutet, aber wird nicht gefragt. Denn dieser an sich durchaus beachtliche
„Grundlagentext" bewegt sich in einer Hinsicht erkennbar in den Bahnen
dessen, was in den „Perspektiven für das Reformationsjubiläum" als „religiöser Kern" der Reformation ausgegeben wurde. Das Resümee der Bemühung
um die Bedeutung der Rechtfertigungslehre für heute lautet nämlich auch
hier: „Bei der Reformation ging es im Kern um das Verhältnis von Gott und
Mensch – und damit um die stets aktuelle Frage, wie der Mensch sich selbst
verstehen solle".[4]

---

2 Vgl. *Rechtfertigung und Freiheit. 500 Jahre Reformation 2017. Ein Grundlagentext des
   Rates der Evangelischen Kirche in Deutschland*, Gütersloh 2014.
3 Vgl. *a.a.O.*, 90f.
4 *A.a.O.*, 107.

Es ist darum nicht recht verständlich, warum zwei Mitglieder jenes Beirates (Heinz Schilling und Thomas Kaufmann) sich in der „Welt" vom 24.05.2014 giftig und bissig von jenem „Grundlagentext" distanziert haben. Hier solle – sagen sie – mit einem geradezu „heilsgeschichtlichen Programm" der „Erinnerung an die Reformation glaubensweckende Kraft" zugeschrieben werden. Es werde nicht beachtet, dass das „„Religiöse' im 16. Jahrhundert aufs Engste mit dem ‚Politischen', ‚Ökonomischen', ‚Sozialen' und ‚Rechtlichen' verzahnt" war. Die Evangelische Kirche in Deutschland zimmere hier eine „religiöse Reformation" aufgrund einer langweiligen „dogmatischen Geschichtsdeutung" unter der Leitvorstellung der fünf Exklusivaussagen *solus Christus, sola gratia, solo verbo, sola scriptura* und *sola fide*, die gar nicht ursprünglich reformatorisch waren, sondern erst im 19. Jahrhundert zum Kanon des Reformatorischen erhoben wurden.

Diese Kritik, welche es der Kirche verübelt, dass sie sich auf die sie selbst betreffenden Grundlagen der Reformation besinnt, ist abseitig. Jener „Grundlagentext" bemüht sich redlich, die für die Kirche wesentlichen reformatorischen Grundeinsichten darzustellen und aufzuweisen, welche Bedeutung sie heute in der leistungsorientierten pluralistischen Gesellschaft gewinnen können. Wer die in der Tat spätere Systematisierung des Reformatorischen unter der Leitvorstellung der fünf Exklusivaussagen kritisieren will, macht sich selbst beweispflichtig, inwiefern diese Exklusivaussagen unzutreffend sind. Dazu äußern sich die beiden Kritiker nicht. Das ist schade. Denn sowohl die „Perspektiven für das Reformationsjubiläum" wie der „Grundlagentext" stimmen in einem entscheidenden Punkt zusammen. Das ist das individualisierende Verständnis des „Kerns" der Reformation.

Eine derartige „Engführung" des Verständnisses des Wesens der Reformation war – um jetzt schon einmal Karl Barth ins Spiel zu bringen – unter anderem der Grund, warum Karl Barth die Rechtfertigungslehre nicht als *articulus stantis et cadentis ecclesiae* verstanden wissen wollte. Sie verengt nach seinem Urteil die Wahrnehmung dessen, was Jesus Christus für Menschen bedeutet, auf den Gesichtspunkt, wie wichtig er für das persönliche Heil des einzelnen Menschen ist. Deshalb hat Barth nicht die Rechtfertigungslehre als solche, sondern ihren „Grund" und ihre „Spitze", nämlich „das Bekenntnis zu *Jesus Christus*", als Artikel verstanden, mit dem die Kirche steht und fällt.[5]

---

5 Vgl. Karl Barth, *Die Kirchliche Dogmatik IV/1, Die Lehre von der Versöhnung*, Zürich 1960, 588. – Verweise auf die Kirchliche Dogmatik werden im Folgenden mit der Abkürzung KD in Klammern in den Text eingefügt.

Eberhard Jüngel hat das kritisiert. Es sei doch gerade die „Funktion der Rechtfertigungslehre [...], das Sein Jesu Christi für uns, an uns und mit uns anzusagen".[6] Das ist natürlich richtig. Aber das „Sein Jesu Christi" besteht nach Barth eben nicht nur darin, dass er Menschen in seinem *hohenpriestlichen Amt* ohne ihre Werke *rechtfertigt*. Gleichursprünglich *heiligt* er uns in seinem *königlichen Amt* zum Tun des Willens Gottes; und gleichursprünglich macht er Menschen in seinem *prophetischen Amt* zu *Zeugen* seiner selbst in der Gemeinschaft der Glaubenden und Geheiligten. Wie wichtig diese Breite des Verständnisses des Seins Jesu Christi für uns bleibt, zeigt unfreiwillig eine Passage aus dem Grundlagentext der Evangelischen Kirche in Deutschland ausgerechnet bei der Darlegung des „*sola fide*".

Entsprechend dem individuellen Verständnis der Rechtfertigung wird konstatiert, dass es für uns verborgen bleibe, ob ein Mensch wirklich glaubt oder nicht. Das ist natürlich richtig. Aber dem wird hinzugefügt: Wie sehr ein Mensch „sich kirchlich engagiert oder ob er sich nicht engagiert, sagt nichts (!) über seinen Glauben aus. [...] Volkskirchliche Strukturen tragen diesem Sachverhalt theologisch Rechnung. Sie ermöglichen unterschiedliche Beteiligungsformen und -intensitäten in der Kirche und beurteilen nicht, ob ein Mensch genug glaubt, um dazuzugehören".[7] Damit wird unter der Hand nicht nur die Bedeutung des Priestertums aller Glaubenden marginalisiert. Vor allem wird ein Kirchenmodell mit der Rechtfertigungslehre theologisch sanktioniert, von dem einerseits fraglich ist, ob es als solches im Dienste der Reformation der Kirche heute steht oder stehen kann und das sich andererseits in einer manifesten Krise befindet.

Diese Krise ist schlicht damit gegeben, dass – wie immer „Volkskirche" des Näheren definiert wird – es sich um eine *Flächenkirche* handelt, die an Wohnorten präsent ist. Diese ererbte Struktur aber zerbröckelt, je weniger „Volk" zur Kirche in diesem Sinne gehört. Eine solche Entwicklung vollzieht sich derzeit. Das braucht nicht lange ausgemalt zu werden. Die Zahl die Mitglieder der Evangelischen Kirche nimmt beständig und sogar dramatisch ab. Schuld daran ist ein ganzes Gemisch von Gründen. Die demographische Entwicklung der Überalterung der Gesellschaft dezimiert auch die Kirchen, deren Glieder sterben, ohne dass eine heranwachsende Generation ihren Platz hinreichend besetzt. Säkularistische, aber auch religiös flottierende

---

6 Eberhard Jüngel, *Das Evangelium von der Rechtfertigung des Gottlosen als Zentrum des christlichen Glaubens. Ein theologische Studie in ökumenischer Absicht*, Tübingen 1998, 24.
7 *Rechtfertigung und Freiheit* (Anm. 2), 91.

Lebenseinstellungen führen zu Entfremdung der Menschen von der Kirche. Im Osten Deutschlands gehört zur Evangelischen Kirche – verursacht durch den nachhaltigen Einfluss einer atheistischen Weltanschauungsdiktatur – nur noch eine kleine Minderheit der Bevölkerung von ungefähr 20 %. In Eisleben, der Geburtsstadt Luthers, sind es gerade einmal 7 % und in Wittenberg auch nicht viel mehr. Es entstehen in östlichen Landen immer mehr weiße Flecken auf der kirchlichen Landkarte.

Weiter westlich sind die Verhältnisse nicht so dramatisch, aber der Abwärtstrend hält auch hier an. Darum hat die Evangelische Kirche in Deutschland 2006 mit dem Impulspapier „Kirche der Freiheit" einen „Reformprozess" in Gang gesetzt, der darauf zielt, die Kirche für diese Situation zu rüsten. Es ist jetzt unmöglich zu diskutieren, was da alles auch durchaus Sinnvolles vorgeschlagen wurde und wie dieser „Prozess" sich ausgewirkt hat und auswirkt. Beachtet werden aber muss, dass mit dem Motto „Kirche der Freiheit" ausdrücklich an den Geist der Reformation angeknüpft und insofern auch eine Erneuerung der Kirche in diesem Geiste irgendwie angestrebt werden soll. Denn „Freiheit" gilt so, wie das Zugehen auf das Reformationsjubiläum in der Evangelischen Kirche in Deutschland und in den Landeskirchen profiliert wird, als das eigentlich „Reformatorische" in der freiheitlichen, pluralistischen Gesellschaft.

Die Frage ist nur: Freiheit wozu? Antwort: Die „Kirche der Freiheit", die in jenem Impulspapier als „offen, einladend, weltverantwortlich und kulturorientiert" charakterisiert wird, stärkt „das Christentum" nach dem Kirchenmodell von Dietrich Rössler in „dreifacher Gestalt": nämlich als *„kirchliches Christentum"*, als *„öffentliches Christentum"* in „kulturellen Zusammenhängen" und als *„individualisiertes Christentum"* in unterschiedlichster „privater Frömmigkeit".[8] Das bedeutet, diese Kirche gewährleistet, dass es eine „allgemeine Zugehörigkeit" (!) zur Kirche geben kann, die weder mit einer „bestimmten Gemeinde noch einem bestimmten kirchlichen Angebot" etwas zu tun hat.[9] Dementsprechend soll die kirchliche Aktivität nur noch zum Teil von den „Kirchenchristen" – sprich: von den Gemeinden – ausgehen, sondern von Angeboten, welche die Institution Kirche organisiert, ohne Menschen auf die Gemeinde zu orientieren.

---

8   *Kirche der Freiheit. Perspektiven für die Evangelische Kirche im 21. Jahrhundert. Ein Impulspapier des Rates der EKD*, Hannover 2006, 44.

9   *A.a.O.*, 38 f.

Es ist kein Zweifel, dass diese Vorstellung von der „Kirche der Freiheit" den faktischen Zustand der Evangelischen Kirche im Ganzen als einer religiöse Angebote verwaltenden Institution spiegelt. Aber eine „Reform", die regelrecht *anstrebt*, ein „Kulturchristentum" zu befördern, das sich an Nebenerscheinungen des christlichen Glaubens delektiert, kann nicht ernstlich die Reformation für sich in Anspruch nehmen, der es um das Wesen des christlichen, biblischen Glaubens ging. Indem sie ein „Privatchristentum" päppelt, das sich – mit Ulrich Beck zu reden – irgendeinen „eigenen Gott" zusammenbastelt,[10] dient sie schwerlich der „Transformation" des reformatorischen Glaubens in unsere Zeit, welcher an seiner Zukunftskraft Teil hat. Der „Reformprozess", der sich in der geschilderten Weise mit Jubiläumsfeiern von der Reformation entfernt, braucht darum Impulse, die ihn wirklich reformatorisch sein lassen. Ob solche Impulse von der Theologie Karl Barths heute ausgehen bzw. ausgehen können, ist allerdings gar nicht so sicher.

Umstrittener Anfang

Wenn wir nach „Impulsen" fragen, die Karl Barth der Reformation der Kirche heute geben kann, dann geht es nicht um so etwas wie eine spezifische Reformationstheorie und schon gar nicht um Anweisungen für Reformationsjubiläen. Denn als reformatorisch und also darum als impulsgebend für die Reformation der Kirche hat Barth sein theologisches Denken *durchgehend* verstanden. Das Motto unsere Tagung: „immer neu mit dem Anfang anfangen", gibt – unter Aufnahme einer immer wieder begegnenden Lieblingsformulierung von Karl Barth[11] – zutreffend wieder, was damit gemeint ist. Reformatorisch denken, heißt, nicht aufzuhören mit dem Anfang anzufangen, den Gott mit der Menschheit in Jesus Christus und in Israel gemacht

---

10 Vgl. Ulrich Beck, *Der eigene Gott. Von der Friedensfähigkeit und dem Gewaltpotential der Religionen*, Frankfurt/Main 2008, 114-122.

11 In Karl Barths Auslegung der 6. These der Barmer Theologischen Erklärung aus dem Jahre 1947 wird die Freiheit der Christenheit programmatisch so beschrieben, dass sich Christen getrauen, „allen weltlichen und kirchlichen Verstrickungen und Verklammerungen zum Trotz […] mit dem Anfang anzufangen (der Jesus Christus heißt), als wäre es noch nie geschehen, in Leben, Lehre und Ordnung der Kirche und in ihrem Verhältnis zur Welt […] voranzugehen […] und nicht mehr hinter sich zu blicken", Karl Barth, *Die Botschaft von der freien Gnade Gottes*, in: Martin Rohkrämer (Hg.), *Texte zur Barmer Theologischen Erklärung. Mit einer Einleitung von Eberhard Jüngel und einem Editionsbericht*, Zürich 1984, 156.

hat, ja kraft seines Geistes nicht aufhört zu machen. Der Satz des Jodocus von Lodenstein (1620-1677) von der *ecclesia semper reformanda* gehört darum zum Kernbestand von Barths theologischem Denken.

Diesen Satz unterschreiben denn auch *cum grano salis* alle, die sich das Anliegen der Reformation des 16. Jahrhunderts zu eigen machen, die Kirche von der Zuwendung Gottes zur Menschenwelt her zu gestalten, wie sie in der Bibel bezeugt wird. Selbstverständlich berufen sich auch die, die das Wesen der Reformation darin sehen, Menschen ein neues Selbstverständnis zu eröffnen und unter Berufung auf die „Volkskirche" eine „allgemeine Zugehörigkeit" von Menschen zur Kirche zu befördern, auf diesen Anfang. Dass sie dabei so gut wie nicht auf Karl Barth hören – obwohl zwischendurch immer einmal ein Barmen-Jubiläum begangen wird – hängt jedoch damit zusammen, *wie* Barth in ihrer Wahrnehmung (!) diesen Anfang verstanden und interpretiert hat; nämlich so, dass Menschen hinter ihm heute nur schwer hinterherzukommen vermögen, ja, dass er sperrig und inkommunikabel, steil und unzeitgemäß sei.

In dem berühmten Vortrag „Reformation als Entscheidung" vom 10. November 1933 in der Berliner Singakademie sagt Barth das sogar selber. Es könnte sich, gab er da zu erwägen, bei jenem Anfang Gottes um etwas handeln, dem

> „die europäische Menschheit [...] nicht gewachsen ist", mit dem wir (d.h. die deutschen Kirchen) „nichts anzufangen wissen, weil es eine untragbare Zumutung für uns bedeutet, weil es einen Glauben von uns verlangt, den wir nicht aufbringen können, weil es dem nicht gerecht wird, was nun einmal unser Anliegen ist".[12]

In jenem Vortrag hatte Barth angesichts dessen, wie die „Deutschen Christen" den Anfang Gottes in ihre Vorstellungen von einem völkischen, deutsch-nationalen Christentum einspeisten, nämlich geradezu eingehämmert, dass er eine *Entscheidung Gottes* über Menschen sei, die gänzlich außerhalb des Menschenmöglichen liege. Man kann sie nicht „durch neue Entscheidungen überholen, korrigieren und geradezu ersetzen".[13] Für die Kirche bleibt hier nur eines: „Wiederholung und Bestätigung".[14] Das heißt: „Wiederholung und Bestätigung" dessen, dass Gott zu uns „einmal für alle-

---

12 Karl Barth, *Reformation als Entscheidung* (1933), in: ders., Vorträge und kleinere Arbeiten 1930-1933, Zürich 2013, 516-552, 547.
13 *A.a.O.*, 534.
14 *A.a.O.*, 535.

mal" durch die Schrift" und *nur durch sie* zu uns redet, dass wir unfähig sind, uns selbst zu Gott in Beziehung zu setzen, dass uns allein Christus vor Gott rechtfertigt und dass Gott in seiner freien, doppelten Prädestination definitiv über uns entschieden hat.[15]

Im Sinne heutiger political correctness wird Barth im Großen und Ganzen recht gegeben, dass er mit solch wuchtigen theologischen Grundsätzen half, die „Deutschen Christen" zurückzudrängen und eine Bekennende Kirche ins Leben zu rufen. Trotzdem mehren sich nicht erst seit heute die Stimmen, welche die grundsätzliche „Rücksichtslosigkeit", mit der Barth (wie er selber sagte[16]) das Einstimmen der Kirche in Gottes Entscheidung forderte, bedenklich finden. Dietrich Bonhoeffers Vorwurf des „Offenbarungspositivismus", der Menschen die christliche Botschaft unter der Devise „friß, Vogel, oder stirb" bloß vorsetzt,[17] steht im Raum, wenngleich Bonhoeffer 1933 selbst ein „Offenbarungspositivist" sondergleichen war. Sätze von Barth wie die, dass „die Kirche überhaupt nicht den Menschen und also auch nicht dem deutschen Volk zu dienen", habe,[18] gelten als nicht verallgemeinerungsfähig. Eine Kirche, die wie die unsere so sehr beunruhigt, dass sie eine Minderheit in der Gesellschaft ist und immer mehr wird, mag sich nicht mit dem Gedanken anfreunden, um der Wahrheit von Gottes Anfang willen lieber zu einem „kleinsten Häuflein" zu werden und in die „Katakomben" zu gehen.[19]

Die Frage nach den Möglichkeiten von Menschen, sich für Gottes Entscheidung zu öffnen, die Barth 1933 schon *als Frage* entschieden verneint hat, steht darum in Theologie und Kirche mitten im Zugehen auf das Reformationsjubiläum auf der Tagesordnung. Sie verschafft der Forderung des großen Kontrahenten von Barth in der Nazi-Zeit, Emmanuel Hirsch, den reformatorischen Glauben neuzeitlich „umzuformen", an den deutschen Theologischen Fakultäten deutlich Auftrieb. Unter Marginalisierung von Hirschs Rassismus und Antisemitismus hat sie die Tendenz, Gottes Anfang überhaupt nur noch in eine Möglichkeit von Menschen, sich selbst zu verstehen, einzureihen. Nicht Gott, sondern die „Religion" als menschliche

---

15 Vgl. *a.a.O.*, 536-539.

16 Vgl. *a.a.O.*, 548.

17 Dietrich Bonhoeffer, *Widerstand und Ergebung. Briefe und Aufzeichnungen aus der Haft*, in: Ders. *Dietrich Bonhoeffer Werke Band 8*, München 1998, 404, vgl. 415.

18 Karl Barth, *Theologische Existenz heute* (1933), in: ders., Vorträge und kleinere Arbeiten 1930-1933, Zürich 2013, 271-363, 326.

19 Vgl. *a.a.O.*, 324.

Möglichkeit ist dann das Thema der Theologie.[20] Dem ordnen sich heute
Stimmen in der deutschen systematischen Theologie zu, die eine „Entposi-
tivierung" und „Entsubstanzialisierung" der christlichen Theologie fordern.
Sie beanspruchen damit, *statt Gottes* mit ihrem eigenen religiösen Selbstbewusstsein in der Kirche selbst den Anfang zu machen.[21]

„Es ist nicht zu scherzen mit der Reformation" – hat Barth 1933 angesichts der in die Deutsche Evangelische Kirche eingedrungenen Irrlehre und
Praxis der „Deutschen Christen" gesagt.[22] Reformation bedeute angesichts
dieser Irrlehre, „die den Stempel der Verkehrtheit so deutlich auf der Stirn"
trug, dass es „in einer gesunden Kirche schon ein Konfirmand hätte merken
müssen"[23]: *Entscheidung zum Widerstand* dagegen! Steht eine solche Entscheidung, ein solches *steiles Verständnis der Reformation* auch heute an?
Können wir in dem Bemühen, einer dem Gottesglauben weithin entfremde-
ten, aber doch durchaus friedlichen Gesellschaft den Gottesglauben nahe zu
bringen, nicht auch auf „Freundlichkeit und Schmeicheln, Gefälligkeit und
Scherzen" (W. A. Mozart) setzen? Ein Playmobil-Luther ist immerhin besser als gar keiner und die an überdimensionale Gummibärchen erinnernden
Lutherfigürchen auf dem Wittenberger Marktplatz mögen vielleicht diesen
und jenen veranlassen, danach zu fragen, wer das denn war und was er wollte. Doch gehört es auch zu diesem Scherzen, wenn in Kirche und Theologie
begonnen wird, den Anfang, den Gott mit Menschen macht, in die Regie des
individualistischen „Selbstverständnisses" von Menschen zu nehmen und
ihn also in ihr eigenes Anfangen zu integrieren?

„Bescheidene" Reformation

Karl Barths Bemühen um ein Verständnis des Anfangs Gottes ist nicht bei
der kategorischen Abweisung aller menschlichen Möglichkeiten, sich diesen
Anfang zu erschließen, stehen geblieben. Diese Abweisung war in einer Zeit
nötig, in der sich der religiöse Anschluss an diesen Anfang mit einer die Kir-

---

20 Vgl. Ulrich Barth, *Gott oder Religion? Die religionstheoretische Bedeutung von Kants
    Destruktion der spekulativen Theologie*, in: Ders./ Wilhelm Gräb, *Gott im Selbstbewußt-
    sein der Moderne. Zum neuzeitlichen Begriff der Religion*, Gütersloh 1993, 11-34.
21 Vgl. die Schilderung dieses Trends durch Notger Slenczka, Flucht aus den dogmatischen
    Loci, *Zeitzeichen* 8 (2013), 45-48.
22 Karl Barth, *Reformation* (Anm. 12), 529.
23 Karl Barth, *Theologische Existenz* (Anm. 18), 334.

che zerstörenden, menschenfeindlichen Ideologie verband. Sie wird immer nötig, wenn die Kirche von außerhalb ihrer selbst *unter Druck* gerät, so dass ihr gar nichts anderes übrig bleibt, als sich auf das zu konzentrieren, was ihr Dasein allein begründet und rechtfertigt.

In erheblich abgeschatteter Weise bestand diese Nötigung auch in den Kirchen der DDR, die sich für ihren Weg als „Zeugnis- und Dienstgemeinschaft" deshalb nicht zufällig ziemlich weitgehend an Karl Barths Theologie orientierten.[24] Gerade in diesen Kirchen aber war die Frage, wie sie *dem Atheismus*, mit dem der sozialistische Staat die Menschen indoktrinierte und der zu einer massenhaften Gottesvergessenheit der Gesellschaft geführt hat, standhalten könne, unausweichlich. Deshalb wurde hier eine andere Dimension von Barths „mit dem Anfang anfangen" wichtig, als nur die Negation menschlicher Möglichkeiten, diesen Anfang in ihre eigenen Anfänge zu integrieren.

Diese andere Dimension begegnet in der „Kirchlichen Dogmatik" in Karl Barths Lehre von der Gnadenwahl, die er 1933 noch nicht ausgearbeitet hatte. Sie stellt eine Zäsur in der „Kirchlichen Dogmatik" dar, weil hier Gottes ewige Erwählung *aller Menschen* zur *Partnerschaft* mit Gott zum *cantus firmus* des theologischen Denkens Barths wird. Die Kritik an den menschlichen Bemächtigungen Gottes setzt damit nicht aus. Reformatorisches Denken ist per se *religionskritisches* Denken, das scharf unter die Lupe nimmt, was Menschen aus dem Anfang Gottes mit ihnen machen. Dabei bleibt es. Aber wenn *alle* Menschen als Partnerinnen und Partner eines Bundes Gottes mit ihnen verstanden werden, dann kann dieser Bund als *Erschließung von Möglichkeiten* für Menschen, zu Gott in Beziehung zu treten, verstanden werden. Dann sind selbst Menschen, die noch nie etwas von Jesus Christus gehört haben, nicht eine Nacht, in der alle Katzen grau sind. Dann sind gerade auch sie, weil Gott ihr „Freund, Bürge und Bruder" ist, „wertbeständig […] und immer neu interessant" (KD IV/3, 915f). Dann weist Gottes ewiger Anfang mit uns alle Menschen in das *wahrhaft Menschenmögliche* ein. Die Kirche aber ist die Gemeinschaft von Menschen, die beginnt, von dieser Einweisung Gebrauch zu machen.

Vor einigen Jahren ist hier auf dem Leuenberg nachgezeichnet worden, warum Barth deshalb die reformatorische Kirche als „vorläufige Repräsentantin der ganzen (!) in Christus versöhnten Menschenwelt" verstanden

---

24 Vgl. hierzu die Beiträge in: Michael Hüttenhoff/Henning Theißen, *Abwehr – Aneignung – Instrumentalisierung. Zur Rezeption Karl Barths in der DDR*, Leipzig 2015.

hat.[25] Mit diesem Verständnis der Kirche sind erkennbar andere Akzentuierungen verbunden als die, die 1933 mit dem *steilen*, „rücksichtslosen" Verständnis der „Reformation als Entscheidung" im Vordergrund standen. Die Reformation wird in der Versöhnungslehre der „Kirchlichen Dogmatik" demgegenüber als eine die Kirche ständig begleitende *Frage* verstanden.

Das ist die „Frage nach der *Erneuerung* der Gemeinde, die Frage nach der *Reformation* ihrer Existenz in dem ihr anvertrauten Dienst". Mit dieser Frage gibt sie „sich darüber Rechenschaft […], was aus ihrem Auftrag in ihren Händen geworden sein möchte" und zwar am „Maßstab der Reinheit, in der sie ihn aus den Händen ihres Herrn empfangen hat und empfängt" (KD IV/3, 930).

Indem die Kirche in dieser Weise *fragend* existiert, ist Reformation der Kirche *heute* nicht etwas Gewaltiges, nicht „ein Ereignis von weltgeschichtlicher Bedeutung", wie es in Rechtfertigung und Freiheit heißt,[26] so dass sie heute als „Weltbürgerin" bezeichnet werden kann.[27] Vielmehr gilt nach Barth: „Reformation ist die vorläufige Erneuerung, ist bescheidener Gestaltwandel der Kirche von ihrem eigenen Ursprung her".[28] Angesichts dessen, dass die Gemeinde in der Welt der *Sünde* immer auch „im inneren *Verfall*" begriffen ist (vgl. KD IV/2, 754) und dass es in ihr genügend „Scheinchristen" gibt (vgl. KD III/4, 560), ist ihr nicht verheißen, „irgendeinmal die triumphierende Anhängerschaft einer sogenannten ‚Weltreligion' zu werden".[29] Barth hebt immer wieder hervor, dass die wirkliche Gemeinde bis ans Ende der Tage eine *Minderheit* sein wird (vgl. z.B. KD IV/1, 825). Ihre Reformation wird darum nicht mit dem Anspruch verbunden sein, „Ansehen, Prestige, Einfluss und Glanz" zu gewinnen und „im Getriebe der weltlichen Politik, Wissenschaft, Literatur und Kunst" sowie in der „öffentlichen Meinung einen immer gesicherteren Standort zu gewinnen" (KD IV/2, 733).

Damit steht Barths „bescheidenes" Verständnis der Reformation einerseits ziemlich quer zu dem, was derzeit mit dem Reformationsjubiläum im

---

25 Vgl. Wolf Krötke, *Die Kirche als „vorläufige Darstellung" der ganzen in Christus versöhnten Menschenwelt. Die Grundentscheidungen der Ekklesiologie Karl Barths*, in: Ders., *Barmen – Barth – Bonhoeffer. Beiträge zu einer zeitgemäßen christozentrischen Theologie*, Bielefeld ²2014, 249-268.

26 *Rechtfertigung und Freiheit* (Anm. 2), 11.

27 Vgl. *Reformation und die eine Welt. Das Magazin zum Themenjahr 2016,* Hannover 2015, 3.

28 Karl Barth, *Das christliche Leben. Die Kirchliche Dogmatik IV/4. Fragmente aus dem Nachlaß*, GA II, Zürich 1976, 329.

29 *A.a.O.*, 157.

Jahre 2017 angestrebt wird. Andererseits lässt es aber auch Fragen offen, die der Kirche heute auf den Nägeln brennen. Drei Schwerpunkte von Barths Verstädnis der Gemeinde können das verdeutlichen.

Welche Reformation braucht die Kirche heute?

Die Kirche als Gemeinde

Barth hat die Kirche – entsprechend CA VII und Barmen III – durchgehend als *Gemeinde*, als Versammlung bzw. Gemeinschaft der an Gott in Jesus Christus glaubenden Menschen verstanden. Angesichts dessen, dass sich mit dem Begriff „Kirche" heute in der öffentlichen Wahrnehmung die Vorstellung einer religiösen Großinstitution verbindet, die mit professionellen Kadern religiöse Bedürfnisse der Bevölkerung befriedigt und zur Moral der Gesellschaft beiträgt, hat der Verfasser der *„Kirchlichen* (!) Dogmatik" es in seiner letzten Vorlesung regelrecht für „theologisch ratsam" gehalten „das dunkle und belastete Wort ‚Kirche' wenn nicht gänzlich, so doch tunlichst zu vermeiden".[30] Von Reformation der Kirche kann nach Barth überhaupt nicht die Rede sein, wenn es nicht um die Erneuerung *der Gemeinde* als der konkreten Gemeinschaft der an Christus glaubenden Menschen, die ausdauernd in die Welt der Sünde verstrickt sind, geht. Dass ein Reformationsjubiläum zum Anlass genommen wird, ein gemeindeloses Christentum, eine „Kirche im Vorübergehen" und dergleichen *zu befördern*, muss von daher geradezu als ein Abfall von der Reformation beurteilt werden.

Erstaunlicherweise hat Barth dieses Urteil über die aus der Reformationszeit ererbte Gestalt von Flächenkirchen, die nur zum geringeren Teil eine „Versammlung der Glaubenden" sind, sondern in der Mitglieder einer religiösen Institution mit ihren Bedürfnissen betreut werden, aber nicht gefällt. Streng genommen läuft sein Kirchenverständnis auf die bekennende Personalgemeinde hinaus, wie sie ja in der weltweiten Christenheit viel häufiger anzutreffen ist, als in den Volks- und sogar Staatskirchen Europas. Bei Barth aber lesen wir, dass die Kirche ihr Wesen als bekennende Gemeinde sowohl in einer „Volkskirche" wie sogar in einer „Staatskirche" und dann auch in einer „Freikirche" zur Geltung bringen könne (vgl. KD IV/3, 849).

---

30 Karl Barth, *Einführung in die Evangelische Theologie*, Zürich 1962, 45.

Wenngleich er die „Volkskirche" ganz sicher nicht als „Kirche des Volkes", sondern mit Barmen VI als „Kirche für das Volk" verstanden hat (vgl.
KD III/4, 559), klafft hier erkennbar eine Lücke in seiner theologischen Ar-
gumentation. Er hat zwar die Ordnung der Gemeinde in Entsprechung zum
Auftrag der Gemeinde, von dem gleich noch zu reden ist, als bruderschaft-
liches, ständig verbesserungsbedürftiges *Dienstrecht* verstanden (vgl. KD
IV/2, 765-824). Die Art und Weise, wie die Gemeinde in der Gesellschaft in
ihrer „*soziologischen Struktur*" (KD IV/3, 845) bzw. als ein „soziologisches
Gebilde" (KD IV/2, 777) Platz gewinnt, aber hat er als eine Frage zweiter
Ordnung behandelt. Die Gemeinde lebe hier grundsätzlich in Abhängigkeit
von einem „fremden", „allgemeinen", profanen Gut, bei dem keine Gesell-
schaftsstruktur einen grundsätzlichen Vorzug vor der anderen verdiene (vgl.
KD IV/3, 845-847). Dementsprechend hat er auch das Staatskirchenrecht in
das Ermessen des Staates gestellt. Dem Staat könne man es nicht verdenken,
wenn er, indem er das Wesen der Kirche *missverstehe,* sie als einen „Verein
oder als eine Körperschaft" behandle, in der Menschen mit einer „christlichen Gesinnung" vereinigt sind (KD IV/2, 778). Die Kirche aber könne sich
die „Stellung und Funktion" „nur gefallen lassen", die er ihr im Rahmen seines „*Vereinsrechtes* bzw. *Kooperationsrechtes*" zuweise (vgl. KD IV/2, 778).
Ganz ohne kritische Nachfrage wird darum konstatiert, dass der Staat der
Kirche „gewisse Privilegien verleihen, die bis zu ihrer Anerkennung als einer
‚Körperschaft öffentlichen Rechtes' oder gar [...] bis zu ihrer Anerkennung
als Kirche der offiziellen Staatsreligion gehen mögen" (KD IV/2, 779). Nur
wenn der Staat die Freiheit der Kirche einschränke, sich selbst zu ordnen,
müsse ihm widersprochen werden.
    Was Barth überhaupt nicht wahrgenommen zu haben scheint, ist, dass
jenes Kooperationsrecht der Kirche in einer sowohl säkularen wie mul-
tireligiösen Gesellschaft ein *Glaubwürdigkeitsproblem* beschert. Im Falle der deutschen Verhältnisse besteht es darin, dass der demokratische
Staat *Leistungen* für die Kirche erbringt, die sie in großem Umfang von
der Finanzierung ihrer Dienste als Großorganisation und als Gemeinde
entlastet. Der staatliche Einzug der Kirchensteuern, die staatliche
Übernahme des Religionsunterrichtes, die Anstellung von Geistlichen als
Beamte in der Bundeswehr, der Unterhalt von Theologischen Fakultäten, die
Unterstützung der Diakonie sowie der christlichen Kulturpflege und nicht
zuletzt die Zahlungen aufgrund des Reichdeputationshauptschlusses von
1803 gehören zu dem, was Barth „Privilegien" nennt. Kann sich die Kirche
das angesichts der zunehmenden Kritik an dergleichen einfach „gefallen

lassen", indem sie erklärt, hier handele es sich um ein „Missverständnis" ihrer selbst als Gemeinde Jesu Christi, von dem sie trotzdem profitiert?

Bei der Vereinigung der deutschen Evangelischen Kirchen nach der Vereinigung Deutschlands im Jahre 1990 hat sich von östlicher Seite her zaghafter Widerstand gegen dieses „Gefallenlassen" im Namen des Barthschen Verständnisses der Kirche als einer „Zeugnis- und Dienstgemeinschaft" geregt. Er konnte nicht nachhaltig sein, weil auch die Flächenkirchen in der DDR nicht auf eigenen Füßen standen und die Kirchen der neuen Bundesländer bis heute nicht auf eigenen Füßen stehen. Dass sie trotz ihrer Verdienste um die „friedliche Revolution" von der Bevölkerung des Ostens Deutschlands nach der deutschen Vereinigung im Stich gelassen wurden, hängt auch damit zusammen, dass sich *post festum* als erstes der Staat mit Kirchensteuerbescheiden meldete.

Der starke Impuls Barths für die stets notwendige Reformation der Gemeinde ist in einer derartig in die Gesellschaft eingefügten Kirche nicht zufällig ständig am Versickern. Das Aussetzen einer theologischen Argumentation in Hinblick darauf, wie sich die Kirche faktisch in der Gesellschaft „darstellt", ist deshalb eine Lücke, in der sich verständlicherweise das Plädoyer für ein Christentum breit macht, für die das Wesen einer christlichen Gemeinde im geschilderten Sinne jedenfalls nicht im Zentrum steht. Was von diesem Christentum zu halten ist, hat die DDR-Zeit gelehrt. Wenn es unter Druck gerät und es zu stehen gilt, streicht es die Segel.

Die Verantwortlichkeit der ganzen Gemeinde für den Auftrag Jesu Christi

Dass die Gemeinde in Karl Barths Verständnis „Repräsentantin" der ganzen in Christus versöhnten Menschenwelt ist, ist darin begründet, dass sie einen *Auftrag* hat. Sie ist nicht „Selbstzweck", wie Barth unermüdlich eingeschärft hat. Sie ist nicht dazu da, um die „religiösen Bedürfnisse" des Menschen „zu befriedigen". Sie verschafft ihm nicht bloß Gelegenheit, „seine Frömmigkeit zu betätigen" und „seine frommen Erregungen auszuleben" (KD III/4, 560). Bei aller Würdigung dessen, was Menschen der Glaube an Gott persönlich bedeutet, ist sie zu den Menschen *gesandt*, um ihnen Gott zu *bezeugen*, wie er sich ihnen in Jesus Christus und in Israel zugewandt hat. Sie hat „darzustellen", was es für Menschen heißt, ein mit Gott in Jesus Christus versöhntes Leben zu führen. Das breite Verständnis des Seins Jesu Christi für uns, von

dem wir oben geredet haben, bedeutet für die Gemeinde, dass sie sich fort-
während im *Aufbruch* zu den Menschen befindet, zu denen sie gesandt ist.
Dabei geht es um den Aufbruch der *ganzen* Gemeinde, d.h. *aller ihrer
Glieder.* Das sagt nicht nur Barth. Darin stimmt alle Art von Reformations-
erinnerung heute zusammen. Das „Priestertum aller Glaubenden" wird in
allen Würdigungen der Reformation als eine besondere Errungenschaft der
Reformation dargestellt. Aber was ist darunter zu verstehen? In „Kirche der
Freiheit" lesen wir: Das „Priestertum aller Gläubigen" bestehe darin, dass
„viele Protestanten in Politik, Wirtschaft, Kultur" ohne „Kirchenjargon und
dogmatische Formelsprache" leben.[31] Beliebt ist auch, das „Ehrenamt" in der
Gemeinde als Realisierung dieses Priestertums auszugeben. Doch „Ehrenamt" ist eine Kategorie aus dem Vereinswesen, das dem inneren Florieren eines solchen Vereins dient und sicherlich nicht die Dynamik eines Aufbruchs
in die Zukunft atmet. Was „Protestanten in Politik, Wirtschaft und Kultur"
von sich geben, kann sicherlich etwas vom Wesen des christlichen Glaubens
und der christlichen Gemeinde in das gesellschaftliche Umfeld transportie-
ren. Das „Priestertum aller Glaubenden" bedeutet jedoch, dass *alle Glaubenden* und nicht nur ein paar Funktionäre in „Politik, Wirtschaft und Kultur"
den Auftrag haben, Jesus Christus in ihrer Lebenswelt zu bezeugen und die
Darstellung der in Jesus Christus versöhnten Menschenwelt als die Aufgabe
ihres Lebens zu begreifen.

Wenn es heute einen Reformationsbedarf der Evangelischen Kirche gibt,
der sich im Leben der Gemeinde widerspiegelt, dann ist er sicherlich hier
zu sehen. Die faktisch vorhandene Aufspaltung der Gemeinde in aktive und
passive, in redende und schweigende, in bekennende und bloß „ortsansäs-
sige" Glieder und „Mitglieder" widerspricht nach Barth dem „Priestertum
aller Glaubenden" und damit einer *conditio sine qua non* des reformatorischen Kirchenverständnisses (vgl. KD IV/2, 787). Dieser Widerspruch nis-
tet vor allem im Verständnis des Glaubens als einer *Privatangelegenheit* von
Menschen, die vom Auftrag der Gemeinde nicht berührt sind. Er wird heute
durch die sogenannte „Wiederkehr der Religion" gestützt. Von ihr versprechen sich viele in Kirche und Theologie ein „Wachsen der Kirche gegen den
Trend" ihrer Minorisierung in der Gesellschaft.

Tatsächlich dominiert bei dieser „Wiederkehr" aber die für die pluralisti-
sche Gesellschaft typische Privatisierung der Religion. Menschen picken sich
– wenn sie nicht anderswo religiöse Erlebnisse suchen – aus dem „Angebot"

---

31 *Kirche der Freiheit* (Anm. 8), 35.

der Kirchen heraus, was ihnen für ihre Lebensführung als nützlich erscheint. Sie schieben damit den Dienst von Verkündigung, Seelsorge, Diakonie, Kirchenleitung usw. zwangsläufig in die Position der Alleinzuständigkeit für das Leben der Kirche. Diesem Zustand soll in jenem Reformprozess der Evangelischen Kirche in Deutschland mit dem Angebot von „Glaubenskursen" und allen möglichen Bildungsveranstaltungen gewehrt werden. Dergleichen soll Gemeindeglieder dazu befähigen, selbst von ihrem Glauben in ihrer Lebenswelt zu reden und also wirklich Trägerinnen und Träger der Botschaft des Evangeliums zu werden.

In diesem Sinne ist der Satz Karl Barths: „in der christlichen Gemeinde sind entweder Alle Amtsträger oder Keiner – wenn aber Alle, dann alle als Dienstleute" (KD IV/2, 787) im Großen und Ganzen durchaus zustimmungsfähig. Nach Barmen IV muss es in der Gemeinde die Aufgliederung des einen Dienstes in verschiedene Dienste geben, die alle in dem einen Dienstauftrag an die ganze Gemeinde gründen und deshalb keine hierarchischen Verhältnisse entstehen lassen. Doch wenn die Zustimmung dazu nicht gleichzeitig nachhaltig mit der Zustimmung dazu verbunden ist, dass es *„kein legitimes Privatchristchristentum"* gibt (KD IV/1, 769), dann bleiben die Bemühungen um die Belebung der Verantwortlichkeit aller für den Auftrag der Gemeinde Tropfen auf den heißen Stein. Das „Priestertums aller Glaubenden", d. h ihre Verantwortlichkeit für das Bekanntwerden des Evangeliums und für die Ausstrahlungskraft des christlichen Lebens in der Gesellschaft, muss darum grundlegender ins Werke gesetzt werden, als es mit einigen Sonderveranstaltungen geschieht, welche die meisten „Mitglieder" der Evangelischen Kirche ohnehin nicht interessieren.

Dazu, wie dem abzuhelfen ist, hat Karl Barth einen Rat von großer Reichweite für die Praxis der Gemeinde gegeben. Er ist jedoch von allen Impulsen, die von seiner Theologie für die Reformation der Kirche heute ausgehen, der am wenigsten wirksame Impuls geblieben.

Der Beginn des christlichen Lebens: Dienstantritt

Karl Barth hat die *Praxis der Kindertaufe* in dem von ihm selbst noch veröffentlichten letzten fragmentarischen Band der „Kirchlichen Dogmatik" als eine „tief unordentliche Taufpraxis" abgelehnt, „an der die Kirche [...], folgenschwer nach allen Seiten, leidet" (KD IV/4, 213f.). Die Begründungen dafür können hier nicht mehr ausgeführt und diskutiert werden. Darum nur so viel: Im Kern geht es um Zweierlei:

Erstens: Barth hat grundsätzlich kritisiert, dass die Taufe wie das Abendmahl als die Gnade Gottes vermittelnde „Sakramente" verstanden werden können, die Menschen durch sie auf eine geheimnisvolle Weise vermittelt und „zugeeignet" wird. Der christliche Glaube kennt nur ein „Sakrament", in welchem uns Gott seine Gnade Menschen zuwendet. Das ist das Geheimnis des Zusammenseins von Gott und Mensch in Jesus Christus, welches Menschen durch das Wirken des Heiligen Geistes „zugeeignet" wird. Barth nannte das „Geisttaufe" (vgl. KD IV/3, 3-44). Die Zeichenhandlungen der Taufe und des Abendmahls sind demgegenüber nicht so etwas wie weitere Heilsereignisse. Es sind Zeichenhandlungen, die Jesus Christus den Seinen geboten hat, um ihre *Zugehörigkeit zu ihm* zu bekennen und zum Ausdruck zu bringen.

Zweitens: Im Falle der Taufe mit Wasser handelt es sich um das *freie Ja* eines Menschen zu einem Leben in der Nachfolge Jesu Christi und als Partnerin und Partner eines Lebens im Bunde mit Gott. So wie Jesus Christus seinen Dienst der Verkündigung des Reiches Gottes antrat, indem er sich von Johannes taufen ließ, so bekennen sich Christinnen und Christen im Befolgen seines Gebotes zu ihm, indem sie sich wie er mit Wasser taufen lassen und dadurch Glied seiner Gemeinde werden. Das ist der „erste Schritt" eines verantwortlichen christlichen Lebens oder der „Dienstantritt" eines Christenmenschen (vgl. KD IV/4, 45-234).

Von daher ist die Ablehnung der Kinder- oder Säuglingstaufe, die entweder nach dem eigenen Glauben des Täuflings nicht fragt oder ihn mit allerlei Ersatzargumenten nachliefert, stringent. Die kirchliche Kinder- und Säuglingstaufpraxis kreiert nach Barth eine schlafende und schnarchende Christenheit, der ihre Bestimmung, Zeugin Jesu Christi in der Welt zu sein, verdunkelt wird. Barth hat es darum Luther wie Calvin angelastet, dass sie sich an dieser Verdunklung beteiligt und damit der Verantwortlichkeit aller Glaubenden für das Zeugnis von Jesus Christus einen schlechten Dienst erwiesen haben.

In den 70er Jahren des vorigen Jahrhunderts hat diese Taufauffassung Barths eine lebhafte Debatte ausgelöst. Sie hatte zur Folge, dass in vielen Lebensordnungen der deutschen Landeskirchen die Möglichkeit eines sogenannten „Taufaufschubs" eingeräumt wurde. Christliche Eltern können danach die Taufe ihrer Kinder „aufschieben", bis diese selbst in der Lage sind, zu verstehen, warum sie sich taufen lassen. Doch davon machen heute nur noch ganz wenige Eltern Gebrauch. Die Kindertaufpraxis hat eine solche religiöse Beharrungskraft bewiesen, die ihre Problematisierung durch Barth fast in Vergessenheit geraten ließ.

Der Preis für dieses Vergessen ist freilich ziemlich hoch. Praktisch wird die Kinder- bzw. Säuglingstaufe so ins Werk gesetzt, dass sie in eine *Segenshandlung mit Wasser* umgedeutet und also in den Schöpfungsglauben integriert wird. In einer Broschüre zu dem von der Evangelischen Kirche in Deutschland im Jahre 2011 ausgerufenen „Jahr der Taufe" sagt der Bischof der Landeskirche Berlin-Brandenburg/Schlesische Oberlausitz z.B. gleich zu Beginn: „Eltern wünschen sich Schutz und Segen für ihre Kinder".[32] Um das zu unterstreichen, wird mit einer regelrechten Wassertheologie aufgewartet. Sie prägt ein, dass ohne Wasser das Leben versiege, weshalb sich Menschen zu allen Zeiten „in der Nähe von Flüssen, Bächen und Quellen niedergelassen" haben. „Wasser erfrischt und macht rein [...] So, wie wir Wasser zum Leben brauchen, brauchen wir Gott."[33] Das mag sein. Bloß hat das Ausdeuten der Symbolkraft des Wassers im Allgemeinen mit dem Sinn der Taufe nichts oder nur am Rande etwas zu tun.

Dass unsere Kirche diesen Rand statt ihr Zentrum stark macht, ist angesichts des Auftrags, unter dem sie steht, unverständlich. Das Magazin der Evangelischen Kirche in Deutschland zeigte zum „Jahr der Taufe" auf dem Cover dieses Magazins ein in Richtung Meer hopsendes Mädchen, das uns Freiheit irgendwie im Zusammenhang mit Wasser signalisieren soll.[34] Dieses Magazin preist überdies allerhand religiösen Kitsch an: Schlüsselbänder mit der Aufschrift „Gottesgeschenk", „Armbänder, Kerzen und Handschuhe zum Abwischen des Taufwassers", Mini-Puzzles, das Heft „Tauftropfen", Postkarten und E-cards mit den Gesichtern von glücklichen Menschen, einen Taufkoffer für Pfarrerinnen und Pfarrer, der u.a. ein Taufkleid, einen Bronzeengel, blaue Glasnuggets, eine Flasche mit Seewasser und ein Ledersäckchen mit Muscheln enthält.

Wie sollen sich Menschen, welche die Taufe für ihre Kinder begehren, angesichts dessen bewusst werden, dass sie diese Kinder auf Weg eines verantwortlichen Christenlebens schicken? Wenn die Kinder- und Säuglingstaufpraxis nun einmal offenkundig so eine religiöse Beharrungskraft hat, dann muss sich unsere Kirche fragen, wie sie mit ihr dem Sinn der christlichen

---

32 *Die Taufe. Eine Verbindung die trägt*, Berlin ²2010, 1.

33 *A.a.O.*, 9.

34 Vgl. das Themenheft: *Taufe und Freiheit*, Kirchenamt der EKD Hannover 2010.

Taufe, dass Menschen „in Christus" „in einem neuen Leben wandeln" (Römer 6, 4), Nachdruck verleihen möchte. Karl Barth war sich, wie er im Vorwort zu KD IV/4 launig-resigniert bemerkte, dessen wohl bewusst, dass er mit seiner Tauflehre „in einer gewissen Einsamkeit auf dem theologisch-kirchlichen Plan stehen" werde und dabei sei, sich als alter Theologe, dem Kirche und Theologie so viel zu verdanken haben, „einen schlechten Abgang zu verschaffen" (KD IV/4, XII).

Doch ist dieser „Abgang" wirklich „schlecht"? Hat unsere Kirche nicht allen Anlass, sich zu fragen, warum so viele ihrer „Mitglieder" sich selbst für den Lauf des Evangeliums in der Welt nicht verantwortlich wissen? Wenn die Kinder- und Säuglingstaufe offenkundig eine große religiöse Beharrungskraft in den christlichen Gemeinden hat, dann ist nach Wegen zu fragen, wie auch sie Menschen den Weg in das Leben von freien Partnerinnen und Partnern des menschenfreundlichen Gottes zu weisen vermag. Das ist möglich, indem z.B. die Tauferinnerung schrittweise nachholt, was der Taufe von Säuglingen und Kindern fehlt. Bei der Tatsache, dass die gängige kirchliche Taufpraxis einer für die Ausbreitung des Evangeliums verantwortlichen Christenheit jedenfalls nicht den Weg bereitet, sollte sich keine Kirche Jesu Christi beruhigen. Insofern bleibt Barths Kritik an der Säuglings- und Kindertaufe ein Appell zur Reformation der Kirche, der nicht verstummen sollte. Denn das ist ja überhaupt der entscheidende Impuls, der von Barths Theologie in Hinblick auf die „Reformation der Kirche heute" ausgeht: Der in seiner unendlichen Gnade freie Gott, der nicht aufhört, uns Menschen frei zu machen, seine aktiven Partnerinnen und Partner zu sein.

Gerard den Hertog

„nicht ‚zu weit‘, (...) sondern zu wenig weit“.
Dietrich Bonhoeffers Reaktionen auf das
Entmythologisierungsprogramm Rudolf Bultmanns

Einleitung

Als Rudolf Bultmann am 4. Juni 1941 in Alpirsbach seinen Vortrag „Neues Testament und Mythologie“ auf der ersten großen Tagung der damals neu errichteten Diskussionsplattform für Theologen der Bekennenden Kirche „Gesellschaft für Evangelische Theologie“ hielt, war Dietrich Bonhoeffer nicht dabei. Dass Bonhoeffer diese Tagung nicht besuchte, wird einerseits damit zusammenhängen, dass das September 1940 gegen ihn verhängte Reichsredeverbot ihn in seiner Freiheit beschränkte, andererseits kann die Überlegung eine Rolle gespielt haben, dass es für ihn als Mitarbeiter der Abwehr nicht ratsam war, sich auf öffentlichen Veranstaltungen der Bekennenden Kirche zu zeigen. Vielleicht aber haben auch seine Beteiligung an der Konspiration und seine Arbeit an der Ethik seine Zeit zu sehr beansprucht und hatten die Fragen, die in Alpirsbach zur Debatte standen, damals nicht sein erstes Interesse.

Als Bultmanns Vortrag in den Kreisen der Bekennenden Kirche Widerspruch hervorrief, hat Bonhoeffer zunächst in Briefen Stellung genommen, gleich nach Veröffentlichung des Vortrags von Bultmann in 1942 und noch mal im Briefwechsel mit Eberhard Bethge während seiner Haft im Tegeler Gefängnis. Dabei geht es eigentlich nie um die wissenschaftliche Debatte als solche, sondern stets ist der Zusammenhang mit der Frage des Weges der Bekennenden Kirche präsent.

In diesem Aufsatz will ich Bonhoeffers Reaktionen auf das Entmythologisierungsprogramm Rudolf Bultmanns nachgehen, um verstehen zu können, was sein Anliegen darin war und worauf es bei ihm hinauslief. Dabei gehe ich folgenderweise vor. Zuerst gehe ich zurück zu seiner Jugend, in der er im Familienkreis Max Webers Parole der „intellektuellen Redlichkeit" wie selbstverständlich mitbekam, danach skizziere ich seine Position in der hermeneutischen Diskussion in den dreißiger Jahren des letzten Jahrhunderts. Anschließend zeichne ich den historischen Kontext von Bultmanns Vortrag *Neues Testament und Mythologie* nach, um danach Bonhoeffers Reaktion darauf zu erkunden.

2. Dietrich Bonhoeffer: „Zwei Seelen in einer Brust"

Bereits früh war Bonhoeffer mit den Gedanken Max Webers vertraut. Als junger Student – gerade einmal achtzehn Jahre alt – studierte er schon dessen *Religionssoziologie*.[1] Dass er Max Weber las, ist gewiss zum Teil mit der Umgebung zu erklären, in der er aufgewachsen ist. Sein Vater, Karl Bonhoeffer, ein etwas jüngerer Zeitgenosse Max Webers, war ein bedeutender Gelehrter an der Berliner Universität, der sich in seinem Denken ganz an den empirisch-wissenschaftlichen Ansatz angepasst hatte. Anders als sein Kollege in Wien, Siegmund Freud, hielt Karl Bonhoeffer nichts davon, in den Höhlen der menschlichen Seele herumzugraben. Er hielt es für unwissenschaftlich, sich mit Gegebenheiten, die man nicht empirisch feststellen kann, zu beschäftigen oder sie zu interpretieren.

Während Vater Bonhoeffer noch einige Bezüge zum christlichen Glauben hatte, war Dietrichs älterer Bruder Karl-Friedrich – ein hervorragender Wissenschaftler, der schon in jungen Jahren zum Professor für physikalische Chemie aufgestiegen war – Agnostiker. Mutter Paula Bonhoeffer stammte aus einem Theologengeschlecht und hatte eine andere Beziehung zum christlichen Glauben. Und wenn wir über die Umgebung, in der Dietrich aufwuchs, sprechen, darf man auch die Hauslehrerin Marian Horn, eine Herrnhuterin, nicht vergessen.

„Zwei Seelen in einer Brust", die intellektuelle Ehrlichkeit Max Webers und der christliche Glaube, werden fortan das Leben Dietrich Bonhoeffers bestimmen. Können sie zusammen existieren, diese moderne *scientia* und eine biblisch-reformatische *pietas*? Für Dietrich Bonhoeffer stand fest,

---

1 Vgl. seinen Brief vom 5. August 1924 an seine Mutter, in: Dietrich Bonhoeffer, *Jugend und Studium 1918–1927*, hg. v. Hans Pfeifer in Zusammenarbeit mit Clifford Green und Carl-Jürgen Kaltenborn (DBW Bd. 9), München 1986 / Gütersloh, 2005, 141.

dass von einer Einschränkung der Reichweite der Ratio nicht die Rede sein kann. Wer seinem Werk von Anfang bis Ende folgt, wird immer wieder sehen können: Gott darf nicht beschränkt werden auf die Dimensionen, die die Vernunft nicht erklären kann – und gute christliche Theologie kann und darf ihre Stärke niemals in der Kraft des menschlichen Denkens suchen. In *Widerstand und Ergebung* ist der kurze und unmissverständliche Satz zu finden: „Die Kirche steht nicht dort, wo das menschliche Vermögen versagt, an den Grenzen, sondern mitten im Dorf."[2] Es muss nicht extra betont werden, dass Bonhoeffer sich hier nicht auf das Gebiet der Raumplanung begibt, sondern sich dafür ausspricht, dass die Kirche und ihre Verkündigung, und also auch die Theologie, die Begegnung mit dem menschlichen Dasein gerade in seiner Stärke sucht. Zur Illustration: Im Gefängnis Berlin-Tegel, in dem er ungefähr anderthalb Jahre als Gefangener zubrachte, schrieb er auf ihre Bitte hin Gebete für Mitgefangene.[3] Man legte Wert darauf und sie fanden guten Absatz. Das fand bei Tageslicht statt, ohne jegliche Zurückhaltung. Als dann während eines nächtlichen Bombardements im Januar 1944 „ein sehr leichtfertiger Geselle" „ach Gott, ach Gott" rufte, brachte Bonhoeffer es nicht fertig, ihn auf die eine oder andere Weise christlich zu ermutigen oder zu trösten, sondern er schaute allein auf die Uhr und sagte: „Es dauert höchstens noch zehn Minuten."[4]

Deutlicher und sprechender als dieses Beispiel, das Bonhoeffer selbst aufgeschrieben hat, kann man meines Erachtens nicht verdeutlichen, wie sich Ratio und Frömmigkeit bei ihm verhalten. Eine Form des christlichen Glaubens, die die Kraft des modernen Denkens einschränkt, ist für ihn keine Option. Es ist nicht nur oder zunächst etwas, womit er Mühe hatte; er hält es einfach dem Gott der Bibel gegenüber für unangemessen.

---

2 Dietrich Bonhoeffer, *Widerstand und Ergebung. Briefe und Aufzeichnungen aus der Haft*, hg. v. Christian Gremmels, Eberhard Bethge und Renate Bethge, in Zusammenarbeit mit Ilse Tödt (DBW Bd. 8) Gütersloh 1998, 408 (30. April 1944).

3 Ein Teil dieser Gebete ist erhalten; siehe Bonhoeffer, *Widerstand und Ergebung*, (Anm. 2), 204–208.

4 Brief an Eberhard Bethge vom 29. und 30 Januar 1944 (Bonhoeffer, *Widerstand und Ergebung*, [Anm. 2], 301).

3. Dietrich Bonhoeffer und die hermeneutische Diskussion in den dreißiger Jahren des letzten Jahrhunderts

Auch wenn die Hermeneutik erst nach dem Zweiten Weltkrieg im Blickpunkt stand, spielte die Frage seit dem 19. Jahrhundert bereits eine Rolle und die Diskussion loderte Ende der zwanziger Jahre des letzten Jahrhunderts auf. Es ist die Zeit, in der innerhalb der Bewegung, die man die Dialektische Theologie nennt, die Wege auseinander zu gehen beginnen. Derjenige, der innerhalb dieser Bewegung die Fragen der Hermeneutik auf die Tagesordnung gesetzt hat, ist Rudolf Bultmann. Es ist deutlich, dass er im Lauf der zwanziger Jahre fasziniert war von der Philosophie des Philosophen Martin Heidegger, der ursprünglich römisch-katholischer Theologe gewesen ist. Dessen neue Philosophie, so wie er sie in den zwanziger Jahren des letzten Jahrhunderts entwickelt hat, ist für Bultmann hermeneutisch gesehen das Ei des Kolumbus. Nicht mehr länger steht die Ontologie, das Sein, die Metaphysik oder was die Welt zusammenhält im Mittelpunkt, sondern die menschliche Existenz. In Marburg unterhielten Bultmann und Heidegger in den Jahren, in denen sie gemeinsam in der Marburger Universität einen Lehrstuhl innehatten und vor allem zwischen 1923 und 1927, enge Kontakte und besuchten sogar gegenseitig ihre Lehrveranstaltungen.

Bultmann, 1884 geboren und also fast gleich alt wie Karl Barth, war von Hause aus ein liberaler Theologe, den man zur religionsgeschichtlichen Schule rechnen kann. Wie bei so vielen in dieser Zeit nötigt der Erste Weltkrieg zu einer radikalen theologischen Neuorientierung. Die eigene Sache der Theologie drängt sich ihm auf und er wird zu einem Mitstreiter Karl Barths, wenn auch mit gewissem Abstand. Theologisch gesehen bilden die zwanziger Jahre des letzten Jahrhunderts eine äußerst packende Epoche, in der so ungefähr alles in Bewegung ist. Das Bewusstsein der Krise teilt man, aber man kann sich in einer Krisenerkenntnis nun einmal nicht wohnlich einrichten. Es müssen wieder Antworten gegeben werden.

Bietet Martin Heidegger mit seiner Existenzphilosophie nicht eine gewaltige Hilfe? Wir müssten uns als Theologen dann nicht immer mit Seinsfragen beschäftigen, an denen wir uns doch nur verheben können. Es geht Heidegger zufolge darum, authentisch zu bestehen, sich nicht durch das „man" – den Druck des Lebensgefühls, die soziale Kontrolle oder die öffentliche Meinung – bestimmen zu lassen, sondern dem eigenen Dasein eine Form zu geben. Die Umgebung ist nicht die eines sonnigen Fortschrittsglaubens, das Dasein ist ein „Sein zum Tode". Jeder Mensch verhält sich bewusst oder unbewusst zum unvermeidlichen Ende seines oder ihres irdischen Daseins.

Bultmann sieht in dieser Philosophie eine solche Kennzeichnung des menschlichen Daseins, die er als „Vorverständnis" für die Theologie nutzen zu können meint. Die zentrale Botschaft des Neuen Testaments fügt sich nahtlos ein und kommt auf eine neue und befreiende Art zur Sprache, ohne den „Ballast" von allerlei überholten mytischen Resten.

Karl Barth sieht „Bultmann's and Brunner's search for the human ‚possibility' to receive God's grace"[5], mit Argusaugen an.[6] Seiner Überzeugung nach kann ein solches „Portal" des Gebäudes der Theologie nur bedeuten, dass das Wort Gottes beschränkt und an die Leine gelegt wird.[7]

Es gibt auch Exegeten, die sich in der von Barth selbst gewiesenen Spur bewegen und ihr Heil nicht in der Philosophie als „Unterbau" suchen, die die Theologie neu zu entwickeln suchen aus der Begegnung von „Ich" und „Du" oder einen „Anknüpfungspunkt" für Gottes Wort im Menschen anzeigen zu können meinen – mit dem Ziel, den Schriften des Alten und Neuen Testaments in ihrer Einheit zu entsprechen und sie gerade darin zu verstehen. Ein prominenter Vertreter dieser Linie ist der Schweizer Alttestamentler Wilhelm Vischer mit seinem *Das Christuszeugnis des Alten Testaments*.[8] Barth nannte Vischers Berufung an die Theologische Schule in Bethel 1928 „unsere Hoffnung auf dem Gebiet des Alten Testamentes" und in Bethel selbst war es für jeden schnell deutlich, dass Vischer „Altes Testament im Sinne der Theologie Karl Barths"[9] unterrichtete. Das Alte Testament wurde bei Vi-

---

5 Vgl. Edward van 't Slot, *Negativism of Revelation? Bonhoeffer and Barth on Faith and Actualism*, Dogmatik in der Moderne Bd. 12, Tübingen 2015, 5.

6 Vgl. meinen Aufsatz: Barths „Nein" zur „natürlichen Theologie" im „Streit um den rechten Gehorsam in der Theologie". Kampfparole und/oder Prinzipielle Absage?, in: *ZDTh* 26 (2010), Nummer 1, 45–69.

7 Vgl. auch den Rückblick auf die Diskussion von Hinrich Stoevesandt, „Basel – Marburg: ein (un)erledigter Konflikt?", in: Bernd Jaspert (Hg.), *Bibel und Mythos. Fünfzig Jahre nach Rudolf Bultmanns Entmythologisierungsprogramm* (KVR 1560), Göttingen 1991, 91–113 (v.a. 100–104).

8 Wilhelm Vischer, *Das Christuszeugnis des Alten Testaments. Erster Teil. Das Gesetz*, Zollikon/Zürich 1934; ders., *Das Christuszeugnis des Alten Testaments. Zweiter Teil, Erste Hälfte. Die früheren Propheten*, München 1942.

9 Zitiert nach Stefan Felber, *Wilhelm Vischer als Ausleger der Heiligen Schrift. Eine Untersuchung zum Christuszeugnis des Alten Testaments* (FSÖTh Bd. 89), Göttingen, 1999, 43 und 46.

scher nicht als „Geschichte des Scheiterns"[10] abserviert, dem gegenüber das
Neue Testament als Aufruf zu einem authentischen Dasein stünde, sondern
es wurde gelesen als eine geistliche Welt, in der der lebendige Christus die
Mitte bildet.

Obwohl also ganz verschiedene Weisen des Lesens innerhalb der Bewegung der Dialektischen Theologie vorkommen, will die Diskussion zwischen
den verschiedenen Annäherungsweisen nicht recht in Gang kommen. Man
lebt und wirkt in verschiedenen Kreisen. Zwar beginnt Ende der zwanziger /
Anfang der dreißiger Jahre eine Diskussion aus Anlass von Bultmanns Orientierung an Heideggers Philosophie; aber sie zieht nicht viel Aufmerksamkeit auf sich. Die großen Namen der damaligen Theologie halten Abstand.[11]
Dietrich Bonhoeffer kennt die Diskussion gut, seine Habilitationsschrift *Akt
und Sein* aus dem Jahre 1930 ist – und man braucht hier nur auf den Titel zu
schauen – den Fragen gewidmet, die in der Diskussion zwischen Barth und
Bultmann im Mittelpunkt standen: Ist es allein Wort Gottes, ohne Vermittlung (Barth) oder gibt es doch eine Grundlage für das Wort inmitten unserer
Wirklichkeit (Bultmann)? In einzelnen Passagen geht Bonhoeffer ausführlich auf Bultmann und die entstandene Diskussion um dessen Bezugnahme
auf Heidegger ein, wobei er schlussfolgert, dass dessen „Existenzbegriff für
ein Verständnis des Seins im Glauben unbrauchbar bleibt".[12] Bonhoeffer hält
also alles in allem wenig im von Bultmann gewiesenen Weg.

---

10 Rudolf Bultmann, Weissagung und Erfüllung, in: Claus Westermann (Hg.), *Probleme alt-
   testamentlicher Hermeneutik. Aufsätze zum Verstehen des Alten Testaments* (TB Bd. 11),
   München 1960, 50–53.

11 Die Diskussion wurde 1967 in einem Sammelband zusammengeführt: Gerhard Noller
   (Hg.), *Heidegger und die Theologie. Beginn und Fortgang der Diskussion* (TB Bd. 38),
   München 1967. In den sechziger Jahren war das Bedürfnis nach einer Existenztheolo-
   gie vorhanden, wohingegen man in den dreißiger Jahren eine Theologie brauchte, die
   zur Sache sprach. Nach 1933, als Hitler an die Macht kam, ebbte die Diskussion ab. Im
   Sammelband *Heidegger und die Theologie* ist ein Beitrag aus den dreißiger Jahren auf-
   genommen, und zwar von dem im August 1938 während eines Urlaubs in der Schweiz
   tragisch ums Leben gekommenen Wilhelm Link. Er zeigt in einem 1935 veröffentlichten
   Aufsatz, dass er die Gefahr der natürlichen Theologie deutlich sieht und lehnt Brunner
   und Gogarten ab – und versucht Bultmann von Barth her zu verstehen (Wilhelm Link,
   „Anknüpfung", „Vorverständnis" und die Frage der „Theologischen Anthropologie", in:
   Noller (Hg.), *Heidegger und die Theologie*, (Anm. 11), 147–193). Von großer Bedeutung
   ist auch seine posthum herausgegebene Dissertation *Das Ringen Luthers um die Freiheit
   der Theologie von der Philosophie*, München 1940.

12 Dietrich Bonhoeffer, *Akt und Sein. Transzendentalphilosophie und Ontologie in der systematischen Theologie*, hg. v. Hans Richard Reuter (DBW Bd. 2), Gütersloh 2008³, 93, vgl.

Dass Bonhoeffer auch Mitte der dreißiger Jahre nicht auf Bultmanns Herausforderung eingeht oder auf sein Programm Bezug nimmt, macht deutlich, wo er damals stand. Als er im Wintersemester 1932/1933 an der Berliner Universität eine Vorlesung über Schöpfung und Sünde hält – 1933 herausgegeben mit dem Titel *Schöpfung und Fall* –, interpretiert er das Alte Testament unmittelbar christologisch – und also nicht ausgehend von der Existenzphilosophie.[13] 1935 liest er – dann im Predigerseminar Finkenwalde – über „Christus in den Psalmen", in der er keinen Zweifel aufkommen lässt, dass nicht die menschliche Existenz der Ausgangspunkt für das hermeneutische Fragen ist, sondern der lebendige Christus, der in den Psalmen spricht.[14]

Mit den Fragen nach der Hermeneutik befasste sich Bonhoeffer durchgehend. Er schreibt einmal, dass er nach der *Nachfolge* eine Hermeneutik schreiben wolle,[15] aber dazu ist es nie gekommen. Wer darauf achtet, was er in diesen Jahren und auch später in Bibelvorträgen und Predigten herausgearbeitet hat, kann nur feststellen, dass seine Hermeneutik der Vorgehens-

---

auch 71ff und 90–93. Vgl. Christiane Tietz-Steiding, *Bonhoeffers Kritik der verkrümmten Vernunft. Eine erkenntnistheoretische Untersuchung* (BHTh Bd. 112), Tübingen 1999, 191: „Was Bonhoeffer mit seiner Kritik an Bultmann abwehren will, dürfte klar sein. Philosophie ist nicht in der Lage, dem Menschen ein theologisch angemessenes Selbstverständnis zu ermöglichen."

13 Vgl. Eberhard Bethge, *Dietrich Bonhoeffer. Theologe – Christ – Zeitgenosse. Eine Biographie*, Gütersloh 2005[9], 598: „Vischers Buch [*Das Christuszeugnis des Alten Testaments*] hatte mit seiner christologischen Auslöschung des historischen Abstandes vom Text die Theologen in ein Lager von Empörten aus den Fachkreisen und eines von Begeisterten aus der Schule Karl Barths gespalten. Und Bonhoeffer rechnete schon seit ‚Schöpfung und Fall' zur zweiten Gruppe; auch er wollte in ‚theologischer' Auslegung Christus im Alten Testament predigen." Übrigens verweisen Bonhoeffer und Vischer in den genannten Werken nicht aufeinander, was darin begründet liegen mag, dass beide Bücher unabhängig voneinander entstanden und kurz nacheinander veröffentlicht wurden.

14 Vgl. meinen Aufsatz: Christus in de Psalmen. Bonhoeffers omgang met „het gebedenboek van de Bijbel", in: Ad de Bruijne, Hans Burger u. Dolf te Velde (Hg.), *Weergaloze kennis. Opstellen over Jezus Christus, Openbaring en Schrift, Katholiciteit en Kerk, aangeboden aan prof.dr. B. Kamphuis*, Zoetermeer 2015, 156–165.

15 Bonhoeffer schreibt am 24. Oktober 1936 an Erwin Sutz und bezieht sich auf die *Nachfolge*: „Ich hoffe, nun im Laufe des Semesters mein Buch fertig zu bringen, und hätte dann schon wieder größte Lust, an eine Hermeneutik zu gehen." (Dietrich Bonhoeffer, *Illegale Theologenausbildung. Finkenwalde 1935–1937*, hg. v. Otto Dudzus u. Jürgen Henkys in Zusammenarbeit mit Sabine Bobert-Stützel, Dirk Schulz und Ilse Tödt. Bearbeitet von Herbert Anzinger [DBW Bd. 14], Gütersloh 1996, 257; vgl. Bethge, *Dietrich Bonhoeffer*, (Anm. 13), 527.

weise von Bultmann und den Seinen völlig fremd ist. Der Grund dafür sind
sicher auch die verschiedenen Positionen, die sie im Streit der Bekennenden
Kirche einnahmen: Bonhoeffer stritt an vorderster Front und setzte sich bis
an den Rand der Illegalität für die Kirche ein, die Christus in der Wirklichkeit des Dritten Reichs nachfolgt, und für die Theologie, die der Kirche darin
beisteht, Bultmann blieb mehr im Windschatten; er war wohl Professor einer
Fakultät, die den Arierparagraphen ablehnt, aber davon abgesehen konnte er
weithin ungestört in seinem wissenschaftlichen Studieren in einer universi-
tären Umgebung fortfahren.[16]

4. Bultmanns Vortrag Neues Testament und Mythologie in ihrem historischen Kontext

Der vorherige Abschnitt endete im Deutschen Kirchenkampf. Der spielte
in aller Wucht zwischen 1933 und 1936, denn nachdem auf der vierten Be-
kenntnissynode vom 18. bis 22. Februar 1936 die großen lutherischen Kirchen von Württemberg, Bayern und Hannover sich abgespalten hatte, war
die Schlagkraft der Bekennenden Kirche gebrochen. Der Staat wusste aber,
wie er den kleinen Kern, der standhielt, finden und treffen konnte – und als
er dann 1939 und 1940 eine Eroberung nach der anderen auf sein Konto
schreiben konnte, schien die Bekennende Kirche dem Tode preisgegeben.
Sie wurde in die Illegalität gezwungen, die jungen Pastoren wurden an die
Waffen gerufen und im ganzen Land hatte eine Opposition gegen Hitler und
seine Ideen keine Chance mehr auf Unterstützung durch die Bevölkerung.

In den Hoch-Zeiten des Kirchenkampfes hatte die Theologie eine große
Rolle gespielt, um den rechten Kurs zu finden. Inzwischen waren infolge von
staatlichen Maßnahmen die Möglichkeiten zum gegenseitigen Gedanken-
austausch stark eingeschränkt. So konnte die Theologische Zeitschrift der
Bekennenden Kirche – Evangelische Theologie – ab 1938 nicht mehr erscheinen. Dabei gab es dringenden Bedarf nach einer theologischen gründ-
lichen Reflexion für den Weg der Kirche in Nazi-Deutschland.

---

16 Das war auch der Unterschied zwischen Bultmann und seinem Schüler Günther Bornkamm, vgl. Werner Zager, „Die theologische Arbeit als solche ist kirchlich". Gelebte
theologische Existenz im Dritten Reich: Rudolf Bultmann und Günther Bornkamm, in:
Martin Bauspieß, Christof Landmesser u. Friederike Portenhauser (Hg.), *Theologie und
Wirklichkeit. Diskussionen der Bultmann-Schule*, Neukirchen-Vluyn, 2011, 139.

Die Gründung der Gesellschaft für evangelische Theologie

Die Bekennende Kirche ließ sich jedoch nicht völlig entmutigen und versuchte nach dem Blitzkrieg gegen Polen im September 1939 eine neue Plattform für die theologische Diskussion zu schaffen. Zwei junge Theologen, Joachim Beckmann und Martin Fischer, ergriffen hier die Initiative. Es gab das Bedürfnis nach einem solchen Podium, weil sich in der Bekennenden Kirche eine Tendenz manifestiert hatte, ihre Stärke in starren konfessionellen Positionen zu sehen und den dringenden Fragen, die Gesellschaft und Politik ihr stellten, mit den Mitteln der Zwei-Reiche-Lehre zu begegnen, die die Reichweite des Wortes Gottes auf das innerkirchliche Gebiet begrenzte. Beckmann und Fischer zogen Hans von Soden und Ernst Wolf, strafversetzt von Bonn nach Halle an der Saale, hinzu und am 7. und 8. Februar 1940 wurde in Berlin die Gründungsversammlung gehalten. Wolf wurde zum Leiter gewählt und blieb dies bis zu seinem Tod 1971.

Die Gründer der Gesellschaft für evangelische Theologie wollten auf gar keinen Fall, dass diese neue Gesprächsplattform zu einem unverbindlichen Stammtisch degenerierte. Sie war ausdrücklich und ausschließlich bestimmt für die Theologen, die sich zur Bekennenden Kirche zählten. Man suchte deshalb auch nicht die Diskussion mit rabiaten Deutschen Christen wie Walter Grundmann und Emanuel Hirsch, obwohl sie wussten, dass es nötig ist, sich gegen sie zu wappnen und ihnen Widerstand zu bieten. Aber auch die Theologen der Mitte, die vor allem den Bestand der Volkskirche sichern wollten und darum Mühe hatten, deutlich Farbe zu bekennen, wollte man nicht dabei haben. Es muss Gespräche auf der Basis eines gemeinsamen aktuellen reformatorischen Bekennens geben können.

Anfang 1940 deutete Ernst Wolf an, dass nach seiner Erkenntnis zwei miteinander eng verwobene negative Entwicklungen anzuzeigen seien, gegen die die Gesellschaft für evangelische Theologie vorzugehen habe. Die erste Entwicklung war eine direkte Folge der politischen Situation: Die Bekennende Kirche hatte sich für die praktische Ausbildung ihrer angehenden Prediger aus den – durch die nationalsozialistische Regierung beherrschten – Universitäten zurückziehen eigene theologische Ausbildungen ins Leben rufen müssen. Diese aufgezwungene Wahl für eine kirchliche Einbettung der Theologie hatte tatsächlich zur Folge, dass die theologische Arbeit innerhalb der Bekennenden Kirche sich vor allem auf die Praxis ausrichtete und der wissenschaftliche Charakter deshalb unter Druck geriet. Die zweite Tendenz, die Wolf wahrnahm, war, dass das Absehen vom Gebrauch wissenschaftlichkritischer Methodik zur Folge hatte, dass die Theologie die Instrumente aus den Händen gab, um der Kirche mit der Kraft der Argumente die Richtung zu weisen.[17] Die Theologie darf nicht allein das Predigen lehren, sie hat auch darin der Kirche zu dienen, dass sie das saubere Argumentieren lehrt.

Als er diese Entwicklungen zeichnete, dachte Wolf – ungewöhnlich und deutlich genug – sicher nicht zuletzt an Hans Asmussen, der seit der ersten Stunde Mitglied der Bekennenden Kirche und einer der Verfasser der Barmer Thesen und Autor des Kommentars, der Bestandteil des Beschlusses der Barmer Synode war. Asmussen hatte sich im Verlauf der dreißiger Jahre mehr und mehr in Richtung eines lutherischen Konfessionalismus entwickelt, mit hochkirchlicher Liturgie und ebensolchem Amtsverständnis, aber unter Vernachlässigung, ja sogar Ablehnung kritisch-theologischer Reflexion.[18] 1949 schrieb Wolf – ohne den Namen Asmussens zu nennen – rückblickend über den Vortrag Bultmanns und seine Publikation:

> "Jene Veröffentlichung von 1942, die als solche bewußt auf eine drohend heraufziehende handfeste ‚Gemeindeorthodoxie' und einen steilen Sakramentarismus (der alsbald zu einer neuen Mythologie der Dämonen hinführen sollte) *innerhalb* der Bekennenden Kirche abzielte und ihnen die Frage nach dem Kerygma scharf entgegenzustellen beabsichtigte, hat damals in der Bekennenden Kirche zu einem heftigen Zusammenstoß älterer theologischer Traditionen geführt, manches Mißverständnis der Bekennenden Kirche als einer ‚positiven' oder ‚modern-positiven' Front enthüllt und ihr die Frage nach dem fruchtbaren Erbe der sog. ‚liberalen Theologie' vor Augen geführt, damit zugleich nach der Aufgabe und den Aufgaben einer lebendigen, kirchlich verantwortlichen Theologie und Verkündigung überhaupt."[19]

Es war Wolfs Absicht, das Gespräch mit Asmussen und anderen als Bekennende Kirche intern zu führen und die theologischen Fragen, die in der Hitze des Kirchenkampfes nicht behandelt werden konnten, noch auf

---

17 Zitiert nach Martin Rohrkrämer, Die Gesellschaft für evangelische Theologie 1940–1971, in: Jürgen Moltmann (Hg.), *Christliche Existenz im Demokratischen Aufbruch Europas. Probleme – Chancen – Orientierungen*, München 1991, 150: „daß sowohl die Preisgabe der kirchlichen Voraussetzung theologischer Arbeit deren Wissenschaftlichkeit als auch nicht minder der Verzicht auf die wissenschaftlich-kritische Methode umgekehrt die kirchliche Verbindlichkeit theologischer Arbeit gefährde".

18 Vgl. Rohrkrämer, Die Gesellschaft für evangelische Theologie 1940–1971 (Anm. 17), 150f.

19 Ernst Wolf, Vorwort, in: *Entmythologisierung. Eine Auseinandersetzung zwischen Julius Schniewind, Rudolf Bultmann und Karl Barth* (Schriftenreihe der Bekennenden Kirche, Heft 4), Stuttgart 1949, 3f. (Hervorhebung im Original).

die Tagesordnung zu setzen. Das gegenseitige theologische Gespräch in der Gesellschaft für evangelische Theologie musste deshalb mit der nötigen Behutsamkeit geführt werden: Die Nazi-Herrschaft sollte den Eindruck haben, dass hier eine intern-theologische und also politisch ungefährliche Diskussion geführt wurde. Für den Herbst 1940 plante man eine große Versammlung, die tatsächlich – wahrscheinlich wegen der Eroberungskriege in der ersten Hälfte des Jahres 1940 – nicht stattfand und in den Juni 1941 nach Alpirsbach verschoben wurde. Es schien ein guter Gedanke zu sein, um dort den herausragenden historisch-kritischen Theologen zu Wort kommen zu lassen: den Marburger Neutestamentler Rudolf Bultmann.[20] Am 21. April 1941 hatte Bultmann seinen Vortrag „Neues Testament und Mythologie" schon auf einer regionalen Zusammenkunft der Gesellschaft für evangelische Theologie in Frankfurt am Main gehalten, gleichsam als Probe für seinen Auftritt auf der großen deutschlandweiten Versammlung am 4. Juni in Alpirsbach, mitten im Schwarzwald.[21]

Diese erste große Konferenz fand genau zu der Zeit statt, in der man von einer gewissen Ruhe in Europa sprechen kann. Die Bombardements der Luftwaffe auf England – zwischen dem 7. September 1940 und dem 21. Mai 1941 – wurden, ohne den gewünschten Erfolg gebracht zu haben, eingestellt, aber sowohl von den Bombardements als auch von deren Ende hatte man in Deutschland nicht viel mitbekommen. Allgemein genoss man noch die Siege während der turbulenten Blitzkriege des Frühjahrs 1940, vor allem den in Frankreich. Von England ging zu der Zeit keine direkte Bedrohung auf Deutschland aus, Amerika befand sich noch nicht im Krieg und an der Ostgrenze brauchte man sich über die Sowjetunion keine Sorgen zu machen – es gab ja den Nicht-Angriffspakt!? Nur die Wenigsten wussten dass nu gut zwei Wochen nach Bultmanns Vortrag fand am 22. Juni der Überfall auf die Sowjetunion stattfinden würde. Damit trat nicht nur eine neue Phase ein, auch die Kriegsführung bekam ein grausameres Gesicht – und das kulminierte zielbewusst in der systematischen Ermordung vor allem der Juden und anderer Menschen, die als minderwertig eingeschätzt wurden. Aber als Bultmann seinen Vortrag hielt, lag das alles noch in der Ferne. Im Nachhinein gesehen spielte sich die Konferenz in der sprichwörtlichen Ruhe vor dem Sturm ab.

---

20 Vgl. Rohkrämer, Die Gesellschaft für evangelische Theologie 1940–1971, (Anm. 17), 148–155.

21 Rudolf Bultmann, Neues Testament und Mythologie, in: Hans-Werner Bartsch (Hg.), *Kerygma und Mythos I. Ein theologisches Gespräch*, Hamburg-Bergstedt 1967[5], 15–48.

Bultmanns Vortrag über Entmythologisierung

Bultmann hatte kurz vor dem Vortrag seinen Kommentar über das
Johannesevangelium abgeschlossen. In „Neues Testament und Mythologie" gibt er Rechenschaft über die Voraussetzungen, mit denen er in seinem
Kommentar gearbeitet hat. Bultmann zufolge bedient sich der vierte Evan-
gelist der mythischen Sprache, um mit ihrer Hilfe das mythische Denken zu
überwinden. Auch wenn schon im Prolog des Johannesevangeliums „in der
Sprache der Mythologie"[22] gesprochen wird, steht doch die Botschaft selbst
allen Formen der Mythologie diametral gegenüber. So wird Jesus das „Licht
der Welt" genannt, aber mit „Licht" ist keine mysteriöse Substanz wie in den
Mythen gemeint, vielmehr gilt:

> „das Licht des Selbstverständnisses [...], zu dem der Mensch herausgefordert ist,
> nach dem er immer fragt, da er danach gefragt ist; des Selbstverständnisses, das
> ja nicht das Orientiertsein über das Ich als ein neutrales Phänomen ist, sondern
> wissende Wahl seiner Selbst, die allem einzelnen Verhalten zugrunde liegt."[23]

Jesus Christus ist in eschatologischer Hinsicht als „Licht" der „Offenbarer,
der dem Menschen dasjenige Verständnis seiner selbst schenkt, in der er das
‚Leben' hat."[24] Wenn es heißt, dass die Welt das Wort nicht erkannt hat (Joh.
1,10), will das nach Bultmann sagen, dass die Welt „die ihr gegebene Möglichkeit der Erleuchtung nicht ergriffen"[25] hat. Der „Offenbarer", der Jesus ist,
ist nur Mensch, und es ist dann auch „völlig der Sache entsprechend, wenn
der Titel Λόγος im weiteren Evg keine Rolle mehr spielt. Als der Fleischge-
wordene und nur als dieser ist jetzt der Logos da."[26] Im letzten Satz kommt
die kenotische Tendenz von Bultmanns Denken klar zum Ausdruck.

In „Neues Testament und Mythologie" zieht Bultmann diese Linien kräftig durch. Er spricht sich deutlich dafür aus, das Evangelium aus den Mythen
herauszuschälen. Ein Mensch nach der Aufklärung kann nach ihm nicht
gleichzeitig den Schalter für elektrisches Licht bedienen oder bei Krankheit
wegen der Medizin zum Arzt gehen und ernst nehmen, was das Neue Testament von Jesu Wandeln auf dem Meer oder der Befreiung von Besessenen

---

22 Rudolf Bultmann, *Das Evangelium des Johannes* (KEK), Göttingen, 1941, 38.
23 *A.a.O.*, 27.
24 *A.a.O.*, 25.
25 *A.a.O.*, 34.
26 *A.a.O.*, 40.

erichtet.[27] Das wäre eine überholte mythische Denkweise, die intellektueller Redlichkeit aber nicht zugemutet werden kann. Durch die Kenntnisse von Naturgewalten und Naturgesetzen ist der Glaube an Geister und Dämonen überholt – und damit haben auch die Wunder des Neuen Testaments *als Wunder* abgedankt. Kurzum, man kann nicht moderner Christ sein, der sich des elektrischen Lichts bedient, und gleichzeitig das Weltbild des Neuen Testaments übernehmen. Das wäre nämlich eine Variante der Rechtfertigung durch Werke des Gesetzes. Hat man damit aber nicht das Neue Testament selber erledigt? Können wir uns von allem, was wir aus der Denkweise Max Webers als überwundene Mythologie beurteilen, trennen und behalten wir dann nichts mehr davon übrig? Bultmann ist der Überzeugung, dass das möglich ist, wenn wir zwischen „Historie" und „Geschichte" unterscheiden. Die „Historie" ist ein Feld von Ereignissen, die für den Glauben ohne Relevanz sind; es geht um die „Geschichte", d.h. das „geschichtliche" Existieren.

In Alpirsbach hielt Bultmann einen weiteren Vortrag mit dem Titel „Theologie als Wissenschaft"[28], in dem er seine Vorstellungen über die Eigenart und Reichweite der Theologie als Wissenschaft verdeutlichte. Ein zentraler und typischer Satz lautet:

> „Theologie ist also *Wissenschaft von Gott, indem sie zugleich Wissenschaft vom Glauben ist, und umgekehrt.* Gegenstand der Theologie ist also *der Glaube selbst in eins mit seinem Woran.*"[29]

Es ist nicht möglich, so jedenfalls ist an diesem Satz deutlich, Gott und den Glauben auf irgendeine Art und Weise zu trennen. Dass Bultmann in „Neues Testament und Mythologie" den Heiligen Geist als „die faktische Möglichkeit des Lebens, die im Entschluß ergriffen werden muß"[30], kennzeichnet, liegt auf derselben Linie. Wenn sich nun Gott und Glaube so ineinanderschieben, ist Glaube dann nicht eine Möglichkeit, die der Mensch kraft seines Menschseins hat? Bultmann versucht alles, um dem modernen Menschen nahe zu sein und zugleich die Bedeutung des Kerygmas zum Ausdruck zu bringen. Gleichwohl ist deutlich, dass der Wegfall jeder Form des

---

27 Bultmann, Neues Testament und Mythologie (Anm. 21), 17f.

28 Der Text wurde gut vierzig Jahre später posthum publiziert: Rudolf Bultmann, Theologie als Wissenschaft, in: *ZThK* 81 (1984) 447–469.

29 Bultmann, Theologie als Wissenschaft (Anm. 28), 455 (Hervorhebung im Original).

30 Bultmann, Neues Testament und Mythologie (Anm. 21), 31.

extra nos auch darauf hinausläuft, dass der Mensch letztendlich einsam in sich selber zurückbleibt.[31]

Bultmanns Entmythologisierungsprogramm war übrigens nicht so neu wie es scheinen könnte. Bei Luther, Calvin und im Heidelberger Katechismus ist auch so etwas wie Entmythologisierung zu ermitteln. Wo die Alte Kirche im Glaubenssatz von der Niederfahrt zur Hölle eine ausführliche Mythologie hineinlas, negiert der Katechismus das alles und bezieht diesen Glaubenssatz auf Christi Gottverlassenheit am Kreuz, um dies als Verheißung dem angefochtenen Herz anzubieten.[32] Auch hier sind, genau wie bei Bultmann, Glaubensinhalt und Akt des Glaubens aufs engste miteinander verwoben; der entscheidende Unterschied aber ist der, dass bei den Reformatoren das *extra nos* seine befreiende Kraft weiter ausüben kann.

Kontext und Ziel von Bultmanns Vortrag

Bultmanns Vortrag war nicht so zeitlos und politisch irrelevant wie man denken könnte.[33] Auf den ersten Blick war das Thema „Neues Testament und Mythologie" ein rein wissenschaftlich-theologisches Thema, das höchs-

---

31 Vgl. J. Marinus de Jong, *Kerygma. Een onderzoek naar de vooronderstellingen van de theologie van Rudolf Bultmann* (Van Gorcum's theologische bibliotheek Nr. 31), Assen 1958, 161: „in Bultmann theologische bezinning gaat het minder om het geloof in God, dan om het geloof in het geloof als de enige mogelijkheid tot een zinvolle existentie." De Jong stelt weiter fest, dass „het heil noch de schepping, noch de voortgaande leiding Gods, noch de herschepping omvat, als niet de schuld verzoend, doch alleen de existentie tot ontwaken gebracht moet worden" (162).

32 Auf der fünften Tagung der Berlin-Brandenburger Sektion der Gesellschaft für Evangelische Theologie am 17. Juni 1942 bemerkte Gerhard Ebeling laut Protokoll, er hielte Bultmanns „doppelten Ansatz (…), in gleicher Weise vom Seinsverständnis des modernen Menschen, wie vom N.T. her vorzugehen (…), für problematisch (…). Besonders förderlich wäre die vergleichende Frage nach der Entmythologisierung bei Luther, z.B. nach der Torgauer Predigt über die Höllenfahrt Christi." (Zitat bei E. Bethge, *Dietrich Bonhoeffer*, 799).

33 Zur selben Zeit erschien ein Büchlein des niederländischen Theologen Kornelis Heiko Miskotte, *Bijbelsch ABC*, Nijkerk 1941 (=Biblisches ABC, Neukirchen 1976). In diesem Buch spricht er auch über die Kraft der Mythen. Einige Jahre vorher hatte er bereits ein Buch zu dieser Thematik veröffentlicht: *Edda en Thora. Een vergelijking van germaansche en israëlitische religie*, Nijkerk 1939 (neu veröffentlicht: als Band 7 der gesammelten Werke Miskottes, Kampen 1983). Es ist, wie der Untertitel angibt, ein struktureller Vergleich der heidnischen altgermanischen Mythen mit der Struktur der Schrift, der Tora

tens einen kirchlichen Zimmerbrand hätte entfachen können. Das Thema
„Mythologie" war aber in Wirklichkeit aktuell und bedrängend. Deutschland war ja vollständig im Bann der Mythen von Rasse, Blut und Boden! Auf
den großen nationalsozialistischen Parteitagen wurden die Toten des Ersten Weltkriegs beschworen und allerlei altgermanische Mythen feierten Ur-
stände. Auch die Theologie war davon nicht unbeeindruckt! So schrieb der
bekannte lutherische Theologe Paul Althaus in seiner Broschüre „Christus
und die deutsche Seele", dass die „germanische Seele" nach dem Gott fragt,
der mächtiger ist als die Macht des Schicksals und so „durch ihre eigene in-
nere Geschichte der Botschaft von Christus entgegengeführt"[34] werde. Die
Deutschen sollten sich Althaus zufolge auch darüber freuen, dass „Luther
das Evangelium gerade so verkündigt hat, wie es eine Antwort auf die besondere Frage der germanischen und der deutschen Seele ist. Wir dürfen
die eigentümlich deutschen Züge in seinem Christentum aufsuchen."[35] Was
betrachtet Althaus als Kennzeichen für eine mythologische Kategorie wie
die „germanische Seele" und warum passte Luthers Botschaft so gut dazu?
Nun, „Germanische Weltanschauung ist kämpferisch; der *Kampf* zwischen
Göttern und Riesen beherrscht die Welt. Luther faßt Christi Tat als Kampf
mit den feindlichen Mächten auf."[36] Die Suche nach den typisch deutschen
Zügen in Luthers Erleben des christlichen Glaubens käme also letztlich beim
Motiv des Streites heraus! Ohne zu erröten, werden hier germanische mythologische Gestalten – Götter und Riesen! – auf eine Ebene mit den Mächten
von Sünde, Teufel und Tod gesetzt, wie mit ihnen in der Theologie Martin
Luthers auf eine bestimmte Art – nämlich mit den „Waffen" des Glaubens an
Christus – gestritten wird. Dass der Streit in der germanischen Mythologie
einen radikal anderen Charakter hat als der Streit des Glaubens, so wie Luther darüber sprach, passt nicht in das Schema. Der christliche Glaube muss
und soll nahtlos an den Zeitgeist des nationalsozialistischen Lebensgefühls
anschließen.

Aber – wie verhält sich das zur Botschaft des Neuen Testaments, an der
sich die Lutheraner doch nach eigener Aussage orientieren? Althaus hat offensichtlich kein bisschen Mühe, auch das Neue Testament mit dieser mythischen Denkweise zu verbinden, wenn er schreibt, dass die Reformation

---

(vgl. Friedrich Wilhelm Marquardt, Barths Forderung einer „Biblischen Haltung" und
Miskottes „Alefbetisierung der Theologie", *ZDTh* 5 (1989), Nummer 1, 30–34).

34 Paul Althaus, *Christus und die deutsche Seele*, Gütersloh 1934, 8f.

35 A.a.O., 12.

36 A.a.O., 15 (Hervorhebung im Original).

bedeutet, dass die Deutschen „im Glauben ganz zu sich selbst [...] kommen
[…], indem ihnen das Evangelium des Neuen Testamentes in seiner Reinheit aufgeht"[37]. Aufs Neue trifft uns hier der fließende Übergang zwischen
„Glauben" auf der einen Seite und als Deutscher die eigene Identität finden
auf der anderen Seite. Es erstaunt darum nicht, dass die Bewegung auch umgekehrt verlaufen kann und dass der „eigene Volkscharakter" als wichtiges
Hilfsmittel, um das Evangelium recht zu entdecken, benannt werden kann.
Ausgerechnet für Luther selber, so meint Althaus zu wissen, ist nämlich „[s]
eine deutsche Art [...] wohl Hilfe für den Durchbruch zum echten Evangelium gewesen"[38]. Aber was ist dann das „echte" Evangelium des Neuen
Testaments „in seiner Reinheit"? Althaus beantwortet diese Frage, indem
er seine Aufmerksamkeit darauf legt, dass Luther „aus den vielen Klängen
des Neuen Testamentes" gerade die Freiheit des Christenmenschen in den
Vordergrund geholt hat, denn „darin dürfen wir eine deutsche Art erkennen. Der natürliche Trotz des Germanen wider die Mächte ist hier als Glau-
benstrotz wiedergeboren."[39] Dass Luthers bekannte Schrift „Von der Freiheit
eines Christenmenschen" als Thema die Glaubensfreiheit in Christus zum
Thema hat, macht nach Althaus deutlich, dass die „streitbare germanische
Volksseele" nicht nur ungebrochen bleiben kann, sondern mehr noch, dass
die Streitlust selber ein unveräußerlicher Kern des Glaubens im lutherischen
Sinn ist. Die „Volksseele" muss wohl durch eine „Wiedergeburt" hindurch,
aber was dann als „neuer" Mensch geboren wird, ist und bleibt ganz echt:
„deutsche Art". Es ist tatsächlich zu wenig, wenn Althaus behauptet, dass die
ursprüngliche deutsche Volksidentität ein „Hilfsmittel" ist um das Evangelium zu verstehen; es ist in Wirklichkeit eine Bedingung! Wie auch immer, es
ist deutlich, dass von einem als orthodox-lutherisch bekannten Theologen
wie Althaus wenig oder gar keine prinzipielle Kritik an den Mythen von Rasse, Blut und Boden zu erwarten war.

Dieser Eindruck reicht aus, um uns verstehen zu lassen, dass es 1941 gute
Gründe gab, die Mythologie aufs Korn zu nehmen. Bultmanns Vortrag auf
der Tagung der Gesellschaft für evangelische Theologie war also nicht nur
ein wissenschaftlich-theologischer Beitrag, sondern lässt sich auf einem tie-
feren Niveau auch als einen Ruf zur Besinnung auf der Basis der Aufklärung,
sagen wir von Lessing und Kant, hören. „Deutschland, mach dich innerlich

---

37 *A.a.O.*, 11.
38 *A.a.O.*, 11.
39 *A.a.O.*, 15.

frei von der Mythologie und kehre zurück zur Vernunft und damit zur Humanität!" In Bultmanns eigener Theologie schloss der Aufruf der Aufklärung nahtlos an die Botschaft des Neuen Testaments an, wie er sie verstand.[40]

Noch 1941 wurde „Neues Testament und Mythologie" zusammen mit einem Aufsatz über „Die Frage der natürlichen Offenbarung" unter dem Titel „Offenbarung als Heilsgeschichte" herausgegeben. Dass in „Die Frage der natürlichen Offenbarung" sogar Sätze standen, die unverblümt kritisch in Richtung der nationalsozialistischen Weltanschauung gerichtet waren, bestätigt der Gedanke, dass „Neues Testament und Mythologie" auch so aufgefasst werden wollte. Bultmann erläuterte dort, dass jede historische Erscheinung als solche mehrdeutig ist und dass

> „[d]as *Wesen der deutschen Volkes* [...] *nicht* als *eindeutiges Kriterium* vor[liegt], kraft dessen wir das Recht unseres Tuns klar beurteilen könnten. [...] Wie Nationaltugenden, so gibt es auch Nationallaster; was muß als solches gelten? Die Eigentlichkeit deutschen Wesens steht als erst zu ergreifende vor uns wie das eigentliche Selbst jedes Einzelnen vor ihm steht."[41]

Der Mensch ist vor Gott Sünder und seine Geschichte ist eine Geschichte sündiger Menschen, die wir nicht als Offenbarung, sondern eher als Verhüllung Gottes deuten müssen. Der Text von „Die Frage der natürlichen Offenbarung" wurde nicht in Alpirsbach vorgetragen, aber – sicher absichtlich, wenn auch aus mir unbekannten Gründen – für die Publikation angefügt. Möglicherweise war die dahinterliegende Absicht darin begründet, dass sowohl Titel als auch Inhalt deutlich machen sollten, dass es um eine Publikation aus der Bekennenden Kirche ging.

---

40 Vgl. Konrad Hammann, *Rudolf Bultmann. Eine Biographie,* Tübingen 2009, 308f; Friedrich Wilhelm Marquardt, „Der Wille als Tatwille ist von vornherein böse". Ideologiekritik und Ideologie in einem prägnanten Satz Rudolf Bultmanns, in: *EvTh* 62 (2002) 420–423.

41 Rudolf Bultmann, Die Frage der natürlichen Offenbarung, in: ders., *Glauben und Verstehen. Gesammelte Aufsätze. Zweiter Band,* Tübingen 1993⁶, 92f (Hervorhebung im Original).

Reaktionen

Die Reaktionen auf „Neues Testament und Mythologie" waren in den Kreisen der Bekennenden Kirche zunächst deutlich ablehnend.[42] Als Bultmann seinen Vortrag in Alpirsbach gehalten hatte, sagte der spätere Bischof Hanns Lilje zu Hans Asmussen, „daß nun wohl ein Lehrzuchtgespräch erforderlich würde". Asmussen sollte kurze Zeit später im Auftrag der Mehrheit der zur Bekennenden Kirche gehörenden Berliner Pfarrer tatsächlich schreiben: „Ausführungen dieser Art kann die Christenheit nicht anders begegnen als den Irrtümern der D[eutschen] C[hristen]"[43]. Hans Joachim Iwand, ein führender Theologe der Bekennenden Kirche, schrieb am 16. März 1942 an Günther Bornkamm, dass was ihn betrifft „hier zum mindesten die Grenze dessen erreicht ist, was kirchlich-theologisch noch tragbar ist"[44] und stempelte Bultmanns Vortrag in einem Brief, den er zwei Wochen später, am 30. März 1942, an Ernst Wolf schrieb, selbst als eine „Erscheinung von Senilität"[45] ab.

---

42 Vgl. Wolf, Vorwort (Anm. 19), 3: „Als Rudolf Bultmanns Vortrag ‚Neues Testament und Mythologie' […] Anfang 1942 erschien, war die Reaktion darauf innerhalb und außerhalb der Bekennenden Kirche sehr mannigfaltig. Sie begann mit lebhaften Protesten."

43 Zitiert bei Rainer Riesner, Die erste Entmythologisierungsdebatte – eine Kontroverse innerhalb der Bekennenden Kirche, in: ThBeitr 46 (2015) Heft 2/3 (Mai 2015), 113f.

44 Passagen aus Iwands Brief an Günther Bornkamm vom 16. März 1942 sind zitiert in: Jürgen Seim, Hans Joachim Iwand. Eine Biografie, Gütersloh 1999[2], 271f. (das Zitat steht auf 272).

45 In seinem Brief an Ernst Wolf vom 30. März 1942 (zitiert in: Hammann, Rudolf Bultmann, [Anm. 40], 314, Fußnote 264). Im Sommer 1943 fand in Halle an der Saale in einem kleinen Kreis eine Diskussion über Bultmanns Entmythologisierungsprogramm statt, in dem Schniewind ein Referat hielt (das Manuskript wurde posthum veröffentlicht, zunächst mit dem Titel: Entmythologisierung? Prof. Schniewind/Halle an Prof. Bultmann/Marburg, in: Entmythologisierung (Anm. 19), 7–69; später unter dem Titel: Antwort an Rudolf Bultmann. Thesen zum Problem der Entmythologisierung, in: Bartsch [Hg.], Kerygma und Mythos I (Anm. 21), 77–121) und Bultmann reagierte (Prof. Rudolf Bultmann zu den 7 Thesen von Prof. Julius Schniewind, in: Entmythologisierung (Anm. 19), 69–93 = Zu Schniewinds Thesen das Problem der Entmythologisierung betreffend, in: Bartsch [Hrsg.], Kerygma und Mythos I (Anm. 21), 122–138; vgl. Hans Joachim Kraus, Julius Schniewind. Charisma der Theologie, Neukirchen 1965, 244–254). Schniewind weist an einzelnen Stellen in den Fußnoten auf Iwand hin, mit dem er in Königsberg eng zusammengearbeitet hatte und dem er sehr verbunden war. Die Art und Weise, dass Schniewind nur auf Iwand Bezug nimmt, macht den Eindruck, als hätte er zuvor mit ihm über seinen Vortrag gesprochen (Schniewind, Antwort Bultmann, 79 Fußnote 1 und 120 Fußnote 4). Merkwürdigerweise übergeht Hammann in seiner Bultmann-Biographie

Eberhard Jüngel zeigt diese Qualifikation Iwands mit kaum verstecktem Abscheu an,[46] aber die Ehrlichkeit gebietet es zu erkennen, dass Bultmanns Plädoyer für *Entmythologisierung* theologisch tatsächlich unzureichend durchdacht war.[47] Abgesehen von den theologischen Bedenken stellte sein Plädoyer, die Aufklärung gegen die Mythen ins Feld zu bringen, aber nicht die Frage, ob sich das, was sich in Deutschland vollzog, mit der Aufklärung überhaupt etwas zu tun habe. Es war wohl kein Zufall, dass zwei kritische Philosophen aus der Tradition der Aufklärung, Theodor Adorno und Max Horkheimer, zur selben Zeit die Veranlassung sahen, ein Buch mit dem viel-sagenden Titel *Dialektik der Aufklärung* zu verfassen, in dem sie deutlich machten, dass der Geist der Aufklärung nicht vor der Verführung durch die totalitären Ideologien des 20. Jahrhunderts gefeit war.[48]

Zurück zu Jüngel. Er hat glücklicherweise auch ein Gegenstück zu Iwand gefunden – und zwar denselben wie Bultmanns Biograph Konrad Ham-mann: Niemand anders als ausgerechnet den Theologen der Bekennenden Kirche, der wegen seiner unwissenschaftlichen Auslegung des Alten Testa-ments unter Beschuss gestanden hatte:[49] Dietrich Bonhoeffer.[50]

---

die Diskussion in Halle an der Saale vollständig (vgl. Riesner, Die erste Entmythologisie-rungsdebatte – eine Kontroverse innerhalb der Bekennenden Kirche (Anm. 44), 114f).

46 Eberhard Jüngel, Einleitung, in: ders., *Glauben und Verstehen. Zum Theologiebegriff Ru-dolf Bultmanns. Vorgetragen am 20. Oktober 1984* (Sitzungsberichte der Heidelberger Akademie der Wissenschaften, Philosophisch-Historische Klasse, Jahrgang 1985, Bericht 1), Heidelberg 1985, 8: „… Hans Joachim Iwand den Text sogar als "Erscheinung von Senilität" diagnostizieren zu müssen meinte …".

47 Kevin J. Vanhoozer weist zurecht darauf hin, dass "the cosmology that Bultmann takes away with his left hand returns as human ontology in his right" (*Remythologizing theol-ogy. Divine Action, Passion, and Authorship* [Cambridge Studies in Christian Doctrine], Cambridge 2010], 15).

48 Max Horkheimer / Theodor Adorno, *Dialektik der Aufklärung. Philosophische Fragmente*, Amsterdam, 1947. Nach der *Vorrede* haben sie ihr Manuskript im Mai 1944 abgeschlos-sen. Sie weisen darin darauf hin, „daß die Ursache des Rückfalls von Aufklärung in My-thologie nicht so sehr bei den eigens zum Zweck des Rückfalls ersonnenen nationalisti-schen, heidnischen und sonstigen modernen Mythologien zu suchen ist, sondern bei der in Furcht vor der Wahrheit erstarrenden Aufklärung selbst" (Max Horkheimer / Theodor Adorno, *Dialektik der Aufklärung. Philosophische Fragmente*, Frankfurt am Main 1969, 3).

49 Vgl. Bethge, *Dietrich Bonhoeffer*, (Anm. 13), 598ff.

50 Vgl. Jüngel, Einleitung (Anm. 47), 8f; Hammann, *Rudolf Bultmann*, (Anm. 40), 315f.

5. Bonhoeffers Reaktion auf Bultmanns Vortrag

Von Bonhoeffer haben wir – ich verwies bereits darauf – nur wenige Brief-
aussagen über Bultmanns Vortrag, aber es findet sich nirgendwo eine
ausführliche Reaktion oder gar eine eigene Publikation dazu. Nun ist das
weniger überraschend als es scheinen könnte, denn einerseits hatte die Nazi-
Regierung im Mai 1941 auf einen Schlag alle kirchlichen Zeitschriften verboten[51] und andererseits hatte Bonhoeffer selber seit 1940 ein Reichsrede-
und ein Reichsschreibverbot.[52] Nach der Zeitschrift *Evangelische Theologie*
musste die Bekennende Kirche 1941 auch die Broschürenreihe *Theologische
Existenz heute* für die Kriegszeit einstellen und auch die eben gegründete
Gesellschaft für evangelische Theologie musste ihre Aktivitäten auch 1941
schon wieder auf Eis legen, auch wenn hier und da regional oder lokal wohl
noch Gespräche stattfanden.[53] Dass der Vortrag Bultmanns selber noch erscheinen konnte, war darum die Besonderheit.[54] Die Diskussion darüber
musste aber bis nach dem Krieg warten. Ebenso wie in den dreißiger Jahren
gab es für die Theologen nach dem Überfall auf die Sowjetunion dringendere
Angelegenheiten. Dass wir von Bonhoeffer nur einzelne Anmerkungen in
Briefen haben, ist also weniger überraschend, als es scheinen könnte.

Bonhoeffers Haltung in der Kontroverse um Bultmann

Das erste Mal, dass wir von Bonhoeffer etwas über Bultmann hören, ist sein
Brief an Ernst Wolf vom 24. März 1942. Er äußert darin seine Freude über
die Veröffentlichung von Bultmanns Buch, in dem sein Vortrag „Neues Testament und Mythologie" aufgenommen wurde – und er schreibt, dass er
wieder einmal von der „intellektuellen Redlichkeit" – tatsächlich mit diesem

---

51 Vgl. Jörg Thierfelder, *Das Kirchliche Einigungswerk des württembergischen Landesbischofs
   Theophil Wurm* (AKZG Reihe B. Bd. 1), Göttingen 1975, 12.

52 Vgl. Bethge, *Dietrich Bonhoeffer*, (Anm. 13), 781, 820.

53 Neben der in Fußnote 46 genannten Diskussion in Halle an der Saale fanden auch andere Zusammenkünfte statt; es wurden auch regionale Theologengruppen gegründet (vgl.
   Hammann, *Rudolf Bultmann* (Anm. 40), 313–319, v.a. 315; Werner Zager, „Die theologische Arbeit als solche ist kirchlich". Gelebte theologische Existenz im Dritten Reich:
   Bultmann und Bornkamm (Anm. 16), 146.

54 In der Bekennenden Kirche gab es darum auch Vorhaltungen, dass man das kostbare
   Papier aus ihrem Vorrat ausgerechnet für die Publikation dieses Vortrags gebraucht habe,
   was übrigens gar nicht der Fall war (vgl. Hammann, *Rudolf Bultmann* (Anm. 40), 313.f.).

für Max Weber charakteristischen Ausdruck – seines Denkens beeindruckt sei. Dass man auf dem Konvent der Berliner Bekennenden Kirche erwogen habe, einen Protest aus Anlass dieser Publikation an Bultmann und Wolf zu senden, hielt er für eine Aktion von Einzelnen, die sich wichtig taten, aber nichtsdestoweniger war es für die Bekennende Kirche „eine wirkliche Schande"[55].

Drei Monate später, am 25. Juli 1942, schreibt Bonhoeffer an seinen früheren Studenten Winfried Kraus über Bultmanns Vortrag. Zunächst weist er darauf hin, dass er dessen Erscheinen begrüßt, auch wenn er nicht ganz mit dem Vortrag übereinstimme. Es ist ihm zufolge gut, dass Bultmann die Bekennende Kirche aus ihrer Komfortzone herausjagt. Es ist nämlich kein gutes Vorgehen, lästige Fragen zu verdrängen. Bonhoeffer lässt beide Argumentationsformen, die Bultmann in seinem Vortrag benutzte, Revue passieren – sowohl die theologischen wie die geistesgeschichtlichen. Das theologische Argument liegt in seiner Interpretation von Joh 1,14 begründet: „Das Wort wurde Fleisch". Für Bultmann ist das ein Schlüsselsatz: Das Wort Gottes muss nicht länger in der Sphäre des philosophischen Seins oder einer Mythologie gesucht werden, sondern kenotisch verstanden werden, als wirkliche Selbstentäußerung. Wir begegnen Gott nur im Menschen Jesus, und das heißt im Ruf, der uns im Kerygma trifft. Das andere Argument kommt aus der Moderne: Hier arbeitet er mit einer von Max Weber her bekannten Argumentation, dass wir nämlich nicht mehr Gott im Donner sprechen hören können, seit wir wissen, dass Blitze plötzliche Entladungen einer elektrisch geladenen Wolke sind, die wir im Labor nach Belieben zu jeder gewünschten Zeit erzeugen können.

Bonhoeffer hat keine Mühe damit, dass Bultmann auch die Moderne ins Feld bringt, aber er ist darüber, dass er beide Arten von Argumenten miteinander vermischt, nicht glücklich. Ich lese das so, dass Bonhoeffer Fragen an die Art und Weise hat, mit der Bultmann z.B. die Christologie durch das

---

55 Brief an Ernst Wolf vom 24 März 1942 (in: Dietrich Bonhoeffer, *Konspiration und Haft 1940–1945*, hg. v. Jørgen Glenthøj, Ulrich Kabitz und Wolf Krötke, bearb. v. Herbert Anzinger [DBW 16], Gütersloh 1996, 248: „Große Freude habe ich an dem neuen Bultmannheft. Mich beeindruckt die intellektuelle Redlichkeit seiner Arbeiten immer wieder. Hier soll kürzlich Dilschneider auf dem Berliner Konvent in ziemlich blöder Weise über Bultmann und Sie hergezogen sein und der Konvent hätte, wie ich höre, um ein Haar ein Protest gegen Bultmann's Theologie an Sie geschickt! Und das ausgerechnet von den Berlinern! Ich möchte wissen, ob einer von denen den Johannes-Kommentar durchgearbeitet hat. Diese Dünkelhaftigkeit, die hier floriert – ich glaube unter dem Einfluß einiger Wichtigtuer – ist für die Bekennende Kirche eine wirkliche Schande."

Abstimmen mit der Moderne neu bestimmt. Das bedeutet nicht, dass die
Fragen nicht gestellt werden können, doch erkennt Bonhoeffer, dass die
Menschen, die für diesen neuen Wind zugänglich sind, damit überfordert
sein könnten.[56] Wenn auch Bonhoeffer sich zu den Menschen zählt, die die
Fragen aus der Moderne verdrängen, halte ich diese Bemerkung für einen
Ausrutscher. Steht er über den anderen? Woher weiß Bonhoeffer so sicher,
dass er selber nicht angesteckt werden könnte?

Zweieinhalb Monate später äußert er sich in seinem Brief an Ernst Wolf
vom 13. September 1942 wieder zum Thema, grundsätzlich im gleichen Sinn.
Aus Marburg hatte er gehört, dass der örtliche Bruderrat der Bekennenden
Kirche einen Beschluss über den Ausschluss Bultmanns vorbereiten würde.
Er stöhnt: „Diese theologischen Pharisäer und Werkgerechten!" Ein Lehr-
zuchtverfahren kann ihm zufolge übrigens ganz und gar nicht auf lokaler
Ebene stattfinden; es müsste eine Konferenz auf überregionaler Ebene mit
überregionalen Bruderräten stattfinden. Und sollte es zu einem Ausschluss
Bultmanns kommen, dann würde er – Bonhoeffer also – sich „mit ausschließen lassen, nicht weil ich Bultmann zustimmte, sondern weil ich die Haltung
der andern für noch ungleich gefährlicher halte als die Bultmanns."[57]

---

56 Brief an Winfried Krause vom 25 Juli 1942 (in: Bonhoeffer, *Konspiration und Haft 1940–
1945* [Anm. 55], 344f): „Nun zu Bultmann: ich gehöre zu denen, die seine Schrift begrüßt
haben; nicht weil ich ihr zustimme, ich bedaure den doppelten Ansatz in ihr (das Argument von Joh. 1,14 und vom Radio her sollte nicht vermischt werden, dabei halte ich
auch das zweite für ein Argument, nur müßte die Trennung klarer sein), soweit bin ich
also vielleicht noch ein Schüler Harnack's geblieben. Grob gesagt: Bultmann hat die Katze
aus dem Sack gelassen, nicht nur für sich, sondern für sehr viele (die liberale Katze aus
dem Bekenntnissack) und darüber freue ich mich. Er hat gewagt zu sagen, was viele in
sich verdrängen (ich schließe mich ein), ohne es überwunden zu haben. Er hat damit der
intellektuellen Sauberkeit und Redlichkeit einen Dienst geleistet. Der Glaubenspharisäis-
mus, der nun dagegen von vielen Brüdern aufgeboten wird, ist mir fatal. Nun muß Rede
und Antwort gestanden werden. Ich spräche gern mit Bultmann darüber und möchte
mich der Zugluft, die von ihm kommt, gern aussetzen. Aber das Fenster muß dann auch
wieder geschlossen werden. Sonst erkälten sich die Anfälligen zu leicht."
57 Brief an Ernst Wolf vom 13 September 1942 (in: Bonhoeffer, *Konspiration und Haft 1940–
1945* [Anm. 55], 357f): „Den zweiten Hauptteil der neuen Dogmatik habe ich gelesen,
zum ersten kam ich noch nicht. Bei Vischer bin ich gerade. Wie ich aus Marburg höre,
wird der dortige Bruderrat in diesen Tagen über den Ausschluß Bultmanns aus der BK
beschließen! Diese theologischen Pharisäer und Werkgerechten! Sollte es wirklich zum
Ausschluß kommen, es müßte Sache ja vor die Konferenz der Landesbruderräte. Wenn
die Sache hier passierte, würde ich mich, glaube ich, mit ausschließen lassen, nicht weil
ich Bultmann zustimmte, sondern weil ich die Haltung der andern für noch ungleich
gefährlicher halte als die Bultmanns. (...) Es ist vielleicht doch gar kein Schade, daß die

Wenn wir eine Zwischenbilanz von Bonhoeffers Bemerkungen im Jahre 1942 ziehen, sehen wir, dass er in beiden Briefen angibt, dass er mit Bultmann nicht einig ist, aber zugleich sehr wohl meint, dass die Fragen, die er auf den Tisch gelegt hat, auch behandelt werden müssen. Es geht um wissenschaftliche Ehrlichkeit, die sich weigert, Fragen unter den Tisch fallen zu lassen oder sie für verboten zu erklären. Es ist gut, dass Bultmann die „liberale Katze aus dem Sack geholt hat". Bonhoeffer deutet damit an, dass die Bekennende Kirche ihre eigene verborgene Freizügigkeit nicht wahrhaben will und dass Bultmann dies nun – zu Recht – auf die Tagesordnung gesetzt hat.

Erwähnenswert ist noch, dass Bonhoeffer in seinem Brief an Ernst Wolf vom 24. März 1942 Otto Dilschneider kritisiert. Das ist kein Zufall, denn Bonhoeffer schreibt in diesen Tagen eine ausführliche Rezension eines Artikels Dilschneiders über den Unterschied zwischen dem Ethos mit Personenbezug und Ethos mit Sachbezug, woraufhin er – aufgrund der Ohnmacht, die daraus spricht, in der Wirklichkeit des Dritten Reichs in ethischer Hinsicht einen Weg weisen zu können – scharfe Kritik äußert.[58] Diesen Hintergrund sollten wir auch vor Augen haben, wenn wir nun auf die Briefe an Bethge aus dem Jahre 1944 zugehen. Bonhoeffer teilt die Erkenntnis, dass die Bekennende Kirche Gefahr läuft, ihre konfessionelle Identität zu betonen, aber damit allein ihre Ohnmacht zum Ausdruck bringt, in der Wirklichkeit von Nazi-Deutschland ihren Weg in wirklichem Gehorsam dem Worte Gottes gegenüber zu gehen. Das heißt: Sie lässt an Anderen sehen – und sieht ihre eigene Armut nicht.

Bleibt die Frage: Wie steht Bonhoeffer 1942 nun zu Bultmanns Plädoyer der Entmythologisierung des Neuen Testaments? Um diese Frage gut beantworten zu können, beziehe ich mich zunächst auf einige andere Bemerkungen Bonhoeffers aus demselben Jahr.

Vom 15. bis 24. September machte Bonhoeffer in seiner Tätigkeit als Agent der Abwehr – der Geheimdienst der Wehrmacht, in dem eine Zelle Pläne für einen Anschlag auf Hitler und einen Staatsstreich schmiedete – eine Reise in die Schweiz. Bei dieser Gelegenheit besuchte er Karl Barth und legte ihm die Frage vor, ob die in die Schweiz ausgewichenen Theologen der Bekennenden Kirche, die viele Jahre in Deutschland gearbeitet hätten –

Bultmannschrift als letzte noch herauskam. Es wird damit die Frage offen gehalten, die gerade in der BK gestellt werden durfte und mußte und mit ihr bleibt auch die Frage nach dem Selbstverständnis der BK bis auf Weiteres offen und das ist doch wohl gut."

58 Dietrich Bonhoeffer, Studie zum Thema „Personal-" und „Sach"ethos, in: ders., *Konspiration und Haft 1940–1945* (Anm. 56), 550–562.

Barth selber, aber auch Alfred de Quervain und Wilhelm Vischer – nicht zu
dritt ein Büchlein mit einer klaren theologischen Kontur schreiben könnten,
eine Art „Weihnachtsheft für die Bekennende Kirche"[59]. Darin – so schlug
Bonhoeffer vor – sollte Wilhelm Vischer nach Möglichkeit das Thema „Geschichte und Enderwartung" bearbeiten.[60] Zu seiner Bemerkung im Brief an
Ernst Wolf vom 13. September 1942 – nach seiner positiven Reaktion auf
Bultmanns Vortrag! –, dass er den soeben erschienenen zweiten Teil von Vischers *Christuszeugnis des Alten Testaments* lese, passt gut, dass die theologische Linie, die er erwartet, nicht die Bultmanns ist. Immer dann, wenn es
um Geschichte und Eschatologie geht, vertreten Bultmann und Vischer zwei
fundamental verschiedene Linien.

Im selben Brief vom 13. September 1942 an Ernst Wolf schreibt er auch,
dass er Barths *Kirchliche Dogmatik II.2*[61] – er konnte von einer Reise in die
Schweiz im Mai 1942 eine Korrekturfahne mitnehmen – teilweise gelesen
habe. Dass er gerade in diesem Brief nicht allein Vischers Buch nennt, sondern auch diesen Teil von Barths Dogmatik, sagt durchaus etwas. Sein Ein-
treten für Bultmann bedeutet daher in jedem Fall nicht, dass er die „Fronten"
gewechselt hat. In den Texten, die er in dieser Zeit für seine *Ethik* schreibt,
fällt auch auf, dass er Barth verarbeitet. Es führt ihn auch dazu, dass er das
Eröffnungskapitel neu schreibt, um von dort aus weiter zu arbeiten.[62]

Bonhoeffer stellt sich 1942 also wohl auf die Seite Bultmanns, aber es
spricht viel dafür, dass wahr ist, was er an Krause und Wolf schreibt, dass
er nämlich nicht in seiner Spur wandelt. Und wie ist das 1944? Angesichts
der folgenden Wahrnehmung von Ralf Wüstenberg können wir nicht
ausschließen, dass sich eine Veränderung ergeben hat: „Während sich angesichts KD II, 2 eine gewisse Nähe zwischen Barth und Bonhoeffer in *ethischen
Fragen* einstellt, so wird sich hinsichtlich KD I, 2 und den Tegeler Briefen
zeigen, daß beide Theologen in der *Religionsauffassung* auseinandergehen."[63]

---

59 So die Formulierung nach dem Vorschlag von Charlotte von Kirschbaum in ihrem Brief
   an Paul Vogt vom 22 September 1941 (in: Bonhoeffer, *Konspiration und Haft 1940–1945*
   [Anm. 55], 207).

60 Bonhoeffer, *Konspiration und Haft 1940–1945* (Anm. 55), 207f.

61 Karl Barth, *Die Kirchliche Dogmatik II.2. Die Lehre von Gott*, Zollikon / Zürich 1942.

62 Vgl. Dietrich Bonhoeffer, *Ethik*, hg. v. Ilse Tödt, Heinz-Eduard Tödt, Ernst Feil u. Clifford
   Green (DBW Bd. 6), Gütersloh 1998², 302 (Fußnote 4).

63 Ralf K. Wüstenberg, *Glauben als Leben. Dietrich Bonhoeffer und die nichtreligiöse Interpretation biblischer Begriffe*, Frankfurt/M., 1996, 112 (Hervorhebung im Original).

Bultmanns Entmythologisierung und Bonhoeffers nicht-religiöse Interpretation

Am 5. Mai 1944 schreibt Bonhoeffer – er ist seit gut einem Jahr gefangen – an Eberhard Bethge über Bultmanns Beitrag zur Diskussion über die Entmythologisierung des Neuen Testaments, dass dieser seinem Urteil zufolge nicht – so wie die meisten dächten – zu weit gegangen sei, sondern gerade umgekehrt: zu wenig weit! Bultmann – so Bonhoeffer – kehre nämlich letztlich zur alten liberalen – das Evangelium verkürzende – Herangehensweise zurück. Das sei aber kein gangbarer Weg, denn man könne das, was Bultmann „mythologische" Begriffe nenne wie etwa „Wunder" und „Himmelfahrt", nicht lösen von den unaufgebbaren biblischen Kernworten wie „Gott" und „Glaube", die er stehen lassen wolle. „Gott – ein Wort, an dem Bultmann also festhalten wolle – und „Wunder" – eine in seinen Augen überholte „mythologische" Kategorie" – lassen sich nun einmal nicht voneinander trennen.[64] Wer das Wort „Gott" in den Mund nimmt, muss sich Rechenschaft darüber geben, dass seine Hörer oder Gesprächspartner dabei an die Sphäre der Metaphysik oder der Innerlichkeit denken. In der Geschichte des Christentums des 19. Jahrhunderts ist das Evangelium immer mit diesen Begriffen ausgedrückt worden. Bultmann nehme wohl das moderne rational-wissenschaftliche Weltbild ernst, aber er lasse die Sphäre der Innerlichkeit unangetastet. Stärker noch: Er binde den christlichen Glauben extra daran! Auch sei Bultmann nicht dabei, radikal aufzuräumen mit dem theologischen Sprechen über Gott; er bewege sich vielmehr in einem Sprachfeld, das dem Verstehen des Evangeliums inzwischen nicht länger diene, sondern vielmehr im Wege stehe und darum aufgegeben werden müsse.

In seinem Brief vom 30. April 1944 – eine Woche vorher also – hatte Bonhoeffer Bultmanns Annäherung an die Fragen der eigenen Zeit auf der

---

64 Bonhoeffer, *Widerstand und Ergebung* (Anm. 2), 414f: „Du erinnerst Dich wohl des Bultmann'schen Aufsatzes ‚Entmythologisierung des N.T.'. Meine Meinung dazu würde heute die sein, daß er nicht ‚zu weit', wie die meisten meinen, sondern zu wenig weit gegangen ist. Nicht nur ‚mythologische' Begriffe wie Wunder, Himmelfahrt etc. (die sich ja doch nicht prinzipiell von den Begriffen Gott, Glauben etc. trennen lassen!), sondern die ‚religiösen' Begriffe schlechthin sind problematisch. Man kann nicht Gott und Wunder voneinander trennen (wie Bultmann meint), aber man muß beide ‚nicht-religiös' interpretieren und verkündigen können. Bultmanns Ansatz ist eben im Grunde doch liberal (d.h. das Evangelium verkürzend), während ich theologisch denken will. Was heißt nun ‚religiös interpretieren'? Es heißt m.E. einerseits metaphysisch, andrerseits individualistisch reden. Beides trifft weder die biblische Botschaft noch den heutigen Menschen."

Basis dessen, was Paulus über die Rechtfertigung durch die Werke des Gesetzes im Gegenüber zur Rechtfertigung durch den Glauben schreibt, über-
nommen – aber das nicht so wie Bultmann bezogen auf die Sphäre der *Ratio*, des Denkens, sondern eher auf die der *Religion*. Bonhoeffers Einwand
ist, dass Bultmann mit seiner Kritik zu früh aufhöre, indem er das Problem
des Verstehens des Evangeliums in der Sphäre der Ratio suche, die er von
der des existenziellen Selbstverständnisses abschirme. Er sieht nicht, dass
das Selbstverständnis des Menschen mit allen Fasern mit dem Lebensgefühl
der eigenen Zeit verwoben ist. Darum darf das Problem des Verstehens des
Evangeliums auch nicht in der Moderne gesucht werden. Der eigentliche
Stolperstein ist nicht, dass von der *Ratio* ein *sacrificium intellectus* erwartet
wird, sondern dass die *Religion* als „Bedingung des Heils"[65] fungiert!

Der Unterschied zwischen Bonhoeffer und Bultmann geht tatsächlich
tiefer, als dass er sich nur auf unterschiedliche Felder richte. Auch wenn
Bonhoeffer Bultmanns Argumentationsweise übernimmt, vor allem Paulus'
Einsatz gegen die Beschneidung von Nicht-Juden als Bedingung für ihr Heil,
gibt es doch einen wichtigen Unterschied zwischen dem Verständnis von
„Gesetz" und „Beschneidung" bei dem einen und dem anderen. Wo Bultmann sich gegen den Zwang richtet, mythologische Vorstellungen früherer
Zeiten als Bedingung für den Glauben anzuführen und den Menschen seiner Zeit als selbstbewussten Erben der Aufklärung ansieht, hat Bonhoeffer
eher das Umgekehrte vor Augen, nämlich dass der Mensch es sich in der
Komfortzone der Religion zu einfach mit den Fragen macht, die aus der Wissenschaft und dem Leben selbst kommen. Man spricht über Gott, wo das
menschliche Wissen – nicht selten aus Denkfaulheit – nicht weiterkommt
oder wo die menschliche Kraft nicht ausreicht.[66] So sehr Bultmann für intellektuelle Ehrlichkeit steht und Beifall aus der Sicht des modernen ratio-
nal-wissenschaftlichen Denkens verdient: In Wirklichkeit gibt er die Welt
des Denkens preis und flieht in die Innerlichkeit. Bultmann gibt wohl einer
traditionellen Metaphysik den Abschied, aber das andere Kennzeichen der
Religion, das individualistische, die exklusive Bezogenheit auf den einzelnen

---

65 Bonhoeffer, *Widerstand und Ergebung*, (Anm. 2) 406.
66 Bonhoeffer, *Widerstand und Ergebung* (Anm. 2), 407: „Die Religiösen sprechen von Gott,
   wenn menschliche Erkenntnis (manchmal schon aus Denkfaulheit) zu Ende ist oder
   wenn menschliche Kräfte versagen – es ist eigentlich immer der deus ex machina, den sie
   aufmarschieren lassen, entweder zur Scheinlösung unlösbarer Probleme oder als Kraft
   bei menschlichem Versagen, immer also in Ausnutzung menschlicher Schwäche bzw. an
   den menschlichen Grenzen".

Menschen und sein Fragen, lässt er stehen, ja verstärkt es sogar. Alles Reden über Gott und sein Heil muss durch diesen „Trichter" hindurch. Abgesehen davon, dass das ein Verhältnis ist, das nicht mit dem in Einklang steht, was in einem Brief wie dem von Paulus an die Galater als freier Glaube in Christus gezeichnet wird, führt das auch dazu, dass das kirchliche Sprechen auf eine kulturelle Gestalt zugeschnitten wird, deren Verschwinden nahe ist.

Die eigentliche Frage, mit der Bonhoeffer beschäftigt ist, lautet: Wie kann Christus Herr des „religionslosen Menschen" werden?[67] Die Antwort auf diese drängende Frage muss etwas von der Art und Weise in sich haben, mit der Christus zu den Galatern kam, nämlich nicht entlang ihres religiösen Suchens und Verlangens, sondern als ungedachte und unerwartete Verheißung eines neuen Bestehens, an der sie ohne Vorbedingungen durch den Geist Anteil erhielten. In den „Gedanken zum Tauftag" des Sohnes von Eberhard und Renate Bethge, die Bonhoeffer am 18. Mai 1944 an sie verschickte, zeigt Bonhoeffer, wonach er Ausschau hält, nämlich dass die großen – „mythologisch" geladenen! – Worte des Evangeliums wie Versöhnung, Erlösung, Wiedergeburt, Leben in Christus und dem Heiligen Geist aufs Neue leben und sprechen. Dahin muss es gehen und „[d]arum müssen die früheren Worte

---

67 Vgl. Bonhoeffer, *Widerstand und Ergebung* (Anm. 2), 403f: „Wir gehen einer völlig religionslosen Zeit entgegen; die Menschen können einfach, so wie sie nun einmal sind, nicht mehr religiös sein. Auch diejenigen, die sich ehrlich als ‚religiös' bezeichnen, praktizieren das in keiner Weise; sie meinen vermutlich mit ‚religiös' etwas ganz anderes. Unsere gesamte 1900jährige christliche Verkündigung und Theologie baut auf dem ‚religiösen Apriori' der Menschen auf. ‚Christentum' ist immer eine Form (vielleicht die wahre Form) der ‚Religion' gewesen. Wenn nun aber eines Tages deutlich wird, daß dieses ‚Apriori' gar nicht existiert, sondern daß es eine geschichtlich bedingte und vergängliche Ausdrucksform des Menschen gewesen ist, wenn also die Menschen wirklich radikal religionslos werden – und ich glaube, daß das mehr oder weniger bereits der Fall ist (woran liegt es z.B., daß dieser Krieg im Unterschied zu allen bisherigen eine ‚religiöse' Reaktion nicht hervorruft?) –, was bedeutet das denn für das ‚Christentum'? Unserem ganzen bisherigen ‚Christentum' wird das Fundament entzogen und es sind nur noch einige ‚letzte Ritter' oder ein paar intellektuell Unredliche, bei denen wir ‚religiös' landen können. Sollten das etwa die wenigen Auserwählten sein? Sollen wir uns eifernd, piquiert oder entrüstet ausgerechnet auf diese zweifelhafte Gruppe von Menschen stürzen, um unsere Ware bei ihnen abzusetzen? Sollen wir ein paar Unglückliche in ihren schwachen Stunden überfallen und sie sozusagen religiös vergewaltigen? Wenn wir das alles nicht wollen, wenn wir schließlich auch die westliche Gestalt des Christentums nur als Vorstufe einer völligen Religionslosigkeit beurteilen müßten, was für eine Situation entsteht dann für uns, für die Kirche? Wie kann Christus der Herr auch der Religionslosen werden?"

kraftlos werden und verstummen".[68] Das Wort „müssen" drückt aus, dass
es nicht anders sein kann, wenn denn die großen Worte des Evangeliums
wieder glänzen und ihre Kraft ausüben können.

In seinem Brief vom 8. Juni 1944 kommt Bonhoeffer auf die Frage der
Religion zurück. Er beginnt mit der Behauptung, dass Bultmann in seiner
Kritik an Barth ins Schwarze getroffen hätte, aber auf der verkehrten Seite.
Bultmann befreit den christlichen Glauben von seinen „mythologischen"
Elementen und reduziert das Neue Testament auf eine mythologische Formulierung einer allgemeinen Wahrheit, lautet Bonhoeffers Vorwurf. Ein
schärferes Urteil ist nicht möglich, denn dies war genau die reduktionisti-
sche Vorgehensweise der liberalen Theologie, aus der Bultmann herauszu-
kommen suchte![69] Bonhoeffer lässt keinen Zweifel zu, dass er von der „Ra-
senmähermethode" im Blick auf den Inhalt des Neuen Testaments nichts
hält. Das, was Bultmann als „Mythologie" abstempelt – Bonhoeffer nennt
als Beispiel die Auferstehung – ist nämlich die Sache selber! Bonhoeffer will
wohl zusammen mit Bultmann die Fragen des modernen Denkens auf sich
zukommen lassen und es sich damit auch nicht zu einfach machen, aber das
bedeutet eben nicht, dass er so wie Bultmann ohne weiteres kapituliert und
sich auf das Terrain religiöser Innerlichkeit zurückzieht. In seinem Brief vom
5. Mai 1944 schreibt er an Bethge, dass er selber – anders als Bultmann –
theologisch argumentieren wolle.[70] Das sagt nicht nur etwas aus über seine
Methode, sondern auch über das, worum es ihm ging. Bultmann nimmt seinen Ausgangspunkt in der Moderne und hat die Reinheit der Wissenschaft
vor Augen. Bonhoeffer ist mit ihm darin einig, dass es die von ihm ange-
schnittenen Fragen verdient haben, in aller Offenheit besprochen zu werden; aber das ist für ihn nicht das Wichtigste. Es geht ihm darum, dass die
Theologie 1941 ein Wort zu sprechen vermag, dass Kirche und Gesellschaft
in der spezifischen Problematik von Nazi-Deutschland einen Weg in der Ge-
horsamkeit dem Wort Gottes gegenüber weist.

Wenn Bonhoeffer hier erneut das Thema „Religion" anschneidet, ist das
im selben Sinn zu verstehen wie in seinem Brief fünf Wochen zuvor, an den
er auch anknüpft. „Religion" in der modernen Form – es ist deutlich, dass
das so gut wie nichts zu tun hat mit dem, was Calvin in seiner *Institutio religi-*

---

68 Bonhoeffer, *Widerstand und Ergebung* (Anm. 2), 435. Vgl. meinen Text: Een „doopbrief"
     als testament, in: Gerard den Hertog / Barend Kamphuis (Hg.), *Dietrich Bonhoeffer. De
     uitdaging van zijn leven en werk voor nu*, Barneveld 2006, 54–91.

69 Vgl. Bultmann, Neues Testament und Mythologie (Anm. 21), 24.

70 Bonhoeffer, *Widerstand und Ergebung* (Anm. 2), 414 (vgl. Fußnote 77).

onis Christianae vor Augen hatte – steht Menschen im Weg, um den lebendigen Christus in seinem Wort zu begegnen. Sie bleiben gefangen in einem bestimmten Weltbild oder sie beschränken sich auf Fragen der menschlichen Existenz. Konsequenterweise erwarten sie das Kommen Christi an solchen Orten, die bereits überwunden sind. Ja, ein metaphysisches Verstehen des christlichen Glaubens ruht in sich selber und zeugt nicht von der freimachenden Wahrheit und ist nicht gefüllt mit der Kraft der Rettung für jeden, der glaubt (Röm 1,16). Und das Fokussiertsein auf einen Gott, der auf mein individualistisches Um-mich-selber-Zirkeln zugeschnitten ist – *incurvatus in se* –, steht mir letztlich nur im Weg, um den Gott zu finden, der mich von mir selber befreit und mich ausrufen lässt: „Ich lebe, doch nicht mehr ich, sondern Christus lebt in mir!"[71]

Bonhoeffer verwendet hier das Wort „Offenbarungspositivismus". Er gebraucht den Begriff, den er möglicherweise von Erich Seeberg hat, aber er verwendet ihn ganz anders,[72] um damit zu verdeutlichen, was er in der Dogmatik Karl Barths für problematisch erachtet, nämlich dass die christlichen Glaubensinhalte als Offenbarungsgegebenheiten behandelt werden, wodurch die Offenbarung als ein Erkenntnisobjekt angesehen wird und der Unterschied zwischen Glaube und Theologie vernachlässigt wird.[73] Ob er damit Barth tatsächlich trifft, ist eine Frage, die ich hier nicht beantworte.[74] Hier geht es mir darum, wie Bonhoeffer selber dachte. Interessant ist näm-

---

71 „Bultmann scheint nun Barth's Grenze irgendwie gespürt zu haben, aber er mißversteht sie im Sinne der liberalen Theologie, und verfällt daher in das typisch liberale Reduktionsverfahren (die ‚mythologischen' Elemente des Christentums werden abgezogen und das Christentum auf sein ‚Wesen' reduziert). Ich bin nun der Auffassung, daß die vollen Inhalte einschließlich der ‚mythologischen' Begriffe bestehen bleiben müssen – das Neue Testament ist nicht eine mythologische Einkleidung einer allgemeinen Wahrheit!, sondern diese Mythologie (Auferstehung etc.) ist die Sache selbst! – aber daß diese Begriffe nun in einer Weise interpretiert werden müssen, die nicht die Religion als Bedingung des Glaubens (vgl. die περιτομή bei Paulus!) voraussetzt. Erst damit ist meines Erachtens die liberale Theologie (durch welche auch Barth, wenn auch negativ, noch bestimmt ist) überwunden, zugleich aber ist ihre Frage wirklich aufgenommen und beantwortet (was im Offenbarungspositivismus der B[ekennenden] K[irche] *nicht* der Fall ist!). Die Mündigkeit der Welt ist nun kein Anlaß mehr zu Polemik und Apologetik, sondern sie wird nun wirklich besser verstanden, als sie sich selbst versteht, nämlich vom Evangelium, von Christus her." (Bonhoeffer, *Widerstand und Ergebung* (Anm. 2), 482 [Hervorhebung im Text])

72 Vgl. Van 't Slot, *Negativism of Revelation?* (Anm. 5), 209.

73 Vgl. a.a.O., 225.

74 Vgl. dazu die Diskussion a.a.O., 193–235.

lich, dass er den Begriff „Offenbarungspositivismus" mit der Bekennenden
Kirche verknüpft.[75] Damit zeigt er, dass es ihm nicht allein um theologische
Konzepte oder Schulen geht, sondern um die Frage, ob eine theologische
Annäherung gefunden wurde, die der Kirche hilft, den Weg des Gehorsams
Jesu Christi gegenüber zu gehen.[76] Bonhoeffers Mühe mit dem Weg der Be-
kennenden Kirche bestand nun gerade darin, dass sie sich in eigene Räume
zurückgezogen hat und nicht mehr die Frage in die Mitte stellte, wo Jesus
Christus uns in der Realität von Nazi-Deutschland ruft. Bultmann mag die
falsche Ruhe zu Recht aufgemischt haben, aber weiter als das Werfen eines
Knüppels in einen Hühnerstall ist er nicht gekommen. Wo er die Verstehens-
barrieren für das Evangelium sah, lagen sie für Bonhoeffer jedenfalls nicht.
Und was für Bonhoeffer die Perspektive war, dass nämlich die großen Worte
des Evangeliums wie Vergebung, Wiedergeburt, Heiliger Geist, Feindesliebe
und andere zum Glänzen für die Menschen und die erneuerte Gestalt des
Zusammenlebens gebracht werden können,[77] lag für Bultmann außerhalb
seines Gesichtsfeldes.[78]

---

75 Das tut er auch in seinem ‚Entwurf einer Arbeit': „Barth und B[ekennende] K[irche] führen dazu, daß man sich immer wieder hinter dem ‚Glauben der Kirche' verschanzt und
   nicht ganz ehrlich fragt und konstatiert, was man selbst eigentlich glaubt. Darum weht
   auch in der B[ekennenden] Kirche] nicht ganz freie Luft." (D. Bonhoeffer, *Widerstand
   und Ergebung* [Anm. 2], 559f). Möglicherweise ist diese Verbindung auch der Hintergrund für den Satz in seinem Brief vom 30. April 1944, in dem behauptet, dass „Offenbarungspositivismus (…) letzten Endes doch im Wesentlichen Restauration geblieben
   ist" (Bonhoeffer, *Widerstand und Ergebung* (Anm. 2), 405), und auch für die Überlegung
   aus seinem Taufbrief vom Mai 1944: „Unsere Kirche, die in diesen Jahren nur um ihre
   Selbsterhaltung gekämpft hat, als wäre sie ein Selbstzweck, ist unfähig, Träger des versöh-
   nenden und erlösenden Wortes für die Menschen und für die Welt zu sein." (Bonhoeffer,
   Widerstand und Ergebung (Anm. 2), 435).
76 Vgl. auch schon den Brief von Bonhoeffer an Erwin Sutz vom 28. April 1934 (Dietrich
   Bonhoeffer, *London 1933–1935*, hg. v. Hans Goedeking, Martin Heimbucher u. Hans W.
   Schleicher (DBW Bd. 13), Gütersloh 1994, 128f).
77 Bonhoeffer, *Widerstand und Ergebung* (Anm. 2), 435f.
78 Peter Frick schreibt über die Annäherungen von Bonhoeffer und Bultmann: "In spite of
   this agreement in terms of the unscientific, mythological worldview of the biblical texts,
   their respective proposals are distinct, at least methodologically and in terms of their ul-
   timate objectives." (Peter Frick, Rudolf Bultmann, Paul Tillich and Dietrich Bonhoeffer,
   in: ders., [Hg], *Bonhoeffer's Intellectual Formation* [Religion in Philosophy and Theology
   Vol. 29], Tübingen 2008, 233)

6. Die Kraft, die sich gerade in der Schwäche offenbart

Zum Schluss einzelne Anmerkungen zu Bonhoeffers eigener „Auflösung"
des Problems. Dafür gehe ich zunächst zurück in der Zeit, zu seinem „Vor-
tragsentwurf zum Thema ‚Herrlichkeit‘"[79] von Anfang Juli 1940. In dieser
Skizze – möglicherweise bestimmt für Ansprachen an Gemeinden, die er
auf seinen Kirchenvisitationen im Sommer besuchte[80] – stellt Bonhoeffer die
Frage, was ein Wort der Kirche noch bedeuten kann in einer Welt, in der die
Taten so überwältigend sprechen. Er schließt die Möglichkeit aus, dass die
Kirche einfach die Taten – jeder musste damals unmittelbar an die gewal-
tigen Erfolge Hitlers in der ersten Hälfte des Jahres 1940 denken – bestätigt
und unter Absehen von allen Worten einfach nur mitmacht. Er sagt auch
ohne Umschweife, dass viele in der Gemeinde, auch Pastoren, an diesen Taten mitgemacht und selbst mitgefochten haben – konkret: als nationalsozialistische Deutsche mit ihren Revanchegefühlen in Folge des erniedrigenden
Friedens von Versailles nach dem Ersten Weltkrieg – ja gesagt haben. Damit
haben sie Teil an den Taten, die das Wort der Kirche übertönen.

Wenn Bonhoeffer demgegenüber darauf setzt, dass Gott oberhalb der
Taten mit ihrem „immanenten Gesetz" steht, ist das kein apologetischer
Versuch, um etwas von dem Erfolg kleinzuschreiben, den Menschen sich
abringen. Er behauptet wohl, dass jede Tat weiß, dass sie zugelassen und
geschenkt wurde. Bonhoeffer vermeidet es deutlich, den Namen Gottes zu
nennen und verwendet die Stilfigur des *passivum divinum*. Damit gewinnt
er Abstand von den vielen überschwänglichen Äußerungen des Danks an
Gott nach den deutschen Siegen – auch aus den Kirchen! Hitler selber sprach
mehr als einmal von der „Vorsehung", die mit ihm sei. Wir sollten Bonhoeffers Sprechweise auf dem Hintergrund seines Gebrauchs der „Unausssprech-
lichkeit" des Gottesnamens im Alten Testament verorten.[81]

Auch wenn wir dies einkalkulieren, bleibt die Sprache doch etwas kryp-
tisch – eine Tat ist ja kein Subjekt mit einem Bewusstsein. Ich verstehe es so,
dass Bonhoeffer damit meint, dass in jeder Tat das Bewusstsein vorhanden
ist, dass man sich nicht sich selber verdankt. Wenn er ehrlich ist, wird die
Tat den zu erkennen geben, der sie gab. Aber ob die Tat den, der die Tat
zulässt und vollzieht, auch tatsächlich zu erkennen gibt, hängt vom Verhält-

---

79 Bonhoeffer, *Konspiration und Haft 1940–1945* (Anm. 56), 488f.
80 Vgl. Ulrich Schoenborn, *Wie Schafe mitten unter die Wölfe. Die Bekennende Kirche in
Ostpreußen und Dietrich Bonhoeffers Visitationsreisen 1940*, Norderstedt 2013.
81 Vgl. Bonhoeffer, *Widerstand und Ergebung* (Anm. 2), 226 (Brief vom 20 Mai 1944).

nis gegenüber dem Wort Gottes ab. Das nach den Maßstäben dieser Welt schwache Wort Gottes ist das einzige, worüber die Tat keine Macht hat, es ist die einzige Kraft, die ein Menschenherz erreichen kann und zu einem freien Glauben bringen kann.[82] Wenn wir diese Gedanken Bonhoeffers theologisch deuten, ist es gut, Luthers *theologia crucis* vor Augen zu halten: Dort wird auch mit zwei Worten gesprochen. Im oft rätselhaften und unbegreiflichen Gang der Geschichte ist Gott verborgen anwesend und sucht uns, um uns im schwachen Wort zu finden.[83] Für Bonhoeffers Auslegung der *theologia crucis* ist deutlich, dass der Glaubende es aushalten muss unter der Kraft der „harten Fakten", seien es die überwältigenden Erfolge Hitlers 1940 oder die nicht zu widerlegenden Daten der modernen Wissenschaft. Ein Christ darf sich nicht auf ein sicheres Terrain zurückziehen. Er muss es in der Anfechtung des Denkens, in der Gott keinen Platz hat, aushalten und im Glauben zur Wirklichkeit Christi durchstoßen. Echte Frömmigkeit ist Tapferkeit, so wie es die ursprüngliche Bedeutung des Wortes sagt, die es ohne Stützen in dieser Welt aushält. Mit Gott und vor Gott leben wir ohne Gott.[84] Das ist zunächst: mit und vor Gott. Bonhoeffer setzt bei dem ein, der uns „mit guten Mächten umgibt".[85] Aber mit und vor diesem Gott müssen wir absehen von einer voreiligen Berufung auf Gott, als Flucht aus den Fragen. Wir können

---

82 Vgl. meinen Aufsatz: Bonhoeffers Ringen mit der theologischen und ethischen Bedeutung der Erfolge Hitlers in 1940, in: Kirsten Busch Nielsen, Ralf K. Wüstenberg u. Jens Zimmermann (Hg.), *Dem Rad in die Speichen Fallen. Das Politische in der Theologie Bonhoeffers / To put a Spoke in the Wheel. The Political in the Theology of Bonhoeffer*, Gütersloh 2013, 88–93.

83 Gerrit W. Neven hat die zentrale Bedeutung der *theologia crucis* bei Bonhoeffer betont und herausgearbeitet, dass die Bonhoeffer-Interpretation zu wenig hat gelten lassen, dass er in seinem Theologisieren mehr und mehr ein Schüler Luthers geworden ist (*Bonhoeffer. Theoloog van het kruis*, Kampen 1992, 10). Vgl. auch Wolf Krötke, Weltlichkeit und Sünde. Zur Auseinandersetzung mit Denkformen Martin Luthers in der Theologie Dietrich Bonhoeffers, in: ders., *Die Universalität des offenbaren Gottes. Gesammelte Aufsätze* (Beiträge zur evangelischen Theologie Bd. 94), München 1985, 152–164; ders., „Gottes Hand und Führung". Zu einem unübersehbaren Merkmal der Rede Dietrich Bonhoeffers von Gott in der Zeit des Widerstandes', in: ders., *Barmen – Barth – Bonhoeffer. Beiträge zu einer zeitgemäßen christozentrischen Theologie* (Unio & Confessio. Eine Schriftenreihe der Union Evangelischer Kirchen in der EKD), Bielefeld 2009, 395; ders., Dietrich Bonhoeffers Gottesverständnis, in: ders., , *Barmen – Barth – Bonhoeffer*, 447–451.

84 Bonhoeffer, *Widerstand und Ergebung* (Anm. 2), 533f: „Der Gott, der uns in der Welt leben läßt ohne die Arbeitshypothese Gott, ist der Gott vor dem wir dauernd stehen. Vor und mit Gott leben wir ohne Gott." (Brief vom 16. Juli 1944)

85 Ich spiele hier auf das letzte überlieferte Textstück Bonhoeffers an: Das Lied „Von guten Mächten" (Bonhoeffer, *Widerstand und Ergebung* (Anm. 2), 607f).

es – ebenso wie im Alten Testament – in einer Welt aushalten, in der Gott abwesend zu sein scheint und es so aussieht, dass Menschen das Feld beherrschen. In dieser Welt – das ist der zentrale Gedanke seiner *Ethik*[86] – müssen uns die Fragen vor Augen stehen, ohne – wie es bei Dilschneider deutlich wird – uns vor der harten Wirklichkeit des Zusammenlebens abzuschirmen. Wenn wir im Glauben, dass die Wirklichkeit von Christus herkommt, den Fragen nicht aus dem Weg gehen, sie vielmehr in intellektueller Ehrlichkeit aushalten, dürfen wir uns ausstrecken nach der Kraft, die sich in der Schwäche offenbart. Wer ehrlich Theologie treibt, weiß zunächst nicht, wo er oder sie letztlich landet. Die Fragen, die uns aus der Wissenschaft zukommen, lassen sich nicht einfach beantworten oder mit Machtworten zum Schweigen bringen. Wenn Bonhoeffer behauptet, dass Bultmann nicht weit genug gegangen ist, meint er, er habe da kapituliert, wo er hätte weitergehen müssen. Die Antwort, welche uns allein da geschenkt wird, wo wir nicht in falsche Sicherheiten fliehen, ist auch keine rationale Antwort, keine Theorie, sondern die Erfahrung, dass die großen Worte der Schrift neu sprechen und leben. Theologie treiben, hält daran fest, dass wir uns trauen müssen, uns außerhalb der vertrauten Wege zu bewegen, um dort manchmal beinahe zu verzweifeln, aber nicht zu desertieren – im Glauben, dass der, der sucht und danach fragt, um Christus tatsächlich nachzufolgen, unter der Verheißung steht: „Er spricht gewiss zu jedem, der vor ihm lebt", sagt der bereimte Psalm 85.

Die christlichen Glaubensartikel sind keine metaphysischen oder sogar mythologischen Gedankenspiele, sondern haben nach reformatorischem Bekenntnis den Charakter von Verheißungen, die auf das Herz zielen.[87] Wenn man – wie Hans Asmussen es tat – seinen Halt in einem Lehrbestand sucht, soll man wissen, dass gerade damit eine Offenheit für die Mythologisierung (auch in der Liturgie!) einhergeht, die der Reformation fremd ist. In der Reformation wurden die Glaubensartikel als Verheißungen verstanden, die ihre Wahrheit und ihre Kraft spüren lassen, wo wir sie daraufhin abtasten und um Hilfe rufen. Ein Bekenntnis ist darum keine Prinzipienerklärung, die als solche gehandhabt werden kann und anhand dessen man die kon-

---

86 Vgl. meinen Aufsatz: „Maak in uw woord mijn gang en treden vast". Bonhoeffers meditatie over Psalm 119 uit 1940 als voorbereiding voor zijn *Ethik*, in: *ThRef* 58 (2015) 147–166 (v.a. 164ff).

87 Frage und Antwort 22 des Heidelberger Katechismus sagen, dass es darauf ankommt, „alles, was uns im Evangelium zugesagt wird", zu glauben und fügt hinzu, „wie es uns unser allgemeines, wahrhaftiges, christliches Glaubensbekenntnis zusammengefasst lehrt."

fessionelle Treue „ankreuzen" kann. Entscheidend kommt es darauf an: dass die lebendige Verbundenheit mit einem tatsächlichen Gehorsam Christus gegenüber uns erfüllt, verbindet und auf den Weg setzt. Es geht darum, die Schrift so zu lesen, dass wir entdecken, was heute der Gehorsam Christus gegenüber beinhaltet.[88] Eine formalisierte Hermeneutik weist keinen Weg und fordert eher zu Ausweichmanövern auf, zum Schweigen oder zu einem unmerklichen Entfernen vom Bekennen der Kirche.

Lassen Sie mich schließen mit einer Ermutigung an die Adresse der Studierenden. Es bedeutet ja noch etwas, vor allem für die Anfänger, alle Fragen auf sich zukommen zu lassen. Es wird solche geben, die einen verwirren und aus der Bahn bringen. Wie lästig das auch sein mag: Das gehört dazu. Halt es aus mit dem Fragen, tu sie nicht einfach ab, aber verkrieche dich ebenso wenig in deine eigene Schale. In Josua 1 lesen wir: „Habe ich dich nicht geheissen, mutig und stark zu sein? Hab keine Angst und fürchte dich nicht, denn der HERR, dein Gott, ist mit dir auf allen deinen Wegen." (Vers 9). Es ist nicht nur ein Auftrag, es ist auch eine Verheißung. Am 14. Juni 1943 – es ist Pfingsten und er ist inzwischen gut zwei Monate gefangen – schreibt Dietrich Bonhoeffer an seine Eltern. Darin zitiert er 2 Tim 1,7: „Gott hat uns nicht einen Geist der Schwachheit gegeben, sondern der Kraft, der Liebe und der Besonnenheit."[89] Er wird dabei nicht in erster Linie an die Fragen gedacht haben, die uns hier beschäftigt haben. Aber die Grundhaltung, die er uns immer wieder sehen lässt, atmet den Geist dieses Schriftwortes. Wir brauchen vor den Fragen nicht weglaufen und uns in billige Auflösungen flüchten. Das heißt, in einem Geist der Schwachheit zu arbeiten. Gott fragt uns danach, in den Fragen auszuhalten. Die Kraft, die er verheißt, strahlt gerade in unserer Schwachheit.

---

88 Vgl. Oliver O'Donovan, The Moral Authority of Scripture, in: Markus Bockmuehl / Alan J. Torrance (Hg.), Scripture's Doctrine and Theology's Bible. How the New Testament shapes Christian Dogmatics, Grand Rapids 2008, 168f: „A discipline of biblical ,hermeneutics', of interpretation, has no point unless it is undertaken out of a sense of need and unless we are resolved to be obedient."

89 Bonhoeffer, Widerstand und Ergebung (Anm. 2), 99.

Georg Plasger

Söhne und Enkel.
Die niederländische Barth-Rezeption und ihr Einfluss auf die deutsche Theologie[1]

1. Vorbemerkungen

Die Barth-Rezeption in den Niederlanden kann nur von innen beurteilt werden – und ich bin froh, dass mir eine solche Aufgabe nicht von ferne gestellt wurde. Ich betrachte die niederländische Barth-Rezeption von außen – und darum kann es in meinem Beitrag heute auch nicht darum gehen, eine Alternative oder eine Ergänzung zu Susanne Henneckes Buch geben zu wollen. Ich habe nie in den Niederlanden gelebt und schaue heute eher auf die Frage, welche niederländische Rezeption Barths in Deutschland wahrgenommen wurde und welche Impulse daraus gezogen wurden – es ist also eher die Frage nach einer deutschen Rezeption der niederländischen Barth-Rezeption. Ich halte diese Brechung für notwendig, weil die Sprachbarriere zu beachten ist: Nur ein sehr kleiner Teil der deutschsprachigen Theologinnen und Theologen spricht Niederländisch und ist deshalb auf Übersetzungen aus dem Niederländischen angewiesen – und hier gibt es Einiges, aber eben auch nur Einiges. Vielleicht auch deshalb ist mein Blick deutlich eingeschränkter als der von Susanne Hennecke: Die bei Susanne Hennecke sehr stark betonte Kulturrezeption Barths in den Niederlanden fällt in meinen Reflexionen weitgehend aus, da diese für die deutsche Wahrnehmung niederländischer Barth-Rezeption faktisch keine Rolle spielt – hier fokussiere ich, abgesehen vom ersten Abschnitt, eher auf binnentheologische dogmatisch-ethische Diskussionen. Dadurch wird natürlich ein etwas anderes Bild der niederlän-

---

1 Vortrag auf dem Studientag „Een kleine eeuw Barth-receptie in Nederland" am 21.01.2016 in der Theologischen Universität Apeldoorn.

dischen Barth-Rezeption gezeichnet als dies Susanne Hennecke getan hat; das aber liegt wohl an meinem methodischen Vorgehen.

2. Barth und die reformierte Orthodoxie – Parallelen und Unterschiede zwischen den Niederlanden und Deutschland

Susanne Hennecke[2] beschreibt ausführlich, wie deutliche Ressentiments der sog. Neocalvinisten gegenüber der Barthschen Theologie in den zwanziger Jahren und Anfang der dreißiger Jahren deutlich geworden sind.[3] Sie sieht die Hauptdifferenzen in der Erkenntnislehre (Barths Anfragen an die natürliche Theologie), in der Hermeneutik und in Anfragen an Barths „Bekenntnisgemäßheit"[4]. Etwas deutlicher würde ich hier vielleicht die Frage der Erwählungslehre hinzunehmen, die doch für das Selbstverständnis gerade der konfessionellen niederländischen Theologie seit Dordrecht eine große Rolle gespielt hat (bei Susanne Hennecke ist das im Abschnitt zu Berkouwer[5] knapp genannt).

Auch in Deutschland gab es konfessionelle reformierte Theologen in den zwanziger und beginnenden dreißiger Jahren – und die Gemeinsamkeiten der deutschen mit den niederländischen konfessionellen Reformierten ist auf den ersten Blick deutlich: Beide erhofften sich von Barth eine Belebung in der Auseinandersetzung mit dem Neuprotestantismus (auch wenn der in den Niederlanden etwas anders aussah als in Deutschland). Die reformierte Theologie in Deutschland sieht der Erlanger Theologe Ernst Friedrich Karl Müller, der sogar eine wesentliche Ursache dafür war, dass Barth nach Göttingen berufen wurde, in einer gewichtigen Aufgabe: Sie versteht er als wichtiges Bollwerk gegen den römischen Katholizismus und gegen den Liberalismus. Das Luthertum habe eine zu starke Neigung zu beiden – und sei darum nicht ausreichend. Dieser Aufgabe müssten die Reformierten aber auch gerecht werden; und das geschieht dann, wenn sie sich zu den wie Müller es nennt evangelischen Grunderkenntnissen halten: Dann hat „radikal evangelischer Christenglaube in reformierten Gemeinden und Landstrichen

---

2 Susanne Hennecke, *Karl Barth in den Niederlanden. Teil 1: Theologische, kulturelle und politische Rezeptionen (1919–1960)*, Göttingen 2014.

3 *A.a.O.*, 41–120.

4 *A.a.O.*, 84.

5 *A.a.O.*, 207–223.

längst eine legitime Stätte …, von wo aus er auch befruchtend ins große Ganze hineinwirken kann."[6]

Barths Berufung nach Göttingen war für Müller ein Versuch, diese Linie nach Barths Bruch mit der liberalen Theologie zu stärken: Sein Römerbrief und dann in den ersten Jahren in Göttingen seine Beschäftigung mit der reformatorischen Theologie weckten Müllers Hoffnung, in Barth diesen Verbündeten zu gewinnen, ja noch mehr: Mit ihm die deutsche evangelische Theologie insgesamt beeinflussen zu können. Aber Müller und manche andere sahen auch Gefährdungen in Barths dialektischer Theologie. Der Vlothoer Pfarrer und Schriftleiter der Reformierten Kirchenzeitung Wilhelm Kolfhaus schreibt 1930: „Wir lesen im Neuen Testament nicht nur von dem Fernsein Gottes, sondern auch von seinem Nahekommen und seinem Wohnen unter seinem Volk, nicht nur von einem blitzartigen Aufleuchten Gottes hie und da, sondern auch von einer beständigen Leitung."[7] Kolfhaus und andere hatten also eine durchaus ambivalente Haltung gegenüber der Theologie Barths.[8] Sowohl viele deutsche wie auch niederländische reformierte Theologen sahen in Barth einen Verbündeten, der aber auch in der Gefahr stand, die reformierte Tradition nicht wichtig genug zu nehmen.[9] Barth selbst sah diese Differenz übrigens auch früh und witterte bei nicht wenigen deutschen Reformierten eine Überhöhung der reformierten Tradition und darin eine tendenzielle Vereinnahmung Gottes. Warum es letztlich aber nicht zu einem Bruch mit den deutschen Reformierten kam, liegt an mehreren Gründen: a) waren die deutschen Reformierten insgesamt viel stärker von der erwecklichen Theologie des 19. Jahrhunderts geprägt und standen darum in fundamentalem Gegensatz zum Neuprotestantismus: Barth und die deutschen reformierten hatten denselben Gegner; b) waren die deutschen Reformierten in Deutschland eine Minderheit, die zu Anfang des 20. Jahrhunderts in der akademischen Theologie eine recht randständige Rolle spielten und darum waren sie sehr daran interessiert, mit Barth eine akademischere Rolle einnehmen zu können; außerdem hatte Barth in Göttingen die reformierte Theologie nicht nur als Beruf, sondern auch als Berufung

---

6   Ernst Friedrich Karl Müller, Warum sind wir Reformierte in Deutschland nötig? In: *Reformierte Kirchenzeitung* 75 (1925), 75–78, 78.

7   Wilhelm Kolfhaus, Reformierte Gedanken zum theologischen Gespräch der Gegenwart, in: *Reformierte Kirchenzeitung* 80 (1930), 169–171.177–179.

8   Vgl. a.a.O., 178.

9   Vgl. dazu meinen Aufsatz: Safekeeping and Sifting. Observations on the German Reformed Tradition, 1900–1930, in: *Journal of Reformed Theology* 6 (2012) 143–164.

entdeckt, und c) veränderte der Kirchenkampf in Deutschland die Situation in der akademischen Theologie vollständig, weil sich neue Koalitionen und Brüche ergaben. Die niederländische Situation ist hier eine andere: Die liberale Theologie (wenn man sie von außen so nennen kann) war Bestandteil der reformierten Theologie, die reformierten Kirchen bildeten einen wichtigen Faktor in der niederländischen Gesellschaft und der Kirchenkampf fand in den Niederlanden so nicht statt.

3. Kornelis Heiko Miskotte

Wenn in Deutschland von der niederländischen Barth-Rezeption die Rede ist, fällt der Blick zunächst auf Kornelis Heiko Miskotte; von allen Barth-Schülern in den Niederlanden ist von ihm das Meiste auch auf Deutsch übersetzt worden, in den früheren Jahrzehnten zumeist von Hinrich Stoevesandt – und man muss sagen: Es ist gut übersetzt worden. Von seinen deutschen Werken ist wohl am intensivsten „Wenn die Götter schweigen"[10] und „Biblisches ABC"[11] rezipiert worden; daneben die kleine Studie „Das Judentum als Frage an die Kirche"[12]. „Wenn die Götter schweigen" ist in Deutschland erst 1963 erschienen und liegt damit außerhalb des von Susanne Hennecke gewählten Zeitraums.

Worin liegen die wesentlichen Einflüsse oder besser Anregungen Miskottes in Deutschland? Ich sehe insgesamt gesehen vor allem zwei. Die eine ist die Frage der Hermeneutik – und die legt ja vor allem das Hauptwerk mit seiner starken alttestamentlichen Akzentsetzung nahe. Das Werk ist in den sechziger und siebziger Jahren in vielen Bibliotheken und wohl auch Pfarrbi-

---

10 Kornelis Heiko Miskotte, *Wenn die Götter schweigen. Vom Sinn des Alten Testaments*, München 1963 (Neuauflage Kamen 1995).

11 Kornelis Heiko Miskotte, *Biblisches ABC: Wider das unbiblische Bibellesen*, Neukirchen 1976.

12 Kornelis Heiko Miskotte, *Das Judentum als Frage an die Kirche*, Wuppertal 1970. Außerdem sind bis heute auf Deutsch von Miskotte erschienen: *Zur biblischen Hermeneutik*, Zollikon 1959; *Über Karl Barths Kirchliche Dogmatik. Kleine Präludien und Phantasien*, München 1961; *Biblische Meditationen*, München 1967; *Predigten aus vier Jahrzehnten*, München 1969; *Das Wagnis der Predigt*, Stuttgart 1998; *Das Geheimnis der Geschichte – der totalitäre Staat im Lichte der Offenbarung des Johannes. Vorträge über die Visionen des Apostels Johannes*, Kamen 2011; *Antwort aus dem Wettersturm – Hiob, der Mensch in der Revolte*, Kamen 2012; *Edda und Thora. Ein Vergleich germanischer und israelischer Religion*, Berlin/Münster 2015.

bliotheken angeschafft worden; es ist auch relativ häufig zitiert worden. Aber es hat doch nur eine sehr begrenzte Wirkung erfahren. Das liegt m.E. vor allem in der gänzlich anderen kirchlichen Situation in Deutschland. Während Miskotte mit seinem „vierten Menschen" am Anfang auf eine schon in den fünfziger Jahren zumindest in den intellektuellen Niederlanden stark säkularisierte Welt intensiv eingeht, ist die Situation der evangelischen Kirche in Deutschland noch als satte Volkskirche zu bezeichnen. Die besondere narrative Passfähigkeit des Alten Testaments auf den nichtreligiösen Menschen wird in der deutschen Theologie zumindest unter den kirchlichen Barthianern nicht oder nur wenig gesehen. Hinzu kommt sicherlich auch die nicht geringe Seitenzahl und die nur zum Teil verifizierbaren Anspielungen in „Wenn die Götter schweigen". Sachlich sehe ich durchaus in der Gegenwart neue Möglichkeiten einer hilfreichen Aufnahme der Miskotteschen Hermeneutik. Indirekt hat Miskottes Hermeneutik dann via Breukelman und der Amsterdamer Schule eine Anziehungskraft auf einen Teil der deutschen evangelischen Theologie v.a. in den achtziger und neunziger Jahren gehabt; einzelne Personen wie Dick Boer, Klara Butting und Gerard Minnard stehen hier für diese Tradition, die akademisch aber nur einen kleinen Einfluss hatte.

Die zweite Frage der Rezeption Miskottes sehe ich der Betonung der bleibenden Erwählung Israels. Hier sehe ich eine starke kirchliche und theologisch-akademische Rezeption – und natürlich hängt dieser Aspekt mit dem ersten zusammen. Die Erklärung der Synode der Evangelischen Kirche im Rheinland 1980 mit dem Titel: „Zur Erneuerung des Verhältnisses von Christen und Juden"[13] markiert einen ersten Höhepunkt in einer Neubestimmung des Judentums in der deutschen Kirche – begleitet auch von massiven Protesten. Immer wieder wird auf Miskotte Bezug genommen,[14] wobei die Häufigkeit der Zitation nicht die hier nur als These formulierbare Wirkung Miskottes abbildet. Nicht zu unterschätzen ist in diesem Zusammenhang der Göttinger Theologe Hans-Joachim Kraus, wirkungsgeschichtlicher wohl noch einflussreicher das gesamte Werk des Berliner Systematikers Friedrich-Wilhelm Marquardt, der sich immer wieder auf Miskotte bezieht. Eine Auffälligkeit aber will ich hier benennen, die an dieser Stelle für

---

13 Vgl. dazu: Bertold Klappert / Helmut Starck (Hg.), *Umkehr und Erneuerung. Erläuterungen zum Synodalbeschluß der Rheinischen Landessynode 1980 „Zur Erneuerung des Verhältnisses von Christen und Juden"*, Neukirchen 1980.

14 Im von Klappert und Starck hg. Sammelband (s. Anm. 13) allerdings nur vier Mal in den Texten von Wolfram Liebster und Jürgen Seim.

eine akademische Auseinandersetzung nicht ausreicht: Es findet eine Ver-
schiebung statt. War bei Miskotte die bleibende Erwählung Israels und die
Hochschätzung des Namens Gottes nie ohne christologische Relativierung
vonstattengegangen,[15] findet sich bei Marquardt eine deutliche Veränderung:
Marquardt spricht vom „christlichen Bekenntnis zu Jesus, dem Juden"[16] und
sieht in der aus seiner Sicht zu starken Betonung der Person Jesu Christi in
der theologischen Tradition eine prinzipielle christliche Abkehr vom Judentum. Kurz gesagt: Eine „hohe Christologie" passt nicht zu einer das Alte Testament und Israel stark machenden Theologie. Hier ist deutlich zu sehen,
dass eine Veränderung der Miskotteschen Theologie eingetreten ist. Miskotte hatte sich auch in seiner hermeneutischen und Israel bezogenen Theologie
immer auf Barth berufen (und ihn, wie er selber meinte, zuweilen besser verstanden als der sich selbst) – und die deutsche Rezeption dieser Zuspitzung
bedeutet jedenfalls auch eine weitere. Die deutlich differenziertere Position
Miskottes wird m.E. in Deutschland kaum wahrgenommen.

4. Hendrikus Berkhof

Ein weiterer niederländischer Theologe, der in Deutschland mit der Barth-
Rezeption eng in Verbindung gebracht wird, ist Hendrikus Berkhof.[17] Auch
wenn von ihm nur wenig auf Deutsch erschienen ist,[18] ist sein Einfluss doch
nicht zu unterschätzen. Berkhof geht auch biographisch von einer großen
Nähe zu Barth aus. Aber dann macht er sich in seiner „Theologie des Heili-

---

15 Ich habe z.B. bei Miskotte an keiner Stelle eine prinzipielle Negierung der Zwei-Naturen-
Lehre gefunden.

16 Friedrich-Wilhelm Marquardt, *Das christliche Bekenntnis zu Jesus, dem Juden. Eine Christologie*, Bd. 1, München 1990; Bd. 2, München 1991. Vgl. kurz zu Marquardts Ansatz Ulrich Winkler, Von Gotteskindern, Heiden und Teufelskindern. Religionstheologie versus
Israeltheologie – ein neuer Diskurs des Vergessens, in: Gerhard Langer/Gregor Maria Hoff
(Hg.), *Der Ort des Jüdischen in der katholischen Theologie*, Göttingen 2009, 220–263, hier:
257–259.

17 Vgl. zu Berkhofs Verhältnis zu Barth: Hendrikus Berkhof, Beginning with Barth, in: Do-
nald K. McKim, *How Karl Barth changed my mind*, Eugene/Oregon 1986, 19–26.

18 Hendrikus Berkhof, *Die Theologie des Eusebius von Caesarea*, Amsterdam 1939; *Kirche
und Kaiser. Eine Untersuchung der Entstehung der byzantinischen und der theokratischen
Staatsauffassung im vierten Jahrhundert*, Zollikon-Zürich 1947; *Die Katholizität der Kirche*, Zürich 1964; *Der Mensch unterwegs. Die christliche Sicht des Menschen*, Neukirchen
1967; *200 Jahre Theologie. Ein Reisebericht*, Neukirchen 1985; *Theologie des Heiligen Geistes*, Neukirchen (1968), ²1988.

gen Geistes"[19] auf den Weg, ein neues Verhältnis von Christologie und Pneumatologie zu entwickeln. Klingt es in seinem 1964 zunächst auf Englisch erschienenen Buch noch so, als wollte er in der Tradition Barths stehend eine pneumatologische Christologie entwerfen, die das „unausgeglichene Verhältnis von Christus und dem Heiligen Geist"[20], das er auch bei Barth sieht, leicht korrigieren oder vielleicht sogar nur präzisieren, so entwickelt sich bei ihm zunehmend eine deutliche Absetzbewegung in Richtung einer Geistchristologie. So sieht er bei Barths Denkansatz die Schwäche, dass sich aufgrund seines Offenbarungsansatzes „'oberhalb' unseres gelebten Lebens"[21] keine Möglichkeit finde, Erfahrungen positiv zu würdigen.[22] Die Betonung des Heiligen Geistes, die Berkhof nicht zu einer simplen Adoptionschristologie führt, erleichtert es ihm, hier diese anthropologischen Defizite zu kompensieren.

Aufgenommen und weiterentwickelt ist das Konzept der Geistchristologie dann von Hans-Joachim Kraus, der vielfach auf Berkhof Bezug nimmt und mit ihm zusammen auch eine Studie zu Barths Lichterlehre herausgegeben hat[23]. In dieser kleinen Studie suchen sie bei Barth Ansätze herauszuarbeiten, inwiefern bei ihm eine grundlegende Beziehung Gottes zur geschöpflichen Welt neben der Christusoffenbarung gesehen werden kann. Für Kraus selber hat die Geistchristologie letztlich die Bedeutung, eine Überwindung der Zwei-Naturen-Lehre und der metaphysischen Trinitätslehre[24] zu ermöglichen.[25]

---

19 S. Anm. 18.

20 *A.a.O.*, VIII.

21 Hendrikus Berkhof, *200 Jahre Theologie* (s. Anm. 18), 225.

22 Vgl. zu Berkhofs Ansatz ganz knapp: Jörg Weber, *Geist-Christologie im Neuen Testament?*, Trier/Waldrach 2000, 7–9.

23 Hendrikus Berkhof / Hans-Joachim Kraus, *Karl Barths Lichterlehre* (ThS 123), Zürich 1978. Inwiefern diese Interpretation den grundlegenden christologischen Dimensionen Barths ausreichend Rechnung trägt, muss hier als unbeantwortete Frage stehen bleiben.

24 So Hans-Joachim Kraus, *Rückkehr zu Israel. Beiträge zum christlich-jüdischen Dialog*, Neukirchen 1991, 333.

25 Vgl. zu Geistchristologie bei Kraus insgesamt: Marco Hofheinz, Der geistgesalbte Christus. Trinitätstheologische Erwägungen zur umstrittenen Geistchristologie, in: *EvTh* 72 (2012), 337–356.

5. Arnold van Ruler

Die bei Berkhof beschriebene pneumatologische Akzentsetzung findet
sich auch bei Arnold van Ruler[26] wieder. Für ihn ist die christologische
Konzentration auch ein Problem, weil er vor allem die eigentliche biblische
Blickrichtung darin sieht, dass der Schöpfung neue Zukunft gegeben
wird. Die Bundestheologie, die für Barth als innerer Grund der Schöpfung
verstanden wird, ist für van Ruler eher Zeichen der Notrettungsmaßnahmen,
dass Gott seine Schöpfung nicht im Stich lässt. Auch die Menschwerdung
Gottes ist Ausdruck dieser letztlich funktionalen Christusgeschichte, die am
Ende der Zeiten ihre Zeit gehabt haben wird – van Ruler entwickelt eine dynamische wenn auch nicht systematisch entfaltete Trinitätskonzeption.

Van Ruler hat in Deutschland wohl am stärksten auf die Theologie Jürgen
Moltmanns gewirkt. Nicht nur ist hier hinzuweisen auf die bei van Ruler und
Moltmann zentrale Bibelstelle aus 1 Kor 15,24, nach der Christus am Ende
die Herrschaft wieder dem Vater übergeben wird – seine Funktion ist dann
vorbei[27] –, mehr noch auf die Zentralrolle der zurechtzubringenden Schöpfung. Zwar grenzt sich Moltmann dann auch von van Ruler ab, weil er dem
Eschaton mehr als eine Restitution des ursprünglichen Paradieses zutraut[28] –
und doch sind die Grundlinien der Moltmannschen Theologie (auch in ihrer
Nicht-Systematik) vielfach aufbauend auf den Grundlinien van Rulerscher

---

26 Vgl. zu van Ruler knapp: Dirk van Keulen, De theologie van A.A. van Ruler. Een korte in-
troductie, in: *Kontekstueel* 26 (2011) (http://www.kontekstueel.nl/inhoudsopgave-archief-
kontekstueel/35-algemene-artikelen/794-nr2-2011-de-theologie-van-aavr). Auf deutsch
sind als Monographien erschienen: Arnold van Ruler, *Die christliche Kirche und das Alte
Testament*, München 1955; *Gestaltwerdung Christi in der Welt. Über das Verhältnis von
Kirche und Kultur*, Neukirchen 1956; *... daß der Mensch fröhlich sei bei seinem Tun. Meditationen zum Buch Prediger*, Kassel 1969; *Was glauben die Christen? Das Glaubensbekenntnis
gestern, heute und morgen*, Wuppertal 1972.

27 Vgl. zu Ruler Dirk van Keulen, De theologie (s. Anm. 26), zu Moltmann Georg Plasger,
Hope in our Lord Jesus Christ? A dialogue with Jürgen Moltmann's eschatology, in: *Christian hope in context*, Band I (= Studies in Reformed Theology 3), hg. v. A. v. Egmond u. D.
v. Keulen, 's Gravenhage 2001, 247–263.

28 Vgl. Jürgen Moltmann, *Der gekreuzigte Gott. Das Kreuz Christi als Grund und Kritik christlicher Theologie*, München ³1976, 247.

Gedanken.[29] Übrigens ist van Rulers pneumatologischer Einfluss auch beim Predigtlehrer Theologen Rudolf Bohren[30] deutlich.

6. Gerrit Cornelis Berkouwer

In Deutschland wurde Berkouwer vor allem durch seine Studie „Der Triumph der Gnade in der Theologie Karl Barths"[31] bekannt; seine früheren barthkritischeren und in der konfessionellen reformierten Theologie der Niederlande beheimateten Studien zu Barth sind in Deutschland m.W. nie rezipiert worden. In der Studie liefert Berkouwer eine präzise und zutreffende Studie zu Barths Verständnis einer den Sieg in Christus betonenden Theologie. Allerdings stellt Berkouwer dann einige kritische Fragen. So sieht er die Realität der Sünde durch die nach Barth bereits geschehene Überwindung nicht stark genug betont (und sie letztlich dadurch verharmlost) und das Rätsel des Unglaubens nicht ausreichend reflektiert: In der Mitte stehe eine einseitige Erwählungslehre, die die Verwerfung nicht in den Blick nehme oder sie durch Gott selbst übernehmen lasse; das aber führe Barth letztlich zur Häresie des Theopaschitismus.

Diese auf hohem theologischen Niveau stattfindende Kritik, auf die Barth in seiner Kirchlichen Dogmatik IV/3, 198–206 ausführlich eingeht, ist Deutschland oft rezipiert worden, wobei sich die Grundlinien auf zwei Punkte beschränken: a) die Anthropologie und b) das Geschichtsverständnis. Barths Anthropologie setzt theologisch ein beim wahren Menschen Jesus Christus, in dem der neue Mensch sich selber erkennt (also ein Zusammenhang von noetischer und ontischer Ebene); Berkouwers Anfrage setzt die Wirklichkeit des „alten Menschen" ins Zentrum: er kann zwar in

---

29 Über den Einfluss van Rulers auf ihn schreibt Moltmann selber in: ders., Stationen und Signale. Persönlicher Rückblick auf die letzten zehn Jahre, in: *1845–1970 Almanach. 125 Jahre Chr. Kaiser Verlag München*, München 1970, 86. Siehe auch: ders., Gestaltwerdung Christi in der Welt. Zur aktuellen Bedeutung der Theologie Arnold van Rulers, in: Dirk van Keulen / George Harinck / Gijsbert van den Brink (Hg.), Men moet telkens opnieuw de reuzenzwaai aan de rekstok maken. Verder met Van Ruler, Zoetermeer 2009, 113-125.

30 Vgl. nur knapp Michael Meyer-Blanck, *Gottesdienstlehre*, Tübingen 2011, 64f.

31 Gerrit C. Berkouwer, *Der Triumph der Gnade in der Theologie Karl Barths*, Neukirchen 1957. Von ihm auf Deutsch erschienen außerdem: *Das Konzil und die neue katholische Theologie*, München 1968; *Gehorsam und Aufbruch. Zur Situation der katholischen Kirche und Theologie*, München 1969; *Beunruhigung und Verantwortlichkeit. Definitionen zum Verständnis von Theologie und Kirche in unserer Zeit*, Gelnhausen 1970.

Christus schon erkennen, wer er in spe sein wird, in re aber ist er dieser neue Mensch noch nicht. Das hängt wiederum mit dem Verständnis der Geschichte zusammen: Barth geht von einer „Weltgeschichte" aus, die mit Gottes eigener Geschichte nicht identisch ist: „Heilsgeschichte" kann nach Barth nicht im Rahmen und also als Teil oder Sonderfall der Weltgeschichte verstanden werden, sondern begegnet dieser, nimmt an ihr teil und ist ihr doch schlechthin überlegen.

7. Zusammenfassende Perspektiven

Was ist nun systematisierend im Blick auf die niederländische Barthrezeption aus Deutschland zu sagen? Zunächst, dass Barths Theologie verschiedentlich inspirierend gewirkt hat, weil sie – anders als in Deutschland – spannende und kreative reformierte Rezeptionsprozesse ausgelöst hat. Die niederländische Theologie war insgesamt gesehen frei im Umgang mit Barth – und das hat sie dazu befähigt, eigene Akzente zu setzen. Interessant ist, dass diese je eigenen Akzente in ihrer deutschen Rezeption dann dazu geführt haben, vielfach diese Akzente deutlicher zu systematisieren und zu vereinseitigen. Was bei Berkhof als pneumatologische Christologie entwickelt wird, findet seine Zuspitzung bei Kraus, der die Zwei-Naturen-Lehre aufgibt. Die Konzentration auf das Alte Testament und die Anfänge einer Israeltheologie bei Miskotte werden bei Friedrich-Wilhelm Marquardt deutlich verändert und vereinseitigt. Auch Moltmann steigert van Rulers Konzeption, wenn er vom Geist in der Schöpfung ausgeht, und so die grundlegende Differenz zwischen Gott und Schöpfung letztlich preisgibt und eine Art von Panentheismus entwickelt.

Ist das eine Frage der niederländischen Kultur, hier vorsichtiger und tastender zu sein, nicht so grundsätzlich und pauschal? Vielleicht. Aber das wäre noch keine theologische Überlegung, sondern eher eine soziopsychologische – die mag auch ihr Recht haben.

Wenn ich nun aber alle genannten Entwicklungen summarisch vor Augen habe, fällt eines immerhin auf: Die niederländischen Theologen Miskotte, Berkhof, van Ruler und Berkouwer versuchen je auf ihre Weise, eigene Kontexte der Barthschen christologischen Zuspitzung zu entwickeln. Bei van Ruler ist es ein trinitätstheologischer, bei Berkhof und van Ruler sind es pneumatologische, bei Berkouwer anthropologische und bei Miskotte hermeneutische. Miskotte ist von allen genannten Theologen derjenige, der

Barths Theologie eigentlich nicht verändern will, sondern ihr theologische alttestamentliche Tiefenstruktur zueignen will. Sein von Eberhard Busch immer wieder berichteter Zug, Barth zur Lektüre jüdischer Theologen (wie etwa Rosenzweig) aufzufordern, weil er hier eine gute Unterstützung fände, wird von Barth nicht so recht gehört.

Van Ruler und Berkhof melden mit ihren trinitätstheologischen pneumatologisch akzentuierten Ansätzen hingegen deutliche Kritik an Barth an; und zuimndest Berkhof hat unverkennbar die Absicht, auf den Spuren Barths weiter zu denken.

Und bei Berkouwer ist es wohl am stärksten eine aus der reformierten Theologiegeschichte entwachsene Kritik an Barth – hier sind die konfessionellen Rückfragen der zwanziger Jahre subkutan aufgenommen.

Die deutschen Rezeptionen zeigen – vor allem in den theologischen Entwürfen von Kraus und Marquardt, deutlich schwächer bei Moltmann, deutlich veränderte Aufnahmen. Für sie sind die Zuspitzungen der niederländischen Barthrezeptionen sehr schnell mit christologischen „Abrüstungen" verbunden.

Was bedeutet dieser Blick von außen auf die niederländische Barth-Rezeption? Positiv ist zunächst einmal, dass ich hier spannende und wirklich konstruktive Interpretationen sehe. Sodann auch, dass alle Zuspitzungen und Anfragen aus der reformierten Tradition stammen und deswegen auch Anfragen an Barth stattfinden, ob er noch dieser Tradition genüge. Letztlich verstehe ich auch van Ruler und Berkhof, die scheinbar über Barth hinausgehen, nicht so weit weg von den frühen konfessionellen Anfragen der zwanziger Jahre. Van Rulers Trinitätstheologie sehe ich letztlich ontologisch verhaftet, weil er von einem Gegensatz von Schöpfung und Gott ausgeht, der theologiegeschichtlich zwar zutreffend, biblisch gesehen aber doch zu relativieren ist. Berkhof und Berkouwer setzen ebenfalls den Menschen in der göttlichen Heilsgeschichte absolut. Alle drei versuchen also, Barth in den Traditionen der klassischen (orthodoxen?) reformierten Theologie zu fassen. Zu fragen wäre, ob sie damit die Innovationen der Barthschen Anthropologie (die m.E. viel calvinischer sind als viele reformierte Orthodoxe das meinen) wirklich in den Blick bekommen – ich bin hier skeptisch.

Ich will schließen mit einem wiederholten Erlebnis, das ich bei mehreren Gesprächen mit niederländischen Kollegen und Kolleginnen hatte. In Diskussionen über Barth zeigte sich mehrfach, dass die Niederländer sagten: Ja, wenn man Barth so deutet wie Du das tust, dann ist er ja gar nicht so, wie wir das bisher immer gelehrt bekommen haben. So ist es wohl wechselseitig bei guten und anregenden Texten und Theologen und Theologinnen.

Ich schließe mit einem ureigenen Anliegen Barths. In seiner Predigt auf der zweiten freien reformierten Synode in Siegen 1935, seiner letzten Predigt in der NS-Zeit in Deutschland, sagte er am Schluss – er legte hier das reformierterseits wichtige Bilderverbot aus und kam auf seine Theologie zu sprechen:

Ihr „werdet doch nur dann recht kämpfen und schließlich gekrönt werden, wenn ihr gerade auch alle Gottesbilder, vor allem auch die der Theologie – auch die der Theologie, die ihr bei mir gelernt habt – von euch tut, um ganz frei zu werden für das Wort Gottes selber. Gefangene eines Prinzips und Systems, heiße es, wie es wolle, sind dem Kampf gegen den Götzendienst nicht gewachsen, weil sie selber noch Götzendienst treiben. Laßt euch, ich bitte euch darum, durch eine rechte Theologie auch von der Theologie befreien, damit ihr ganz alleine Diener Christi seid."[32]

---

32 Karl Barth, Predigt über Exodus 20,4–6, in: Holger Finze (Hg.), *Karl Barth. Predigten 1921–1935*, Zürich 1998, 428–440, 439.

Matthias Freudenberg / Hans-Georg Ulrichs

„[…] weil Du überhaupt zu uns gehörst".
Zur Edition des Briefwechsels zwischen Karl Barth und Wilhelm Niesel 1924–1968[1]

Karl Barth (1886–1968) und der langjährige Moderator des Reformierten Bundes in Deutschland und Präsident des Reformierten Weltbundes, Wilhelm Niesel (1903–1988), waren kritische Zeitgenossen von theologisch und kirchenpolitisch herausfordernden Epochen im 20. Jahrhundert. Mit der Wendung „[…] weil Du überhaupt zu uns gehörst" im Brief vom 6. November 1952 zählte Niesel seinen Lehrer und späteren Freund Barth zu den Reformierten in Deutschland, obwohl dieser schon seit 1935 wieder in Basel seine Heimat gefunden hatte.[2] Beide haben einander an ihren Gedanken teilhaben lassen, den jeweils anderen um Informationen gebeten und einander um Rat gefragt. Das gilt für den regen Austausch über ein angemessenes Verständnis des Reformators Johannes Calvin ebenso wie für die Einschätzungen und Strategien im Kirchenkampf. Nach dem Zweiten Weltkrieg waren beide im Gespräch über die sich konstituierende Evangelische Kirche in Deutschland (EKD) und reflektierten die theologischen Debatten über das Abendmahlsverständnis, die existenziale Interpretation der Bibel und den politisch-ethischen Kurs der Kirche in den 50er Jahren. Schließlich weiteten sie ihren Blick über Deutschland hinaus auf die Welt der Ökumene. In den Zeilen und zwischen den Zeilen schimmern dabei immer wieder auch persönliche Anliegen durch, die dem Briefwechsel seine lebendige Farbe geben.

---

1 *Karl Barth und Wilhelm Niesel. Briefwechsel 1924–1968*, hg. v. Matthias Freudenberg / Hans-Georg Ulrichs, Göttingen 2015. Der Beitrag ist die überarbeitete Fassung der Präsentation der Edition im Moderamen des Reformierten Bundes am 4. Dezember 2015 in der Gemarker Kirche Wuppertal. Die Schriftstücke, die Barth an Niesel gesandt hat, befinden sich im Nachlass Niesel im Archiv der Johannes a Lasco Bibliothek Emden (NL WN I,1a); die Schriftstücke, die Niesel an Barth gesandt hat, sind im Karl Barth-Archiv Basel aufbewahrt.

2 *A.a.O.*, 246.

1. Zur Bedeutung der Edition

Der Briefwechsel zwischen Barth und Niesel beginnt nicht mit einem Brief, sondern mit einer Postkarte, im Juni 1924 aus der Lüneburger Heide – aus Hermannsburg – nach Göttingen versandt: „Der Gotteswissenschaft entronnen, / Ausruhend in der Heide Sonnen, / Erlauben wir uns mit unsern Händen, / Ergebenst unsern Gruß zu senden. / Doch durch das Bildchen sei betroffen / Der offne Abend: ‚allzu offen.'"[3] Diese Postkarte, gemeinsam von Niesel und Wolfgang Trillhaas (1903–1995) verfasst – oder besser gesagt: gedichtet –, ist der Gruß zweier Studenten an ihren Lehrer Barth. Sie bildet den Auftakt eines Briefwechsels, der insgesamt 196 Schriftstücke, darunter 172 Briefe, 22 Postkarten und 2 Telegramme umfasst. Von diesen Schriftstücken wurden 59 von Barth an Niesel und 133 von Niesel an Barth gesandt; hinzu kommen vier Briefe, die Barths Mitarbeiterin Charlotte von Kirschbaum (1899–1975) in dessen Auftrag an Niesel geschrieben hat. Schließlich sind noch drei Anhänge mit Texten Barths abgedruckt, die in einem direkten Bezug zu den Briefen stehen.

Was ist zur Charakteristik dieser Briefe zu sagen und was hat ihre Edition nahegelegt? Mit Barth und Niesel begegnen zwei Theologen des 20. Jahrhunderts, die in zum Teil unterschiedlichen Funktionen und mit jeweils eigenen Akzentuierungen der evangelischen Theologie und Kirche ihren Stempel aufgedrückt haben. Das gilt insbesondere für die reformierte Theologie und Kirche, die von beiden inspiriert und geprägt wurden.[4] Was beide bei aller gegenseitigen Verschiedenheit miteinander verbunden hat, war die Über-

---

3 Postkarte vom 25. Juni 1924, in: *a.a.O.*, 33.

4 Zu Barth als reformiertem Theologen vgl. Michael Weinrich, Karl Barth (1886–1968) – ein reformierter Reformierter. Theologie für eine durch Gottes Wort zu reformierende Kirche, in: Marco Hofheinz / Matthias Zeindler (Hg.), *Reformierte Theologie weltweit. Zwölf Profile aus dem 20. Jahrhundert*, Zürich 2013, 23–46; Georg Plasger, „Du sollst Vater und Mutter ehren!". Karl Barth und die reformierte Tradition, in: Michael Beintker / Christian Link / Michael Trowitzsch (Hg.), *Karl Barth in Deutschland (1921–1935). Beiträge zum Internationalen Symposion vom 1. bis 4. Mai 2003 in der Johannes a Lasco Bibliothek Emden*, Zürich 2005, 393–405; Matthias Freudenberg, *Karl Barth und die reformierte Theologie. Die Auseinandersetzung mit Calvin, Zwingli und den reformierten Bekenntnisschriften während seiner Göttinger Lehrtätigkeit*, Neukirchen-Vluyn 1997, 15–86. Zum reformierten Profil Niesels vgl. Hans-Georg Ulrichs, Kirchenkampf als permanente Bewährungsprobe. Wilhelm Niesels „gradliniger Weg" als reformierter Kirchenpolitiker nach 1945 – ein Beitrag zur Geschichte der Reformierten in Deutschland im 20. Jahrhundert, in: Martin Breidert / ders. (Hg.), *Wilhelm Niesel. Theologe und Kirchenpolitiker*, Wuppertal 2003, 35–74; ders., „Der ausgesprochenste Reformierte in Deutschland". Reformierte Identität im Kirchen-

zeugung, dass die Kirche einen ihr von Jesus Christus zugewiesenen Auftrag hat, den sie immer wieder theologisch prüfen und verantworten muss.

Barth, der Theologe von Weltruf und „Kirchenvater des 20. Jahrhunderts", und Niesel, der Streiter im Kirchenkampf und Repräsentant der reformierten Kirche innerhalb und außerhalb Deutschlands, verstanden sich als bewusst reformierte Theologen. Beide waren einander darin einig, dass kirchliche Entscheidungen theologische Denkarbeit voraussetzen. In dieser nicht zuletzt von Calvin gewonnenen Überzeugung gingen sie den Dingen auf den Grund und gaben sich nicht mit vorschnellen Lösungen zufrieden. In der Beurteilung theologischer und kirchlicher Zeitfragen nahmen sie kein Blatt vor den Mund, sondern vertraten die Ansicht, dass es auch bei scheinbar nebensächlichen Themen um entscheidende Fragen kirchlichen Gestaltens gehen konnte.

Solche Situationen der kritischen Prüfung des kirchlichen Redens und Lebens diagnostizierten beide im Kirchenkampf zu Beginn der 30er Jahre, als sie sich ab dem Frühsommer 1933 und im Umfeld der Bekenntnisentscheidungen von Barmen in einem engen Dialog befanden. Später begleiteten sie den Weg der sich neu konstituierenden EKD aufmerksam und kritisch. Manches davon spiegelt sich im Briefwechsel, der sich als ein intensiver Meinungsaustausch darstellt.[5] Der dialogische Charakter des Gedankenaustausches prägt die Briefe beider. Sie haben einander an ihren Gedanken teilhaben lassen, den jeweils anderen um Informationen gebeten und einander um Rat gefragt.

In der Frequenz der Briefe gibt es intensivere Zeitabschnitte und Pausen, so insbesondere von Juni 1939 bis April 1946. Diese lange Pause ist in erster Linie den Kriegsereignissen und dem erschwerten bis unmöglichen Briefverkehr geschuldet. Barth war eine im nationalsozialistischen Deutschland nicht geduldete Person, seine Schriften waren verboten, seine theologischen Freunde und Schüler sowie Mitglieder der Bekennenden Kirche wurden überwacht und teils auch diskriminiert. Andere Unterbrechungen in der Brieffolge haben auch darin ihren Grund, dass beide nach dem Krieg vermehrt zum Telefonhörer griffen, um sich auszutauschen, oder dass sie einander besuchten.

---

kampf und im Kalten Krieg: Wilhelm Niesel (1903–1988), in: Marco Hofheinz / Matthias Zeindler (Hg.), *Reformierte Theologie weltweit*, 71–100.

5 Vgl. Hans-Georg Ulrichs, Wilhelm Niesel und Karl Barth. Zwei Beispiele aus ihrem Briefwechsel 1924–1968, in: Matthias Freudenberg (Hg.), *Profile des reformierten Protestantismus aus vier Jahrhunderten*, Wuppertal 1999, 177–196.

2. Barth, Niesel und die Calvin-Forschung

Zu Anfang des Briefwechsels, der mit der genannten Postkarte 1924 begann, bestand zwischen beiden ein Lehrer-Schüler-Verhältnis, das sich vor allem während Niesels Dissertation als ein anregender theologischer Dialog bewährte. Später wandelte sich das Gespräch zu einem Dialog auf Augenhöhe, der auch Kritik aushielt – etwa dann, wenn Niesel einen Brief mit den Worten: „Seien Sie [...] herzlich gegrüßt von Ihrem diesmal nicht belehrten Wilhelm Niesel" enden ließ.[6] Später hat Barth seinem früheren Schüler Ende 1947 nach kirchenpolitisch dramatischen Tagen das „Du" angetragen.[7]

Beide begegneten einander zum ersten Mal, nachdem Niesel zum Wintersemester 1923/24 als Theologiestudent von Tübingen nach Göttingen wechselte, um Barths Vorlesungen über reformierte Theologie zu hören. In diesen Vorlesungen nahm Niesel Barth als einen Theologen wahr, der sich zur Neubegründung einer im Wort Gottes fokussierten Theologie auf die reformierte Tradition besonnen und diese als Impulsgeberin für seine eigene Dogmatik in Anspruch genommen hat. Im Verlauf seiner Biographie kristallisierte sich die primär durch Calvin, Zwingli und die Bekenntnisschriften geformte reformierte Prägung seines Denkens weiter heraus. Am Ende seines Lebens urteilte er gelassen: „Was wir Reformierten haben, das ist eine Gestalt der Kirche, neben der es andere geben kann. Ich denke, im Himmel sind sicher nicht alle reformiert. Darum braucht's auf Erden nicht unbedingt so zu sein."[8]

Einen großen Raum in den ersten Jahren des Briefwechsels nahm das Gespräch beider über Niesels Dissertationsprojekt und dessen Arbeit an den von Barths Bruder Peter herausgegebenen „Opera Selecta" Calvins ein. Zu Beginn des 20. Jahrhunderts kam ein ins 19. Jahrhundert zurückreichendes Calvinverständnis an sein Ende, in dem einerseits Calvins Persönlichkeit ins Zentrum gestellt und andererseits sein Wirken weitgehend historisiert worden war. Dem setzte Barth in seiner Göttinger Calvin-Vorlesung von 1922 die Überzeugung gegenüber, dass das Interesse auf den Theologen Calvin gelenkt werden müsse: „Der historische Calvin ist der lebendige Calvin [...]. Ihm müssen wir unsere erste und sehr ernsthafte Aufmerksamkeit zuwenden, von ihm aus weiterdenken, wenn wir überhaupt im Sinn haben, uns von

---

6 Brief vom 14. Juni 1946, in: *a.a.O.*, 209.

7 Dokumentiert seit dem Brief vom 29. Dezember 1947, in: *a.a.O.*, 222 f.

8 Gespräch in der Basler Titusgemeinde (1968), in: Karl Barth, *Gespräche 1964–1968*, hg. v. Eberhard Busch (GA IV), Zürich 1997, 465 f.

ihm belehren zu lassen."[9] Geradezu enthusiastisch erklärte Barth gegenüber Eduard Thurneysen: „Calvin ist ein Wasserfall, ein Urwald, ein Dämonisches, irgendetwas direkt vom Himalaja herunter, absolut chinesisch, wunderbar, mythologisch [...]. Ich könnte mich gut und gerne hinsetzen und nun mein ganzes ferneres Leben nur mit Calvin zubringen."[10]

Barth hat durch seine Calvin-Vorlesung die Überzeugung gewonnen, dass die evangelische Theologie und Kirche seiner Zeit in Calvin ihren kritischen und anregenden Lehrer finden sollte. Diese Sicht auf Calvin machte sich Niesel zu eigen, indem er seit Ende 1925 mit Barth verschiedene Möglichkeiten einer Arbeit über Calvin erwogen hat, die schließlich in der Studie zu Calvins Abendmahlslehre mündeten. In ihr verstand er das Abendmahl in der Sicht Calvins als Geschehen der Gemeinschaft mit Christus, aus der heraus die versammelte Gemeinde eine elementare Lebensnahrung gewinnt. Auch in späteren Arbeiten über Calvin hob Niesel das christologische Profil von dessen Theologie hervor. Der gemeinsame Bezugspunkt nahezu aller calvinischen Themen sei die Offenbarung Gottes in Jesus Christus. Niesel sprach ferner von der Frucht einer durch Barth eingeleiteten „Selbstbesinnung der Theologie auf ihren Gegenstand", die „auch in der Calvin-Forschung eine Umwälzung hervorgerufen" hätte.[11] Und nach Peter Barths Worten ist Calvin „aus einem Objekt mehr oder weniger aufmerksamer und interessierter wissenschaftlicher Betrachtung zum Lehrer einer neuen Theologengeneration" geworden.[12]

Verdienste um die Calvin-Forschung hat sich Niesel durch seine Mitarbeit an der Edition der „Opera Selecta" Calvins erworben. Deren Band I wurde von Peter Barth (1888–1940) allein herausgegeben und erschien 1926. Noch im gleichen Jahr ergossen sich über die Edition äußerst kritische Rezensionen. Nach diesem Desaster war eine Neustrukturierung der Editionsarbeit unumgänglich. Durch Vermittlung Karl Barths hat Wilhelm Niesel von Dezember 1926 bis Oktober 1928 in Peter Barths Madiswiler Pfarrhaus an der Edition der Bände III–V mitgearbeitet. Im Brief vom 4. Oktober 1926

---

9 Karl Barth, *Die Theologie Calvins. Vorlesung Göttingen Sommersemester 1922*, hg. v. Hans Scholl (GA II), Zürich 1993, 4–6.

10 Karl Barth, Brief an Thurneysen vom 8. Juni 1922, in: ders. / Eduard Thurneysen, *Briefwechsel*, Bd. 2: 1921–1930, hg. v. Eduard Thurneysen (GA V), Zürich ²1987, 80.

11 Wilhelm Niesel, *Die Theologie Calvins*, München 1938, 15; vgl. Ders., *Die Theologie Calvins*, München ²1957, 16.

12 Peter Barth, Fünfundzwanzig Jahre Calvinforschung 1909–1934, in: *ThR.NF* 6 (1934), 252.

fragte Barth bei Niesel an, ob er sich an seinen Bruder Peter wenden möchte.[13] Postwendend hat Niesel im Brief vom 6. Oktober 1926 seine Mitarbeit
zugesagt und zog nach Madiswil um.[14] Dort erstellte er die kritische Text-
bearbeitung und war außerdem für den Apparat einschließlich der technischen Vorarbeiten für den Druck und für den Stellennachweis der reformatorischen Quellen sowie für die Vorrede zu Band III verantwortlich. Die
Rezensionen zu den Bänden III und IV mit den Büchern I–III der „Institutio
christianae religionis" fielen wesentlich günstiger, ja geradezu euphorisch
aus: Es sei den Herausgebern gelungen, die Calvinforschung auf eine neue
Grundlage zu stellen. Später sprach Niesel über die zwei Jahre im Madiswiler
Pfarrhaus – von Karl Barth als „Calvinlaboratorium" bezeichnet[15] – von so
mancher Entdeckerfreude und bewertete sie als einen besonderen Abschnitt
seines Lebens. In seiner Laudatio auf Niesels Promotion am 22. Februar 1930
äußerte Niesel: „[I]ch freue mich persönlich ganz besonders, daß Sie in dem
Mann, dessen Werk Ihre wissenschaftliche Arbeit bis jetzt in besonderer
Weise gegolten hat, in dem großen, strengen Calvin, einen menschlichen
Lehrmeister haben, der seinesgleichen sucht."[16]

3. Im Kirchenkampf

Obwohl Niesel der Calvin-Forschung sein Leben lang verbunden geblieben
ist – seine „Theologie Calvins" erschien 1938[17], seine Calvin-Bibliographie in
den 50er Jahren[18] –, ist er nicht zuletzt als Kirchen- und Konfessionspolitiker
bekannt geworden und in Erinnerung geblieben. Wie ist er in diese Rolle
hineingewachsen und wie änderte sich dadurch sein Verhältnis zu Barth?

Seit 1930 wirkte Niesel als Studienleiter am reformierten Predigerseminar in Elberfeld, zeitgleich mit Otto Weber (1902–1966), der an der dortigen Theologischen Schule tätig war. Wäre der „Kirchenkampf"[19] der Jahre

---

13 *Karl Barth und Wilhelm Niesel* (Anm. 1), 44.
14 *A.a.O.*, 45.
15 Brief vom 8. Mai 1928, in: *a.a.O.*, 63.
16 *A.a.O.*, 80.
17 Niesel, *Die Theologie Calvins* (Anm. 11).
18 Wilhelm Niesel, *Calvin-Bibliographie 1909–1959*, München 1961.
19 Nach der Publikation seiner Kirchenkampf-Erinnerungen (*Kirche unter dem Wort. Der
   Kampf der Bekennenden Kirche der altpreußischen Union 1933–1945* [AGK.E 11], Göttingen 1978) übergab Niesel seine umfangreiche Sammlung aus der Zeit 1933–1945 dem
   Evangelischen Zentralarchiv in Berlin (EZA 619). Zum reformierten Kirchenkampf vgl.

1933 ff. nicht gewesen, dann wäre Niesel anschließend wohl ins Pfarramt gewechselt und wahrscheinlich irgendwann auf einen Lehrstuhl berufen worden. Aber am Predigerseminar lernte und lehrte er nicht nur weiter, sondern war in unmittelbarer Nähe von Hermann Albert Hesse (1877–1957)[20] im Zentrum kirchen- und konfessionspolitischer Auseinandersetzungen der Reformierten im Rheinland und der Evangelischen Kirche der altpreußischen Union (ApU). Hesse war langjähriger Herausgeber der Reformierten Kirchenzeitung (RKZ) gewesen und als Synodaler der ApU-Generalsynode ein durchaus bissiger und bekannter reformierter Repräsentant. Daher ist es nicht verwunderlich, dass Niesel die Geschehnisse im ersten Halbjahr 1933 intensiv miterlebt hat. So nahm er im Frühjahr 1933 an der Rheydter Versammlung teil, die noch alle reformierten Lager zu verbinden beabsichtigte. Er erarbeitete die Düsseldorfer und Elberfelder Thesen mit und war Gründungsmitglied des „Gemeindetages unter dem Wort" und des Coetus reformierter Prediger Deutschlands.

Die Inhalte der Briefe zwischen Barth und Niesel änderten sich mit dem Jahr 1933, geht es doch kaum noch um die akademische Theologie. Der zuvor zumeist „ergeben(st)" oder „ehrerbietigst" grüßende Niesel wurde eine wichtige Quelle für Barth, vielleicht sogar die wichtigste über reformierte Interna, zumal Barths Verhältnis zu führenden Reformierten nicht durchweg vertrauensvoll war. Jedenfalls fragte Barth von Beginn des Jahres 1933 an seinen Schüler nach dessen Einschätzungen und nach Hintergrundinformationen. Die Situation war unübersichtlich: Wer gehörte im eigenen Lager zu den Deutschen Christen (DC), wer nicht, wer wollte auf welche Weise den politisch-staatlichen Aufbruch für die Kirche nutzen – volksmissionarisch, kirchenorganisatorisch, zur konfessionellen Konsolidierung? Auch Hesses Positionen waren bis zum Herbst 1933 gelegentlich undurchschaubar, seine Sympathien für Reichsbischof Ludwig Müller (1883–1945) aus heutiger Perspektive schwer nachzuvollziehen. Zwischen Barth und Niesel bestanden dagegen kaum unterschiedliche Einschätzungen – weder über Personen und Gegner noch über Geschehnisse oder Texte. Niesel stand von Anfang an ganz auf der Seite der kirchlichen Opposition und war wie Barth zu keinem

---

Sigrid Lekebusch, *Die Reformierten im Kirchenkampf. Das Ringen des Reformierten Bundes, des Coetus reformierter Prediger und der reformierten Landeskirche Hannovers um den reformierten Weg in der Reichskirche* (SVRKG 113), Köln 1994.

20 Zu Hermann Albert Hesse vgl. Hans-Georg Ulrichs, Von Brandes bis Bukowski. Die Moderatoren des Reformierten Bundes, in: Ders. (Hg.), *Der Moderator. Ein Dank für Peter Bukowski*, Hannover 2015, 23–70, hier 44–50.

Augenblick versucht, dem Nationalsozialismus zuzubilligen, sich als politisches Experiment erproben zu dürfen. Signifikant war die Änderung seines Verhaltens auch Barth gegenüber: Er war nicht mehr nur ergebener Schüler des theologischen Lehrers, sondern ein durchaus selbstbewusster Kirchenfunktionär, der trotz des erheblichen Altersunterschiedes mit einiger Vehemenz das verantwortliche kirchliche Engagement des Theologieprofessors einforderte. Hatte Niesel als Adlatus von Hesse Barth vor 1933 um theologische Beiträge durchaus devot und angemessen angefragt, so wurde er nun immer selbstbewusster und klagte geradezu Barths Mittun ein. „Eine Absage wird nicht akzeptiert", so endet eine „Einladung" Niesels an Barth zu einer Kommissionssitzung der Bekennenden Kirche (BK) am 7. Dezember 1934.[21]

Niesel wurde vom Informant zum Akteur, und zwar im doppelten Sinne. Bereits im April 1933 versuchte er Barth zum Austritt aus der SPD zu bewegen mit dem Ziel, eine drohende Entlassung aus dem Staatsdienst zu verhindern, und fuhr im kirchlichen Auftrag aufs Bergli, um ihn in seinem Feriendomizil zu treffen. In kaum vorstellbarem Ausmaß engagierte sich Barth in den Jahren bis 1935 für die BK. Wie wertvoll Niesel für Barth wurde, erhellt etwa aus seinem Brief vom 10. August 1933: „Lieber Herr Niesel, ich wollte Ihnen [...] gerne einmal ausdrücklich gesagt haben, wie sehr ich mich Ihres Daseins und Soseins in diesem Sommer gefreut habe. Er hat einem so viele schmerzliche Enttäuschungen gerade in persönlicher Hinsicht gebracht. Es ist nicht an der Zeit, sich Komplimente zu machen, aber Sie dürfen wohl hören, daß mir Ihr festes Herz und Ihr harter Kopf in dieser Gegenwart eine Freude und ein Trost ist."[22] Niesel wurde dann zum Verfechter von Barths Kurs innerhalb der Reformierten, ging also auch auf Distanz zu Otto Weber, zu den reformierten Kirchenleitungen, zu konservativen Kohlbrüggianern, zum bisherigen Moderamen des Reformierten Bundes. Auch Hesses Umschwenken ganz zu Barth im Herbst 1933 wird nicht ohne Gespräche mit dessen Angestellten Niesel abgelaufen sein.

Niesels Aufsatz „Bekenntnis oder Berechnung" wurde wegweisend für die inhaltliche und personelle Neuausrichtung der Reformierten mit der Freien reformierten Synode und der Hauptversammlung des Reformierten Bundes vom 3.–5. Januar 1934 in Barmen.[23] An der Barmer Synode Ende Mai 1934 nahm Niesel als Beobachter teil und gehörte zu dem redaktionel-

---

21 *Karl Barth und Wilhelm Niesel* (Anm. 1), 168.
22 *A.a.O.*, 123.
23 Abgedruckt in *RKZ* 83 (1933), 398–400.

len Ausschuss, welcher der Barmer Theologischen Erklärung ihre letztgülti-
ge Form gab. Niesel konnte Barmen später „eine Sternstunde der Kirche"[24]
nennen. Seit Mai 1934 war Niesel Mitglied im Bruderrat der altpreußischen
BK. Zum Herbst 1934 wechselte er als reformierter Referent zum Präses der
BK Karl Koch nach Bad Oeynhausen, wo er neben Hans Asmussen als luthe-
rischem Pendant wirkte, und 1935 als Geschäftsführer des Bruderrates der
ApU nach Berlin, wo er maßgeblich an den weiteren Entwicklungen beteiligt war. Bleibenden Einfluss sicherte sich Niesel durch seine Vorarbeiten zur
Zweiten freien reformierten Synode im März 1935 in Siegen, auf welcher der
Anstoß zur Gründung staatsunabhängiger Kirchlicher Hochschulen gege-
ben wurde.[25] Seit dem Wintersemester 1935/36 lehrte Niesel Systematische
Theologie an der Kirchlichen Hochschule in Dahlem und tat das praktisch
seit dem ersten Tag im Untergrund.

Barth entging 1933 – anders als etwa Paul Tillich oder Karl Ludwig
Schmidt – einer Entlassung aus dem Staatsdienst. Aber seine Weigerung,
einen von den Beamten geforderten Treueid auf Hitler uneingeschränkt zu
leisten, führte nach einer rechtlichen Auseinandersetzung schließlich doch
zur Entlassung Barths, der daraufhin im Sommer 1935 einer Berufung nach
Basel nachkam. Bis 1938 konnten Barths Schriften noch in Deutschland ge-
druckt und vertrieben werden, bis 1939 standen Barth und Niesel noch im
brieflichen Kontakt, wobei am Ende die Briefe auch durch persönlich bekannte Boten überbracht wurden und man sich einer verklausulierten Sprache bediente, um Personen zu schützen, falls die Briefe vom Geheimdienst
abgefangen worden wären.

Der Kampf des nationalsozialistischen Gewaltstaates gegen den christ-
lichen Glauben führte zu wachsenden Repressionen: zunächst die offene
Propagierung des „Neuheidentums" seit 1935, sodann die Einsetzung der
Kirchenausschüsse und Hanns Kerrls als Reichsminister für kirchliche
Angelegenheiten und schließlich die wachsende Verfolgung von Chris-
ten durch den totalitären Staat, die als immer bedrängender erlebt wurde.
Deshalb wurde das erste Jahr der massiven Repressionen (1937) von Niesel
als das schwerste aus der Sicht der BK bezeichnet. Er war und blieb steter
Gegner von kirchenleitender Realpolitik und von konfessioneller innerer

---

24 Wilhelm Niesel, Worüber man sich wundern muß, in: *RKZ* 110 (1969), 138 f., hier 138.

25 Niesels Vortrag „Kirchliche Hochschule für reformatorische Theologie" ist auch abgedruckt in: ders., *Gemeinschaft mit Jesus Christus. Vorträge und Voten zur Theologie, Kirche
  und ökumenischen Bewegung*, München 1964, 171–182. Zur Synode von Siegen vgl. Lekebusch, *Die Reformierten im Kirchenkampf* (Anm. 19), 222–244.

Emigration. Nach einem Ausreiseverbot aus Berlin 1938 und mehreren Prozessen und Haftzeiten wurde Niesel 1941 mit Redeverbot und Ausweisung aus Berlin belegt. Aus dieser Zeit stammt die Bezeichnung „Eiserner Wilhelm" **für** Niesel, der nahezu selbstverständlich ins Gestapo-Gefängnis ging. Von 1941–1943 fand er Zuflucht als Hilfsprediger in Breslau, danach bot die Lippische Landeskirche unter Landessuperintendent Wilhelm Neuser (1888–1959) dem ständig Bedrohten Unterschlupf als Pfarrer der evangelisch-reformierten Kirchengemeinde Reelkirchen. Auch während der Kriegsjahre war Niesel an der Planung und Organisation der BK und ihrer Synoden beteiligt.

Barth verfolgte den deutschen Kirchenkampf so lange es möglich war, informierte die schweizerische Öffentlichkeit und unterhielt zahlreiche Kontakte zu Kirchen und Personen in von der deutschen Wehrmacht besetzten Ländern. Bereits seit Beginn des Jahres 1945 rief er in Vorträgen dazu auf, nach dem Kriegsende den Deutschen dabei zu helfen, eine humane und demokratische Gesellschaft aufzubauen.[26]

4. Gründungsphase der EKD und kirchliche Diskussionen

Obwohl sich Barth und Niesel im August 1945 im Zusammenhang der Gründung der EKD in Treysa wiedergetroffen haben, begann deren Briefwechsel erst wieder im Sommer 1946, also am Ende des ersten der beiden Semester, die Barth jeweils im Frühjahr 1946 und 1947 in Bonn verbrachte. Beide waren stark gefordert, denkt man an Barths außerordentliche Produktivität – mehrere Bände der Kirchlichen Dogmatik erschienen jeweils im Abstand von wenigen Jahren –, während Niesel sich der Kirchenpolitik widmete und dafür auch Berufungen auf Lehrstühle ablehnte. Barth beging im Mai 1946 seinen 60. Geburtstag und musste überlegen, ob und wie er sich noch in den kirchlichen Kontexten Deutschland engagieren konnte und versagte sich gelegentlich der erbetenen Mitarbeit.

Niesel, seit August Mitglied des Rates der EKD und seit 1946 Moderator des Reformierten Bundes, wuchs nun in die Rolle des obersten Repräsentanten der Reformierten hinein, zumal andere bekannte Reformierte nicht in Frage kamen, weil sie für andere Aufgaben gebraucht wurden wie etwa Har-

---

26 Vgl. u.a. Karl Barth, Die geistigen Voraussetzungen für den Neuaufbau in der Nachkriegszeit (1945), in: Ders., *Eine Schweizer Stimme 1938–1945*, Zollikon-Zürich 1945, 414–432.

mannus Obendiek (1894–1954) auf seiner Wuppertaler Professur oder aber zu alt und krank waren wie Hesse. In der EKD kam es nach 1945 schon früh zu schmerzlichen Auseinandersetzungen und Trennungen. So nahm Niesel durchaus befremdet den Weg seines Gefährten im Kirchenkampf Hans Asmussen und einiger anderer Lutheraner wahr und trat im Rat der EKD entschieden für Barths Positionen und dessen von ihm angenommenen persönlichen Interessen ein. Die Fronten waren rasch verhärtet. Der scheiternde Asmussen berichtete aus einer Gremiensitzung: „[...] die Reformierten waren sehr böse und zum Teil auch sehr ungezogen."[27] Strittig waren die Ausrichtung der entstehenden und sich etablierenden EKD, in ihr die Positionierung der Vereinigten Evangelisch-Lutherischen Kirche (VELKD), die weitere Existenz bekenntniskirchlicher Gremien und Organisationen, die gesellschaftliche Gegenwart vor und nach der doppelten Staatsgründung sowie die politische Analyse der NS-Vergangenheit (Schuldfrage). Letztgenanntes gipfelte im Konflikt um Asmussens Rolle in der Kirchenkanzlei der EKD, seine öffentlichen und publizistischen Auftritte und seine „Absetzung" im Sommer 1948. Barth schrieb am 24. Januar 1948 an Niesel: „Was ich auch in meinem ganzen Leben und so auch in meinem Verhältnis zu Deutschland und zur deutschen Kirche versiebt haben mag: daß ich nun von einem höchsten Offiziellen der EKiD und der BK so angepöbelt werden durfte, ohne daß dazu ebenso offiziell etwas Gegenteiliges gesagt worden ist, das – ja das muß und will ich nun eben hinnehmen, aber nicht ohne die ausdrückliche Erklärung, daß ich das für einen Flecken in der Landschaft halte und daß sich die vergrabene, aber immerhin noch vorhandene Erinnerung daran, wie ich 1935, als ich meinem Prozeß entgegenging und die damalige VKL [sc. Vorläufige Kirchenleitung] und den damaligen Bruderrat, die mich zu diesem Prozeß veranlaßt hatten, um ihren formalen Beistand anging, von diesen beiden Gremien im Stich gelassen wurde und Alles persönlich ausfechten mußte, wieder gemeldet hat. Wie das ist mit dem Rohrstab Ägypten, der dem, der sich darauf stützen will, durch die Hand geht [vgl. 2. Kön 18,21; Ez 29,6b–7], das weiß ich nun und werde es doch auch dann noch wissen, wenn der besondere Fall Asmussen aus allerhand andern Gründen nun wirklich seiner Liquidation entgegengehen sollte. Dir persönlich danke ich für Alles, was du in dem von mir erwünschten, aber offenbar nicht durchzusetzenden Sinn unternommen, gesagt und getan hast. Mit unsrer

---

27 *Die Protokolle des Rates der Evangelischen Kirche in Deutschland*, Bd 2: 1947/48, bearbeitet von Carsten Nicolaisen / Nora Andrea Schulze (AKIZ.A 6), Göttingen 1997, 122.

persönlichen Freundschaft soll also alles hier Gesagte nichts zu tun haben
als dies, daß ich das Alles gerade dir nun eben so offen gesagt habe, wie man
es nur einem Freunde sagt."[28]

Neben dem Gespräch beider über die sich konstituierende EKD tauchen im Briefwechsel weitere Debatten auf: über die reformiert-lutherischen
Spannungen im Kirchen- und Abendmahlsverständnis, über die Wiederbewaffnung Deutschlands, über die Stellung zu Rudolf Bultmanns existenzialer
Interpretation des Neuen Testaments und anderes mehr.

Exemplarisch sei auf die spannungsreichen Diskussionen über die Wiederbewaffnung Deutschlands und die Militärseelsorge hingewiesen. Auf
kirchlicher Seite waren die Westintegration und die Wiederbewaffnung lebhaft umstritten. Der hessen-nassauische Kirchenpräsident Martin Niemöller (1892–1984) erklärte 1949, dass die meisten Deutschen „die Einigung
ihres Landes unter dem Kommunismus einer Fortdauer seiner gegenwärtigen Aufspaltung vorziehen" würden und der abgetrennte westdeutsche Staat
zum Scheitern verurteilt sei.[29] Gemäßigter äußerte sich Gustav Heinemann
(1899–1976) als Minister für Gesamtdeutsche Fragen und Inneres – ein enger Vertrauter Niesels. Mit Verärgerung nahm er 1950 Adenauers Alleingänge in Fragen der Wiederbewaffnung zur Kenntnis und erklärte daraufhin
seinen Rücktritt als Minister. In einem Offenen Brief vom 17. Oktober 1950
solidarisierte sich Barth mit Niemöller und Heinemann, wiederholte deren
Argumente gegen die Wiederbewaffnung und hielt deswegen gar einen neuen Kirchenkampf für denkbar. Auf politischer Ebene waren die Entscheidungen gefallen: 1955 wurde die Bundeswehr gegründet und im gleichen
Jahr Deutschland in die NATO aufgenommen.

In der Folge stellte sich zwangsläufig die Frage nach der seelsorglichen
Begleitung der Soldaten. Es wurden Gespräche und Verhandlungen zwischen der EKD und der Regierung über die Durchführung der Militärseelsorge geführt. Nach anfänglicher Ablehnung des Vertragsentwurfes seitens
der westdeutschen Landeskirchen, die u. a. die Revitalisierung der einstigen
„Militärkirche" befürchteten, schrieb ein Vertrag den kirchlichen Auftrag
der Militärseelsorger fest. Über die Beratungen auf der EKD-Synode am 7.
März 1957 meldete Niesel leicht ironisch an Barth: „Bei der Erörterung des
Staatsvertrages landeten wir schließlich bei der Frage, ob christliche Verkündigung in einer Armee, die mit atomaren Waffen ausgerüstet ist, überhaupt

---

28 *Karl Barth und Wilhelm Niesel* (Anm. 1), 227 f.
29 Zit. n. *KJ* 76 (1949), 240.

möglich ist. Nur die Erlanger Theologie hatte in dieser Hinsicht keinerlei Probleme; für sie ist alles durch die lutherischen Bekenntnisse geregelt."[30]

5. Im Horizont der Ökumene

Ökumenische Herausforderungen wie das Verhältnis von Kirche und Staat in den Ländern jenseits des „Eisernen Vorhangs" fanden in Barth und Niesel aufmerksame Kommentatoren. Zu diesem Punkt lohnt sich eine Vertiefung am Beispiel der Beziehungen zur reformierten Kirche in Ungarn. In mehreren Briefen der Jahre 1956–1958 standen die Verhältnisse in Ungarn im Mittelpunkt der Korrespondenz beider. Darin wirkte nach, was schon bei Barths zweiter Ungarnreise 1948 Thema war und Reaktionen auslöste: Barths Stellung zur Rolle der Kirche im Ost-West-Konflikt.[31]

Durch seine Äußerungen zu Ungarn und seinen grundsätzlichen Aufruf an die Kirche, weder für den Osten noch für den Westen Partei zu ergreifen, sondern einen dritten eigenen Weg zu gehen, entfachte Barth eine kritische Debatte. Er sah sich dem Vorwurf ausgesetzt, nicht mit gleicher Entschiedenheit, mit der er Jahre zuvor die nationalsozialistische Diktatur und die Bewegung der Deutschen Christen abgelehnt hatte, nun die totalitäre Macht der kommunistischen Diktatur anzugreifen. Stattdessen plädierte er für einen Kurs der Kirche „zwischen Opposition und Kollaboration dem neuen Staat gegenüber"[32] und beschrieb in seinem Brief „An ungarische reformierte Christen" vom 23. Mai 1948 den „schmalen Weg" der ungarischen reformierten Kirche „zwischen Opposition und Anpassung" als einen „sehr verheißungsvolle[n] Weg".[33] Indes kritisierte er im gleichen Brief kirchliche Äußerungen, die ihm „in der Richtung einer Verbeugung vor der neuen Ordnung einige Linien zu weit zu gehen schien[en]".[34]

---

30 Brief vom 13. März 1957, in: *Karl Barth und Wilhelm Niesel* (Anm. 1), 258 f.

31 Sándor Fazakas, Karl Barth im Ost-West-Konflikt, in: Michael Beintker / Christian Link / Michael Trowitzsch (Hg.), *Karl Barth im europäischen Zeitgeschehen (1935–1950). Widerstand – Bewährung – Orientierung. Beiträge zum Internationalen Symposion vom 1. bis 4. Mai 2008 in der Johannes a Lasco Bibliothek Emden*, Zürich 2010, 267–286.

32 Briefliche Äußerung, zit. n. Eberhard Busch, *Karl Barths Lebenslauf. Nach seinen Briefen und autobiographischen Texten*, Gütersloh ⁵1993, 368.

33 Karl Barth, *Offene Briefe 1945–1968*, hg. v. Diether Koch (GA V), Zürich 1984, 139–147, hier 143.

34 *A.a.O.*, 145 f.

In der brisanten Angelegenheit der Bischofswahl sprach sich Barth für die Kandidatur und Wahl von Albert Bereczky (1893–1966) zum Bischof aus, auch wenn dieser im Ruf einer allzu großen Nähe zum kommunistischen Regime stand. Niesel sprach diese Empfehlung im Brief vom 9. Juli 1956 an: „Ich wäre Dir sehr dankbar, wenn Du mir kurz mitteilen wurdest, wie es sich mit dieser ‚Befürwortung‘ verhalten hat, damit ich dem Ostausschuß [sc. in der EKD] eine entsprechende Antwort erteilen kann.“[35] Zwei Tage später antwortete Barth: „Einer gewissen Mitverantwortung für Bereczkys Bischofsamt kann ich mich [...] nicht entschlagen. Ich halte ihn – auch nachdem ich ihn vor ca. 6 Wochen wieder einmal persönlich ausführlich sprechen konnte – für einen recht stehenden Mann, nur eben nicht für einen starken Mann! [...] An der Integrität des Charakters und der Absichten von Bereczky kann ich keinen Augenblick zweifeln.“[36]

Neben Entsetzen und Protest fand sich in Josef L. Hromádka (1889–1969) auch ein Befürworter der Niederschlagung des ungarischen Volksaufstands. Er vertrat die Auffassung, dass der Einmarsch der sowjetischen Truppen dem ungarischen Volk die Freiheit gebracht habe. Über Hromádkas Rolle in der Ungarnfrage haben sich Barth und Niesel sodann verständigt. Niesel schrieb am 25. Februar 1957 an Barth: „Ich habe in Prag eine ganz ernste Aussprache mit ihm über eine kürzlich erschienene Broschüre ‚Kirche und Theologie im Umbruch der Zeit‘ gehabt, und er hat sich das, was ich ihm sagte, auch angehört. Ich habe den Eindruck, daß er immer mehr in einen östlichen Enthusiasmus hineingerät. Christus als der Heiland und Herr aller Menschen gerät immer mehr in den Hintergrund, wenn unser Freund redet, und all das andere drängt sich ganz und gar nach vorn.“[37] In der Folgezeit führte Barth mit Hromádka in Basel ein kritisches Gespräch.[38] Indes musste er sich vom amerikanischen Theologen Reinhold Niebuhr fragen lassen, warum er über die ungarischen Vorgänge öffentlich geschwiegen habe.[39] In der Tat verzichtete Barth auf eine Stellungnahme zur Niederschlagung des Volksaufstands und begründete sein Schweigen damit, dass eine Einlassung von ihm dazu überflüssig sei, weil sich damit der Kommunismus „selber das

---

35 A.a.O., 252.
36 A.a.O., 253.
37 A.a.O., 256.
38 Vgl. die Postkarte Barths vom 4. März 1957, in: a.a.O., 257.
39 Reinhold Niebuhr, Why Is Karl Barth Silent on Hungary?, in: *The Christian Century* 74 (1957), 108–110.236.330 f.453–455.

Urteil gesprochen" habe und er sich nicht vor den Karren des Antikommu-
nismus spannen lassen wolle.[40]

Anders als Barth mahnte der Reformierte Bund unter seinem Moderator
Niesel im September 1957 die Wahl einer von den Gemeinden berufenen
Kirchenleitung an, die das Vertrauen der Gemeinden besitzt, und forderte
die ungarische reformierte Kirche dazu auf: „Wie wichtig wäre es aber auch
für Ihre Staatsregierung, wenn solche Männer Ihre Kirche leiten würden, die
der Regierung nicht ein politisch gefärbtes Bild vom Leben in der Kirche
darböten, sondern ihr jeweils ganz sachlich und nüchtern die tatsächlichen
Anliegen des christliches Volksteiles vortragen würden! […] Sehen Sie darauf, daß die Kirche wirklich Kirche bleibt! Eine Kirche, die einfach dasselbe
sagt und tut, was der Staat sagt und tut, ist nach dem Worte unseres Herrn
ein unbrauchbar gewordenes Salz in dieser Welt."[41] Dass sich der ungarische Bischof Bereczky gegen diesen Appell entschieden verwahrt und ihn
als Einmischung in die inneren Angelegenheiten seiner Kirche gewertet hat,
wirft ein Licht auf die zu jener Zeit angespannte Gesprächslage zwischen den
Kirchen.

Überhaupt war die Ökumene seit 1946 ein bevorzugtes Betätigungsfeld
von Niesel. Er nahm an der Generalversammlung des Reformierten Weltbundes 1948 in Genf teil. Im gleichen Jahr wurde er Mitglied im Zentral-
ausschuss des Ökumenischen Rates der Kirchen (ÖRK) und nahm diese
Aufgabe bis 1968 wahr. Sein bereits in Deutschland etabliertes kirchenpo-
litisches Engagement weitete der später auch als „Welt-Wilhelm"[42] Bezeichnete auf den ganzen Globus aus. So wurde er bei der Generalversammlung
des Reformierten Weltbundes 1954 in Princeton in dessen Exekutivkomitee
gewählt. 1959 übernahm er bei der Generalversammlung des Reformierten
Weltbundes in São Paulo den Vorsitz von dessen theologischer Kommission.
Bei dieser Gelegenheit lud er den Reformierten Weltbund ein, seine Generalversammlung 1964 in Frankfurt a.M. zu veranstalten. Diese vom 3.–13. August 1964 tagende Generalversammlung kann zweifellos als Höhepunkt in
der Biographie Niesels angesehen werden, nachdem er dort zum Präsiden-
ten des Reformierten Weltbundes gewählt wurde und dieses Amt bis 1970

---

40 Briefliche Äußerung, zit. n. Busch, *Barths Lebenslauf* (Anm. 32), 442; vgl. Brief Barths
„An einen Pfarrer in der Deutschen Demokratischen Republik" von Ende August 1958,
in: ders., *Offene Briefe 1945–1968* (Anm. 33), 411–439, hier 411 f.
41 Wilhelm Niesel, An die Pastoren und Ältesten der Reformierten Kirche Ungarns, in: *RKZ*
98 (1957), 429.
42 Vgl. Brief Barths vom 13. April 1961, in: *Karl Barth und Wilhelm Niesel* (Anm. 1), 267.

ausübte. In seinem Dankesbrief an die Gratulanten schrieb er im September 1964: „Wie viele von Ihnen wissen, gehöre ich zu den Menschen, die nicht so leicht aus dem Gleichgewicht zu bringen sind. Das ist auch in den Frankfurter Tagen nicht geschehen. Ich gestehe aber gerne, daß das Vertrauen, das die aus aller Welt dort versammelten Brüder und Schwestern durch die einmütige Wahl mir bezeugten, beglückend für mich war."[43]

Zwischen 1964 und 1970 reiste Niesel rund um den Erdball, um die Sitzungen des Exekutivkomitees zu leiten und Mitgliedskirchen zu besuchen. Während seiner ausdrücklich als theologisch definierten Leitung als Präsident wurden im Reformierten Weltbund und hier insbesondere aus den jungen Kirchen des Südens Stimmen laut, die auf eine stärkere Wahrnehmung der politischen Themen globaler Gerechtigkeit, des Friedens und der Menschenrechte gedrungen haben. Der vom Kirchenkampf geprägte und von dort her auf die Wahrheit des Evangeliums pochende Niesel stand solchen sozialethischen Profilierungen sowohl im Reformierten Weltbund als auch im ÖRK zunächst eher reserviert gegenüber. Davon zeugt auch seine Eröffnungsrede bei der Generalversammlung des Reformierten Weltbundes in Nairobi am 20. August 1970, in der er betonte: „Vor allem lag mir daran, von den großen Taten unseres Herrn Christus in der Gegenwart zu erzählen [Acta 2,11], damit die Kunde davon an müde gewordene Christen weitergegeben würde. [...] Manche halten angesichts des Elends von unzähligen Menschen Mission nur noch in der Form von Entwicklungshilfe für möglich oder in der Änderung ungerechter Strukturen in bessere. [...] Eine bloße Veränderung von Strukturen vermag unsere Welt nicht heil zu machen, weil dadurch die Menschen nicht von innen her anders werden."[44] Trotz aller in diesen Worten anklingenden Dissonanzen zählen u.a. Niesels Bemühungen um die Verschmelzung der Presbyterianer und Kongregationalisten zum Reformierten Weltbund 1970 in Nairobi zu seinen anerkannten Verdiensten.

---

43 *A.a.O.*, 273 f.

44 Wilhelm Niesel, Ansprache auf der 20. Generalversammlung des Reformierten Weltbundes am 20. August 1970 in Nairobi, in: *RKZ* 111 (1970), 191–194.

6. „Vivit!"

Der Briefwechsel endet mit einem Geburtstagsgruß Niesels an Barth zum
10. Mai 1968, sieben Monate vor dessen Tod: „Nun wirst Du am Donners-
tag schon 82 Jahre! Ich schreibe Dir, damit Du weißt, daß ich oft an Dich
denke. […] Nun laß es Dir den Umständen nach im kommenden Lebens-
jahr erträglich gehen. Das wünsche ich Dir von Herzen, auch Deiner lieben
Frau. Vivit!"[45] Über Barths Tod am 10. Dezember 1968 notiert das Protokoll
des Moderamens des Reformierten Bundes am 10. Dezember: „Während der
[Moderamens-]Sitzung [des Reformierten Bundes] trifft die Nachricht vom
Heimgang unseres verehrten Lehrers Professor D. Dr. Karl Barth ein, der in
unserem Tagungshaus [sc. Basler Hof, Frankfurt] die Theologische Erklärung von Barmen verfasst hat. Das Moderamen ist tief bewegt. Der Moderator [sc. Niesel] gedenkt des Heimgegangenen in herzlicher Dankbarkeit."[46]
Niesel überlebte Barth um 20 Jahre und starb am 23. März 1988.

Die zwischen Barth und Niesel ausgetauschten Mitteilungen und Erwägungen werfen ein erhellendes Licht auf eine Reihe von Bereichen der Kirchlichen Zeitgeschichte und der evangelischen Theologie im 20. Jahrhundert.
Gerade im Kirchenkampf und in den Jahren der werdenden EKD nach 1945,
aber auch zur Rolle der Reformierten im 20. Jahrhundert innerhalb Deutschlands und in der Ökumene kann der Briefwechsel einen Beitrag zur weiteren
Erforschung leisten.

---

45 *A.a.O.*, 281 f.
46 Protokoll der Moderamenssitzung 9.–10. Dezember 1968, in: LKA Detmold, Dep. Ref.
   Bund Nr. 380, S. 65.

Rezensionen

Susanne Hennecke, Karl Barth
in den Niederlanden. Teil I:
Theologische, kulturelle und
politische Rezeptionen (1919-
1960), Göttingen 2014

In der Einleitung stellt die Verfasserin fest, dass in den bisher zu diesem Thema vorliegenden Arbeiten zu diesem Thema das zahlreiche Quellenmaterial nicht, unvollständig oder nur sporadisch und zudem oftmals recht tendenziös verarbeitet wurde. Auch ich gehöre dieser Kategorie von Autoren an (S. 12). Mit einer solchen Bemerkung gewinnt man keine Freunde unter mehr oder weniger fachkundigen Lesern und potenziellen Rezensenten. Deshalb möchte ich gleich zu Beginn dieser Rezension *sine ira et studio* feststellen: *Es handelt sich hier um eine sehr gelehrte, gründliche und schöne Studie, die tatsächlich eine bestehende Lücke weitgehend schließt.* Die Darstellung ist sowohl historischer als systematischer Art. Dieses dient der Klarheit. In meiner Rezension, die sich auf die Hauptsachen beschränkt, werde ich diese Unterscheidung allerdings nicht befolgen.

Wenn im Folgenden auch kritische Fragen und Anmerkungen vorgebracht werden, so geschieht es mit der Absicht, die Verfasserin zu einer noch weiterer Vertiefung ihrer Verarbeitung des relevanten Materials zu ermutigen. Ich hatte vor Jahren, als ich in einer liberalen Gemeinde in Driebergen, deren Pastorin die Verfasserin damals war, einen Gottesdienst geleitet hatte, ein sehr freundlich geführtes Gespräch über die Barthrezeption in den Niederlanden mit ihr. Ich hoffe, dass dieses jetzt vielleicht schriftlich fortgeführt werden kann.

Rein formal kann kritisch gefragt werden, ob die Terminologie nicht mehrfach unnötig schwierig ist (ich denke z.B. an Worte wie ‚Rezeptionsästhetik‘, ‚Produktionsästhetik‘). Ferner muss gesagt werden, dass die paraphrasierenden Darstellungen der theologischen Reaktionen auf Barth sehr ausführlich sind. Unter erheblich kürzeren Paraphrasen hätte die Qualität des Buches nicht gelitten. Andererseits ist die Ausführlichkeit auch verständlich, da den Lesern im deutschsprachigen Bereich die Quellen nicht zur Verfügung stehen, und ihre Lektüre aus sprachlichen Gründen kaum möglich ist. Vielleicht wäre das Buch besser auf Niederländisch geschrieben worden, aber dann hätte es nicht in der gleich zu nennenden Forschungsreihe erscheinen können. Jedenfalls wird das Buch wegen des Themas wohl vornehmlich in den Niederlanden gelesen werden, und die dortigen Leser wären mit einer geraffteren Darstellung des Materials gewiss zufrieden gewesen.

Die Studie ist ein Teil eines viel größeren Projekts, in dem der Einfluss Barths in mehreren europäischen Ländern erforscht werden soll, wobei immer das Spezifische herausgearbeitet und vor allem der Unterschied zur Barthrezeption in Deutschland gezeigt werden soll. Eine wichtige Feststellung ist, dass Barth in Deutschland vor allem als Gegner der liberalen Theologie galt, während er in den Niederlanden auch und gerade von orthodoxer Seite oft scharf angegriffen wurde. Die Verfasserin analysiert zutreffend, wie nach anfänglich vorsichtig positivem Interesse er im neocalvinistischem Lager schon bald auf ein negatives Echo stieß. Sehr wichtig war die Rezeption in der NCSV, deren Mitglieder überwiegend der ethischen Richtung innerhalb der Nederlandse Hervormde Kerk angehörten. In diesem christlichen Studentenverein finden sich in den zwanziger Jahren die Keime des niederländischen Barthianismus, denn spätere führende Männer in Kirche und Gesellschaft erhielten dort ihre geistige Bildung. Sehr schön wird der Unterschied zwischen den bei K.H. Roessingh und G.J. Heering vorliegenden liberalen Reaktionen herausgearbeitet, der natürlich auch dadurch bedingt ist, dass der bereits 1925 verstorbene Roessingh nur den jungen Barth erleben konnte. Roessingh sieht in ihm primär einen Kulturkritiker, der ihm in seiner Opposition gegen den optimistischen Altliberalismus ein willkommener Bundesgenosse erscheint, während Heering ihn mehr kritisch aus der rechtsliberalen Position heraus beurteilt und sich vor allem der positiven Aufnahme des altkirchlichen Dogmas bei Barth widersetzt. Hierzu kann ergänzend bemerkt werden, dass sich dieses in die Darlegungen der Verfasserin zu Heering und Berkouwer als Kritiker Barths, jeweils aus ihrer eigenen gefestigten kirchlich theologischen Position heraus, fügt. Die Rechtsmodernen markierten den Unterschied zwischen sich selbst und den ethischen Theologen unter anderem damit, dass sie die altkirchliche Lehre von der Inkarnation des ewigen Sohnes Gottes verwarfen. Das war einer der Gründe, weshalb Heering im Jahre 1948 auf der jährlichen Versammlung der liberalen Theologen G. Sevensters Studie *De christologie van het Nieuwe Testament* als nicht zur liberalen Theologie und zum Kreis der liberalen Theologen passend bezeichnete. Aus demselben Grund widersetzt er sich der Theologie Barths.

Bei Berkouwer wird mit Recht festgestellt, dass seine Kritik an Barth im Laufe der Jahre zwar milder wurde, dass aber auch sein bekanntes und von Barth selbst gerühmtes Buch *De triomf der genade in de theologie van Karl Barth* doch grundsätzlich ablehnend blieb.

Die ethischen und zum Teil auch die konfessionellen Theologen reagierten in dem Sinne anders als die Liberalen und die Neocalvinisten, als sie nicht aus einer gefestigten theologischen Position heraus argumentierten, sondern in Barth eher einen Geistesverwandten sahen, der ihnen auf der Suche nach einer eigenen Theologie behilflich sein konnte. Dieses wird ausführlich an Noordmans und Miskotte gezeigt, wobei auch ihre Eigenständigkeit Barth gegenüber klar herausgearbeitet wird. Bei Noordmans könnte hier noch auf die unterschiedliche Darstellung der Lehre von der Schöpfung hingewiesen werden. Noordmans, der sich in *Herschepping* sehr negativ zur klassischen Schöpfungs- und Vorsehungslehre geäußert hatte, erschrak später über die Schöpfungslehre Barths, in der es sich bei ‚Schöpfen‘ immer noch um ‚Erschaffen‘ und nicht um ‚Trennen‘ handelt. Bei Miskotte hebt die Verfasserin vor allem hervor, wie wichtig ihm Barths Religionskritik war, die Miskotte selbst weiterführt in seiner Kritik des Nihilismus. In seiner Doktorarbeit hatte Miskotte wie Barth, die Korrelation als bezeichnend für das Verhältnis wischen Gott und Mensch abgelehnt, und aus dem Schlusssatz von *Als de goden zwijgen* geht klar hervor, dass er von dieser Kritik an dem liberal jüdischen Denken nicht abgerückt ist. Seine Liebe zu Martin Buber wird jedoch von Barth nicht geteilt, der diesen kurzerhand als ‚Neupharisäer‘ bezeichnet. Das kann einer der Gründe sein, weshalb Barths Einfluss in den sechziger Jahren schnell nachließ, während ‚das jüdische Denken‘ sich in den Niederlanden immer größer werdender Beliebtheit erfreute. Vielleicht hätte herausgearbeitet werden können, wie Miskottes sich an Barth anschließende Kritik an der metaphysischen Theologie mit Barths großer Liebe zu den protestantischen Scholastikern in Einklang gebracht werden kann.

Man kann die Verfasserin für ihre gründliche Verarbeitung des umfangreichen Materials nur loben, das hier zur Verfügung steht. Ich verzichte deshalb gerne auf kleinliche Detailkritik, die ich (allerdings) (wohl) hin und wieder bei ihr feststelle (siehe z.B. S 82f zu G. Harinck).

Man kann der Verfasserin nicht zum Vorwurf machen, dass sie in ihrer Studie den Hintergrund des kirchlichen Lebens in den verschiedenen Strömungen vernachlässigt, weil sie sich notwendigerweise nur mit der theologischen, politischen und kulturellen *Elite* beschäftigt hat und das *Kirchenvolk* außer Betracht gelassen hat. Man kann aber fragen, wie die Barthsche Theologie auf der kirchlichen Grundfläche angekommen ist und sich dort ausgewirkt hat. Dann gerät der Einfluss Barths *in den Niederlanden* und nicht nur in der niederländischen intellektuellen Elite ins Visier. Das würde eine zweite Studie erfordern, die viel schwieriger ist. Um eine Parallele aus der Kirchengeschichte zu nennen: Wir wissen aus den Quellen, dass während des arianischen Streites Diskussionen auf den Marktplätzen geführt wurden, wobei die Arianer die Frauen fragten, ob sie ein Kind gehabt hätten, bevor sie es gebärt hatten. Aufgrund dessen entstand die Legende, dass damals jede Waschfrau über das *homoousion* debattierte. Leider lassen diese Debatten sich nicht mehr rekonstruieren. Ähnlich könnte man der Frage nachgehen, mit welchen Schlagwörtern und aus welchen Motiven Diskussionen im Kirchenvolk über Barth geführt wurden. Die Quellen und die mündliche Tradition sind hier ergiebiger als bei der Erforschung des arianischen Streites. In einigen Hinsichten würde die Erforschung dieses Tatbestandes gewiss zu einer Verschärfung des gezeichneten Bildes führen.

Ich nenne nunmehr einige Beispiele hierzu. Die Neocalvinisten übten, wie die Verfasserin zeigt, unter anderem Kritik an Barth wegen seiner Ethik und seiner Ablehnung von aus der Bibel abgeleiteten ‚christlichen, ewigen Prinzipien‘. Diese spielten eine wichtige Rolle in der Politik der antirevolutionären Partei (ARP). Die Verfasserin weist im vierten Paragraphen des fünften Kapitels (SS 185ff) klar nach, wie diese Politik auch in eigenen Kreisen auf Widerstand stieß und z.B. Van Randwijk unter dem Einfluss von J.J. Buskes zum Verlassen der Gereformeerde Kerken veranlasste. Die Gereformeerde Kerken waren in geistiger Hinsicht zwischen den Weltkriegen und bis zum Anfang der sechziger Jahre eine recht isolierte Minderheit, und darin lag ihrer Meinung nach gerade ihre Stärke. In der Politik war ihr politischer Arm, die ARP, aber sehr mächtig, da ihr infolge einer unmöglichen Zusammenarbeit aus weltanschaulichen Gründen zwischen der Römisch-Katholischen Staatspartei (RKSP) und der Sozialdemokratischen Arbeiterpartei (SDAP) eine mächtige Schlüsselrolle zufiel. Sie glaubte ihre christliche Politik gerade auf ewige, der Bibel entnommene Prinzipien. gründen zu können. Die Barthsche Theologie war in dieser Hinsicht geradezu lebensgefährlich für sie, und das spürte man auch unter den theologischen Laien. Nach dem Zweiten Weltkrieg nahm die ARP zwar an den breiten Koalitionen teil, sie befürwortete aber nach deren Zerfall im Jahre 1958 eine Wiederherstellung der alten christlichen Koalition der Katholischen Volkspartei (KVP), der gemäßigt orthodoxen CHU und der ARP, also der alten Antithese, der die Barthianer, wie die Verfasserin richtig hervorhebt, sich immer scharf widersetzt haben. Ein entschiedener Gegner einer einseitigen Zusammenarbeit zwischen den christlichen Parteien, insbesondere zwischen der ARP und der CHU, war der Barthianer G.C. van Niftrik. Die Verfasserin weist daraufhin, dass Van Niftrik zu den Autoren des Hirtenbriefs der Nederlandse Hervormde Kerk aus dem Jahre 1955 gehörte, die eine Antwort auf das Mandement der katholischen Bischöfe aus dem Jahre 1954 war, das gegen die Sozialdemokraten gerichtet war, und zu dem die ARP sich weitgehend zustimmend geäußert hatte. Dieser Hirtenbrief übt unverhohlene Kritik an der Antithesepolitik der ARP. Ich war in meiner Schul- und Studentenzeit mehrfach bei politischen Versammlungen der protestantischen Parteien anwesend, bei denen der Gegensatz zwischen der von Van Niftrik vertretenen These ‚Gottes Wille *wird* uns in der Bibel offenbart' zur neocalvinistischen These ‚Gottes Wille *ist* uns in der Bibel offenbart *worden*' zur Debatte stand. Auf neocalvinistischer Seite empfand man die barthianische Sicht als existenzbedrohend. Ähnlich verlief die Kontroverse über die Autorität der Bibel. Die Neocalvinisten und strengen Reformierten sagten immer wieder, dass für sie die Bibel Gottes (unfehlbare) Wort *ist,* während sie es für (den von der Existenzphilosophie beeinflussten) Karl Barth eben nur je und je *wird.*

Die Verfasserin führt als die wichtigsten Bücher Van Niftriks zu Barth *De Beroerder Israëls* und *Zie de mens* an (S 287). Gerade wenn man den Auswirkungen Barths auf der Grundfläche auf die Spur kommen will, sollte hier Van Niftriks in zahlreichen Auflagen erschienene *Kleine Dogmatiek* hinzugefügt werden. In den fünfziger Jahren ließen sich viele Pastoren gerne vor dem Hintergrund der *Kirchlichen Dogmatik* in ihrem Studierzimmer photographieren. Ob sie alle die KD gelesen haben, darf bezweifelt werden, dafür wird ihnen auch die benötigte Zeit gefehlt haben. Hier bot Van Niftriks *Kleine Dogmatiek* Hilfe. Van Niftrik folgt darin Karl Barth an fast allen Punkten. (Es wurde von theologischen Gegnern oft als ‚het kadetje' – das Brötchen – im Unterschied zum großen Brot, der KD, bezeichnet.) Wer dieses Buch gelesen hatte, der war mit den Hauptsachen der Theologie Barths vertraut. Dieses Buch trug unbeabsichtigt zweifellos zu einem – von H. Berkhof in seiner Broschüre *De crisis der middenorthodoxie* (1950) scharf kritisierten – Popularbarthianismus in der Mitte der Ned. Herv. Kerk bei, in dem man sich der Illusion hingab, die alten Gegensätze in der niederländischen

Theologie zwischen dem Liberalismus und der Orthodoxie seien jetzt durch Barths Theologie, in der ‚das biblische Kerygma' dargelegt wurde, überwunden, und nur ewig Gestrige – vor allem auf dem rechten Flügel – könnten hier noch was zu nörgeln haben. Das mag auch ein Grund sein, weshalb man die Studie Berkouwers *De triomf der genade in de theologie van Karl Barth* fälschlich als eine inhaltliche Hinwendung zu Barth auffasste und der Meinung war, dieses Buch zeige, dass man jetzt auch in ‚gereformierten' Kreisen anfange, das Licht zu sehen. (Die Verfasserin gibt den im Holländischen vorliegenden Unterschied zwischen ‚gereformeerd' und ‚hervormd' mit dem im Deutschen ungebräuchlichen ‚gereformiert' und ‚reformiert' wieder.)

Im Gegensatz zu dem orthodoxen, vor allem dem gereformierten Kirchenvolk, sind Mitglieder der liberalen Gemeinden kaum an Theologie interessiert. H.J. Heering, der Sohn von G.J. Heering, hat mir mal erzählt, dass es für seinen Vater eine große Enttäuschung gewesen ist, dass er von Remonstranten nur wenig gelesen wurde. Die Barthkenntnisse liberaler Laien *und* Theologen sind zweifellos gering gewesen. Seine trinitarische Theologie lud nicht zu ernsthaftem Studium ein und stieß von vorneherein auf Ablehnung. Das liberale Kirchenvolk

rechnete ihn, sofern man seinen Namen überhaupt kannte, zu den Orthodoxen. Einige liberale Theologen (J.M. de Jong, J. de Graaf, J.M. van Veen, K. Strijd) reagierten nach dem Zweiten Weltkrieg sehr positiv auf Barth, sie hatten teilweise auch wichtige Stellungen innerhalb der Ned. Herv. Kerk inne, aber sie bildeten eine Minderheit innerhalb des Liberalismus, die Ende der sechziger Jahre seinen Einfluss schnell verlor. Der Nachfolger von G.J. Heering als Professor am Seminar der Remonstranten G.J. Sirks beschäftigte sich nicht mit Barth und beließ es bei abschätzigen Bemerkungen. Die Ernennung G.J. Hoenderdaals zu seinem Nachfolger bedeutete in dieser Hinsicht allerdings eine zeitweilige Wende. Die Verfasserin weist mit Recht darauhin (S 288), dass Hoenderdaal sich in seiner Doktorarbeit (unter dem Barthgegner L.J. Van Holk) sehr kritisch zu Barth äußert, aber sie hat offenbar nicht gesehen, dass Hoenderdaal in dieser Hinsicht seine Meinung später änderte. Seine Inaugurationsrede war zwar gegen Barth gerichtet, aber er nahm ihn als Gesprächspartner ernst, und zum Erstaunen vieler Studenten zog er in seinen Vorlesungen immer wieder Barth mit Zustimmung heran. G.J. Sirks hatte sich für die Ernennung Hoenderdaals eingesetzt, weil er den alternativen Kandidaten H.J. Heering als theologisch

zu weit rechts stehend und zu öku-
menisch betrachtete. Es wurde ihm
schon bald klar, dass er sich in dieser Hinsicht völlig geirrt hatte. Hätte
Hoenderdaal sich jedoch bereits in
seiner Inaugurationsrede als stark
von Barth beeinflusst dargestellt, so
hätte er in der Remonstrantischen
Bruderschaft auf einen Eklat rechnen können.

Diese Hinweise auf die Auswirkungen Barths auf die Basis der
Kirche können selbstverständlich
erweitert werden, und dann würde
sich zeigen, dass Barth eigentlich nur
eine Elite beeinflusst hat, und dass
seine Theologie nie in den Gemeinden verwurzelt ist. Das macht es
auch verständlich, weshalb auch er
von der Gott-ist-Tod-Theologie von
der Bühne verdrängt werden konnte
und auch nach dem Verschwinden
dieser Theologie nie wieder als wichtiger Spieler auf die Bühne zurück-
gekehrt ist. Er teilt dieses Schicksal
mit den meisten großen Theologen.
Jedenfalls darf er nicht, wie ich den
bekannten Barthianer F. Breukelman auf einer Konferenz der NCSV
behaupten hörte, sogar noch über
einen Augustin, Thomas oder Calvin
gestellt werden. Die Verfasserin sagt,
dass Barth bis in die achtziger Jahre
in den Niederlanden höchst wichtig
blieb. Ich bin gespannt, wie sie diese
These in dem folgenden Band erhär-
ten wird.

Eginhard Peter Meijering

**Eberhard Busch, Barth – ein
Porträt in Dialogen. Von Luther bis
Benedikt XVI., Zürich 2015**

Karl Barths Kirchliche Dogmatik
endet unvollendet. Ein wesentlicher
Grund dafür, dass sie nicht weiter-
geschrieben wurde, ist das Ende der
Vorlesungen Barths in Basel. Als
er nämlich schließlich emeritiert
wurde, fehlten ihm die Gesprächspartner in seinen Vorlesungen, für
die er und mit denen er dachte und
schrieb. Barths Theologie ist dialogische Theologie. Das eben genannte
äußerliche Indiz ist aber auch in den
Texten immer mit Händen greifbar:
Barth befindet sich eigentlich immer
im Gespräch. Vor allem mit der Bibel, aber daneben auch intensiv mit
der Theologiegeschichte (sicher gibt
es da auch Terrains, die sich Barth
nie erschlossen haben), aber eben
auch mit der Theologie und Philosophie seiner Zeit.

Das große Verdienst des schö-
nen Bandes von Eberhard Busch ist
es, dass er exemplarisch einige dieser Dialoge aufzeigt, genauer gesagt:
Fünfzehn. Dass allein schon mit dieser begrenzten Zahl eine Auswahl
getroffen wurde, versteht sich von
selbst. Und vermutlich wird jeder
und jede, der oder die sich selber
in spezifischen Dialogen mit Barth
befinden, über diese fünfzehn Gesprächspartner hinaus andere nennen können. Und manch einer wird

sagen: Aber hätte nicht noch dieser oder diese aufgeführt werden können? Sicher. Aber Vollständigkeit ist nicht angestrebt – vielmehr ist dieser Eindruck ein Hinweis darauf, dass noch weitere Porträts folgen könnten: Augustin, Anselm, Zwingli, Bultmann, Buber ... – the floor is open! Das Buch ist deshalb auch als Anregung zu verstehen. Denn die ausgewählten Dialoge sind durchweg spannend zu lesen und sind anregend. Alle hier vorzustellen sprengt natürlich den Rahmen der Rezension: Martin Luther, Johannes Calvin, Nikolaus von Zinzendorf, Sören Kierkegaard, Friedrich Schleiermacher, August Tholuck, Leonhard Ragaz, Franz Rosenzweig, Emil Brunner, Paul Tillich, Friedrich Dürrenmatt, Eduard von Steiger, Dietrich Bonhoeffer, Charlotte von Kirschbaum, Benedikt XVI. Wer die Namen durchgegangen ist, wird schnell feststellen, dass viele Akzente in der Biographie und noch mehr Theologie Barths in diesen Dialogen aufgegriffen werden – man könnte in guter Weise einmal ein Universitätsseminar mit diesen Porträts gestalten und hätte einen guten Einblick in viele Facetten der Theologie Barths gewonnen – und gleichzeitig würden viele wichtige Akzente in der evangelischen Theologiegeschichte exemplarisch mit aufgearbeitet werden können.

Ich greife einmal zwei Porträts heraus. Zunächst Nikolaus Graf von Zinzendorf. Busch zeigt schön auf, wie der frühe Barth Mühe mit dem Herrnhuter hatte, weil er bei diesem ein (für Barth) zu unmittelbares „Gott-Innewerden" sah. Busch zeigt dann sehr schön, wie sehr Barth damit eher den von ihm wahrgenommenen Schleiermacher in Zinzendorf kritisiert und auch gar nicht versucht, diesem gerecht zu werden. Aber auch Zinzendorfs Ekklesiologie wird von Barth als „zu natürlich" konzipiert verstanden und Zinzendorfs Betonung der Erfahrung sei eine „verborgene Häresie" (S. 59). Diese kritische Grundhaltung Barths ändert sich in den vierziger Jahren – und hier betont Busch eine neue Sympathie Barths für Zinzendorf; er sei nämlich „immer mehr Zinzendorfianer geworden [...], als mich im Neuen Testament immer mehr eigentlich nur gerade die Zentralfigur als solche [...] zu beschäftigen begann." (S. 64; Barth in einem Brief an Rudolf Bultmann). Diese neue Entdeckung, in der Zinzendorf für Barth zum „einzig echten Christozentriker der Neuzeit" (S. 68) wird, hat dann auch Konsequenzen für Barths Einschätzung der Ekklesiologie und des Erfahrungsbezuges. Barths Bezug zu Zinzendorf ist also selber in sich dialektisch zu nennen, weil Barth die gleichen Sachverhalte differenziert beurteilt.

Das zweite Porträt, das ich hier herausgreife, ist das zu Paul Tillich. Im Regelfall wird die Existenz beider als Unverhältnis ohne Dialogfähigkeit wahrgenommen. Busch zeigt aber gut auf, dass solch ein Urteil viel zu simpel ist. Busch zeigt zunächst auf, dass Barths zweiter Satz der Kirchlichen Dogmatik: „Theologie ist aber eine Funktion der Kirche"[1] beinahe wortgleich bei Tillich auftaucht: „Theologie ist eine Funktion der christlichen Kirche".[2] Und beide, so Busch, wenden sich damit gegen die Auffassung, als sei die Wissenschaftlichkeit der Theologie außerhalb ihrer zu verorten oder gar zu begründen (etwa in der Philosophie oder in der Historie). Und beide, Tillich und Barth, zeigten auf, „dass das Besondere, mit dem sie [sc. die Theologie] es zu tun hat, zugleich das Universale ist" (S. 200). Und beide verbinden je auf ihre Weise die wissenschaftliche Theologie mit der Verkündigung der Kirche – freilich mit deutlichem Dissens, wie die Vermittlung geschieht. Beide stellen somit die Frage nach der Wissenschaftlichkeit der Theologie – und beantworten sie dann letztlich doch unterschiedlich, weil Tillich der Theologie und den Theologen und Theologinnen zutraut, eine Brücke zwischen Mensch und Gott zu bauen, wohingegen Barth das alleine Gott überlässt.

Diese beiden Vorstellungen machen deutlich, dass die Art des Dialogs sich bei jedem Dialogpartner ändert – und auch Buschs Buch hat kein Grundkonzept, an das die Dialoge anzupassen wären. Das würde der Lebendigkeit des Lebens und der Theologie (und auch Barths) auch gar nicht entsprechen. Ein gelungenes und gut zu lesendes Buch, dem viele Leser und Leserinnen zu wünschen sind.

Georg Plasger

Rinse H. Reeling Brouwer, Karl Barth and Post-Reformation Orthodoxy (Barth Studies Series), Aldershot 2015

Es ist der Verdienst von Reeling Brouwer, dass er (wenngleich nicht als Erster, siehe Meijering 1999 und Te Velde 2013) die Karl-Barth-Forschung und diejenige der altprotestantischen Orthodoxie zusammengebracht hat. Bis dato waren diese Gebiete größtenteils geschieden, wenn sie sich nicht sogar bisweilen feindlich zueinander verhielten. Nicht zuletzt im Anschluss an Barths dialektische Theologie entstand eine ganze Forschungstradition, in der die protestantische Scholastik hauptsächlich als ein Bruch mit und

---

1 KD I/1, 1.
2 Paul Tillich, Systematische Theologie, Band 1, Stuttgart ⁴1973, 9.

Verrat an der ursprünglichen reformatorischen Theologie verstanden wurde. Wie so oft, findet sich auch hier beim „großen Meister" selbst ein differenzierteres Bild als bei seinen Nachfolgern.

Sorgfältig zeichnet Reeling Brouwer Karl Barths Entdeckungsreise bei der Vorbereitung seiner ersten Vorlesungsreihe als Honorarprofessor für Reformierte Theologie in Göttingen nach. In seinem begeisterten „Zum Geleit" für die von Ernst Bizer besorgte Neuausgabe (1935) von Heinrich Heppes Lehrbuch berichtete Barth selbst von diesen Entdeckungen. Durch die – mehr oder weniger geordneten – Zitate aus ‚altprotestantischen' dogmatischen Handbüchern in Heppes *Die Dogmatik der evangelisch-reformierten Kirche dargestellt und aus den Quellen belegt* lernte Barth eine theologische Welt kennen, die ihm bis dahin unbekannt war: „Ich fand eine Dogmatik, die zugleich Gestalt und Substanz hatte, die orientiert war an den zentralen Hinweisen der biblischen Offenbarungszeugnisse [...], eine Dogmatik, die, indem sie die großen Anliegen der Reformation aufnahm und festhielt, zugleich eine würdige Fortsetzung der altkirchlichen Lehrbildung versuchte und doch auch die Kontinuität zu der kirchlichen Wissenschaft des Mittelalters wahren und pflegen wollte." In den 1920er und 30er Jahren erweiterte Barth seine Kenntnis der Orthodoxie durch intensive Lektüre altprotestantischer Werke, die er für seine Privatbibliothek selbst anschaffte. Im „Kleingedruckten" der *Kirchlichen Dogmatik* findet sich dann auch oft eine ausführliche Auseinandersetzung mit den Theologen dieser Epoche. Während die ältere Forschung auf diese Exkurse in der *KD* sowie auf Heppes Anthologie angewiesen war, machte Reeling Brouwer dankbar Gebrauch von den Aufzeichnungen zu Barths Göttinger und Münsteraner Dogmatikvorlesungen, die zwischenzeitlich veröffentlicht worden waren.

Neben den eigentlichen Angaben zu Barths Verwendung der Quellen aus der altprotestantischen Orthodoxie – zusammengestellt in enger Zusammenarbeit mit dem Karl-Barth-Archiv in Basel – bietet Reeling Brouwer in seinen sechs Kapiteln eine eingehende Analyse des theologischen Gesprächs zwischen Barth und den verschiedenen Repräsentanten der altprotestantischen Scholastik. Dabei macht er eine Anzahl interessanter Beobachtungen. Im Allgemeinen kann festgestellt werden, dass Barth seine orthodoxen Gesprächspartner nicht selten missversteht. Dies zeigt Reeling Brouwer beispielsweise anhand von Barths Vorgänger in Basel Amandus Polanus, dessen *Syntagma theologiae Christianae* sich hinsichtlich des formalen Aufbaus an den Dichotomien der ramistischen Logik orientiert: Auf eine erste Zweiteilung in „Glaube" und „Gute Werke" folgen unter der Überschrift „Glaube" Erörterungen zu „Gott" und „Kirche". Die Lehre von Gott wird wiederum unterverteilt in „Gottes Wesen", unterschieden nach den „göttlichen Eigenschaften" und den „göttlichen Personen", woraufhin im zweiten Teil über „Gottes Werke" zuerst die „internen Werke" (oder: Gottes Ratschlüsse) und dann die „externen Werke" der Schöpfung und Vorsehung besprochen werden. Unter Gottes Handeln in der Vorsehung ordnet Polanus dann auch die komplette Heilslehre bis hin zur Eschatologie ein. Barth fürchtet nun, dass sich in dieser Reihe formaler Dichotomien ein inhaltlicher Dualismus offenbart zwischen wie Gott seinem eigentlichen Wesen nach ist und wie er sich in seinem Handeln der Welt zu erkennen gibt. In Barths eigener Gotteslehre und in seiner Revision der Erwählungslehre erweist sich diese Furcht vor einer (nominalistischen) Scheidung von Gottes Wesen und Handeln als treibendes Motiv. Das Interessante an Reeling Brouwers Analyse liegt nun in seinem Hinweis darauf, dass die ramistischen Diagramme bei Polanus nicht nur vertikal (die Zweiteilungen), sondern auch horizontal zu lesen sind. So zeigt sich ein durch-

gehender Zusammenhang der verschiedenen Elemente und auf diese Weise kann man auch erkennen, dass diese durchgehende Bewegung einen intensivierenden Zug hat. Von links nach rechts gelesen kommt Polanus seinem eigentlichen Gegenstand stets näher, den er sich gewissermaßen bis zum Schluss bewahrt. Mittels dieses Leseschlüssels der Intensivierung ist Reeling Brouwer in der Lage, eine positive Erklärung zu geben hinsichtlich der Tatsache, dass die Trinitätslehre erst nach der Erörterung von Gottes Eigenschaften an die Reihe kommt und dass innerhalb der Gotteslehre die A-Priori-Eigenschaften auf die A-Posteriori-Eigenschaften hinauslaufen und sozusagen in diesen gipfeln.

Ein anderes interessantes Beispiel zu Barths Umgang mit den altprotestantischen Theologen ist seine Verwertung der Bundestheologie bei Johannes Coccejus. Zu Begin stand Barth dem Konzept „Bund" äußerst kritisch gegenüber. Seine erste geplante Vorlesung zu diesem Thema in Göttingen sagte er sogar im letzten Moment ab, weil er sich davon noch kein zufriedenstellendes Bild hatte machen können. Wenig später findet Barth eine positive Verwendung für die Bundeslehre: Sie gibt der Anthropologie konkrete Gestalt, wie auch die Erwählungslehre den Gottesbegriff expliziert. Kennzeichnend für Barths Umgang mit den der traditionellen Theologie entlehnten Konzepten ist seine Umkehrung des Begriffspaars Werkbund – Gnadenbund (*foedus operum – foedus gratiae*). Was über das ,ursprüngliche'Verhältnis zwischen Gott und Menschen bei der Schöpfung gedacht werden kann, muss ausnahmslos aus der Offenbarung der Gnade Gottes in Christus abgeleitet werden. Was diesen Punkt anbelangt, kritisiert Barth den Bundestheologen Coccejus: Trotz dessen Lehre von der stufenweisen Ablösung (*abrogatio*) des Werkbundes bleibe die konditionale Struktur dieses ersten Bundes grundlegend in den späteren Phasen des Bundes. Ein anderer Kritikpunkt lässt sich gleichermaßen auf den christozentrischen Ansatz in Barths Theologie zurückführen: Bei Coccejus stößt er zwar auf die Vorstellung vom „Friedensbund" (*pactum salutis*) zwischen den drei göttlichen Personen, welche auf die Identifikation von Erwählungsratschluss und Gnadenbund hinauszulaufen scheint; aber zu Barths Verwunderung führt Coccejus diese Identifikation von Erwählung und Bund nicht konsequent durch, indem er nämlich die äußere Verordnung (*testamentum*) eines bedingten Bundes Gottes mit den Menschen „dazwischenschiebt". Diese Beispiele sollten ausreichen, um deutlich zu machen, wie Barths Auseinandersetzung mit altprotestantischen Theologen aus dem 16. – 18. Jahrhundert mit den Schlüsselentscheidungen seiner eigenen Theologie zusammenhängt. Selbst da, wo Barth ihre Begriffe und Unterscheidungen als unangemessen beurteilte, fühlte er sich dazu verpflichtet, sich als Teil dieser historischen „Gemeinschaft der Heiligen" zu verstehen und ließ sein eigenes Problembewusstsein durch die scharfsinnige Theologie seiner scholastischen Vorgänger schärfen. Die methodische Bedeutung dieser Übungen besteht darin, dass sich Barths Theologie nach der frühen dialektischen Phase sehr bald zu einer Theologie entwickelte, welche bewusst „kirchlich" denken will und die begriffliche Argumentation nicht scheut. Was den Inhalt betrifft, fand Barth in der „altprotestantischen" Theologie einen Begriffsapparat, der es ihm ermöglichte, auf dem Fundament der Trinitätslehre und der Christologie die Heilsoffenbarung Gottes zu durchdenken (McCormack 1997). Der Verdienst dieses Buches, das Reeling Brouwer diesen fortlaufenden „Gesprächen" widmete, liegt darin, dass es dem Leser gewissermaßen einen Einblick in Barths dogmatische und historische Werkstatt gewährt und so die Möglichkeit eröffnet, ein scharfes Bild der Entwicklung seiner Theologie zwischen den ersten Göttinger Anfängen und der ausgereiften Versöhnungslehre in *KD* IV zu zeichnen.

Sind die beiden Forschungsgebiete „Karl Barth" und „Protestantische Scholastik" nun auch wirklich miteinander verbunden oder sogar ineinander integriert? Ein Barth-Kenner war Reeling Brouwer bereits und diese Expertise durchzieht seine gesamten Ausführungen. Auch über die jüngeren Entwicklungen in der Forschung zur nachreformatorischen Theologie ist er gut unterrichtet und liefert einige wertvolle Beiträge zur Diskussion auf diesem Gebiet. Gleichzeitig fällt auf, dass in der Beschreibung von Barths Umgang mit der protestantischen Theologie letztlich Barths eigene Standpunkte und Urteile die Richtung vorgeben. Verglichen damit bleibt die Darstellung der protestantisch-scholastischen Theologie zuweilen fragmentarisch, so beispielsweise bei den Themen, die anhand der Leidener *Synopsis purioris theologiae* besprochen werden. Als Historiker versteht es Reeling Brouwer in der Tat, seiner Darstellung Kontext und Relief zu verleihen; die Zusammenhänge und Argumentationen, die den orthodoxen Glaubenslehren zugrunde liegen, werden jedoch nicht hinreichend berücksichtigt und gewürdigt. Wäre dies ausführlicher geschehen, dann hätte das ‚Gespräch' zwischen Barth und den orthodoxen Vätern auch eher zu einem wechselseitigen Dialog werden können, bei dem sich die Analyse der verführerischen Wucht von Barths Rhetorik hätte entziehen und die verschwiegenen Annahmen in seiner eigenen Theologie zur Diskussion stellen können. Mindestens zwei Punkte lassen sich diesbezüglich nennen: In seiner Kritik der der klassischen Lehre von der *simplicitas Dei* und seinem Plädoyer für eine tatsächliche *multiplicitas* in den Eigenschaften Gottes geht Barth von dem Prinzip aus, dass unsere Gotteserkenntnis mit der Wirklichkeit des Wesens Gottes korrespondieren muss. Reeling Brouwer nimmt von diesem epistemologischen Ausgangspunkt Notiz, stellt dann aber gerade nicht die Frage, ob dieser aus christlicher Sicht überzeugender ist als die reformiert-scholastische Einsicht, wonach das unendliche Wesen Gottes in unserem endlichen Denken nicht mit eindeutigen Begriffen zu fassen ist. Diese Frage stellt sich umso dringender gerade in der Barth-Forschung, da Barth sich hier – all seinem verbalen Widerstand gegen den Analogiegedanken zum trotz – dennoch (unbewusst?) des analogischen Denkens bedient. Ein anderer Punkt betrifft die radikal-christozentrische Revision der Erwählungslehre, die – wie oben beschrieben – auch zu einer strukturellen Umkehrung in der Bundeslehre führt. So nachvollziehbar und anziehend Barths These von

der allesentscheidenden Bedeutung
des göttlichen Gnadenhandelns in
Christus an uns auch ist, kommt in
dieser Denkweise die relative Selbst-
ständigkeit des Menschen gegenüber Gott, wie sie in der Schöpfung
angelegt ist, nicht zu kurz? Diese
Anfrage wurde bereits früher vorgetragen (Hempelmann 1992), be-
kommt aber gerade im Gespräch mit
der orthodox-reformierten Theologie zusätzliches Gewicht, die all ihr
konzeptionelles Vermögen auf die
denkerische Durchdringung des
Verhältnisses zwischen göttlicher
Souveränität und menschlicher Verantwortlichkeit verwandte. Barths
dialektische „Aufhebung" dieses
Verhältnisses in das christologisch-
trinitarische Heilsgeschehen kann
methodisch und inhaltlich nicht das
letzte Wort haben.

Dolf te Velde

Verzeichnis der Autorinnen und Autoren

Andrea Anker, Pfarrerin in der Evangelischen Kirchgemeinde Teufen / CH, andrea.anker@ref-teufen.ch

Dr. Rinse H. Reeling Brouwer, Professor am Miskotte/Breukelman Lehrstuhl für biblische Hermeneutik, Protestantische Theologische Universität, r.h.reelingbrouwer@pthu.nl

Dr. Matthias Freudenberg, Landespfarrer bei der Evangelischen Studierendengemeinde, Saarbrücken, und Professor an der Kirchlichen Hochschule Wuppertal, dr.freudenberg@gmx.net

Dr. Gerard den Hertog, Professor für Systematische Theologie, Theologische Universität Apeldoorn, gcdenhertog@tua.nl

Dr. Wolf Krötke, em. Professor für Systematische Theologie, Humboldt-Universität Berlin, wolf.kroetke@web.de

Dr. Christian Link, em. Professor für Systematische Theologie, Ruhr-Universität Bochum, christian.link.bochum@web.de

Dr. Peter Opitz, Professor für Kirchen- und Dogmengeschichte, Universität Zürich, peter.opitz@uzh.ch

Dr. Georg Plasger, Professor für Systematische und ökumenische Theologie, Universität Siegen, plasger@evantheo.uni-siegen.de

Dr. Hanna Reichel, Wissenschaftliche Mitarbeiterin am Seminar für Dogmatik und Religionsphilosophie, Martin-Luther-Universität Halle, hanna.reichel@ theologie.uni-halle.de

Dr. Dr. Günter Thomas, Professor für Systematische Theologie, Ethik und Fundamentaltheologie, Ruhr-Universität Bochum, systheol-thomas@rub.de

Dr. Hans-Georg Ulrichs, Hochschulpfarrer in Heidelberg, ulrichs@esg-heidelberg.de

Dr. Eginhard Peter Meijering, Lektor für Theologiegeschichte i.R., Universität Leiden, epmeijer@xs4all.nl

Dr. Dolf te Velde, Assistenzprofessor für Historische Theologie, Evangelisch-Theologische Fakultät Leuven, dolf.tevelde@etf.edu